# 中國學術思想 研究輯刊

## 三五編
林慶彰 主編

## 第18冊

### 《莊子》教育哲學研究
黃睿 著

花木蘭文化事業有限公司

國家圖書館出版品預行編目資料

《莊子》教育哲學研究／黃睿 著 -- 初版 -- 新北市：花木蘭文
化事業有限公司，2022〔民 111〕
目 6+214 面；19×26 公分
（中國學術思想研究輯刊 三五編；第 18 冊）
ISBN 978-986-518-820-7（精裝）
1.CST：莊子 2.CST：學術思想 3.CST：教育哲學
030.8                                                    110022434

ISBN-978-986-518-820-7

中國學術思想研究輯刊
三五編　第十八冊　　　　　　　　　　ISBN：978-986-518-820-7

## 《莊子》教育哲學研究

| | |
|---|---|
| 作　　者 | 黃睿 |
| 主　　編 | 林慶彰 |
| 總 編 輯 | 杜潔祥 |
| 副總編輯 | 楊嘉樂 |
| 編輯主任 | 許郁翎 |
| 編　　輯 | 張雅淋、潘玟靜、劉子瑄　美術編輯　陳逸婷 |
| 出　　版 | 花木蘭文化事業有限公司 |
| 發 行 人 | 高小娟 |
| 聯絡地址 | 235 新北市中和區中安街七二號十三樓 |
| | 電話：02-2923-1455／傳真：02-2923-1452 |
| 網　　址 | http://www.huamulan.tw 信箱 service@huamulans.com |
| 印　　刷 | 普羅文化出版廣告事業 |
| 封面設計 | 劉開工作室 |
| 初　　版 | 2022 年 3 月 |
| 定　　價 | 三五編 23 冊（精裝）新台幣 62,000 元 |

# 《莊子》教育哲學研究

黃睿 著

## 作者簡介

黃睿，1989 年生，福建漳州人，輔仁大學哲學博士，目前在廈門大學人文學院兒童哲學研究中心進行兒童哲學領域的博士後研究。17 歲大學畢業，21 歲獲得華東師範大學教育學碩士學位，此後在廣東省深圳中學擔任高中教師五年。任教期間開設了科學思想史、柏拉圖《理想國》、亞理斯多德《政治學》等哲學普及課程。2016 年起在輔仁大學哲學系攻讀碩博士，主要從事古希臘哲學、《莊子》哲學和兒童哲學研究。

## 提　要

　　本論文運用文本翻譯、經驗交會、隱喻分析等方法，從教育目的論、教育本質論、教育心靈論和教育方法論四方面闡明《莊子》的教育哲學思想。

　　就教育目的論而言，《莊子》針對當時主流的「有用論」，提出「無用論」與「大用論」作為反抗。《莊子》希望培養的是獨立於外物和世俗的「能遊者」。他們有一種反道德主義的倫理關懷，能與他者在調適中共生，以精神上的探索為樂。

　　就教育本質論而言，《莊子》把教育視為「化」，透過「化」所具有的化生、生育、更新、變形等意義，表達了以下觀點：教育即允許事物自然地變化、教育是師生之間奇妙的因緣、教育是人對「過去的我」的否定、教育是對固定本性的超越。《莊子》還把「化」看作在空間中的移動（遊），而師生就是「同遊者」關係。

　　就教育心靈論而言，《莊子》從神、知、氣三方面分析心靈。「神」具有「勞神」和「凝神」兩種模式。「知」分為經驗之知，以及對經驗之知形成反思的超越論之知。情緒包含了認知與生理兩方面，後者稱為「氣」。對心靈的教育也就是對心靈疾患的診斷和治療，主要有認知重評、心流體驗、真實假裝三種技術。

　　《莊子》還蘊含了大量的教育方法，本文討論較有特色的三種。傾聽教育法透過非評價性的傾聽來舒緩情緒。故事教育法透過「視差之見」引發超越論的思考。觀察教育法重在展示教育者的獨特生活風格，對學習者創造自己的生存美學起到啟發開悟的作用。

目
次

# 第一章　緒　論

## 第一節　研究動機

　　教育是我一直以來的事業和理想。中學時代作為學生的我目睹學校教育在許多方面對人的壓制和摧殘，因此報考大學時選擇了師範專業，大學畢業後又以教育學作為我的碩士專業，都是希望透過自己的教育實踐來改變教育的弊病。那時候的我相信教育領域的各種弊病都是由於缺乏「科學」的指導造成的。一旦我們能找到令學生「用力少、見功多」的教學方法，學生的苦痛就會迎刃而解。

　　碩士畢業至今，我已從事教育工作 10 年，教過小學生、中學生，又作為師資培訓講師培訓過上百位新教師。在教學之外，我一直從事教育研究、思考教育問題。教育現場的經驗，以及與許多教育人的交流，讓我明白了教育的深層次問題在於教育者視野中「人」之圖像的缺失。教育者很少從奪取「分數」的競賽中停下腳步，思考「培養什麼樣的人」「教育的本質是什麼」「人具有怎樣的心靈」「怎樣實現人性的整全發展」等問題，而這些問題恰恰是教育哲學的主要內容。

　　攻讀哲學博士期間，我曾為柏拉圖著作中充滿理性光輝的師生辯論而折服，也曾被孔子對弟子的循循善誘和因材施教所感動，但《莊子》中關於學習、教學和師生關係的場景，最能說出我教育經驗中曾經切身感受卻「心困焉而不能知，口辟焉而不能言」〔註1〕的微妙之處。例如，當為師者以其「成

---

〔註1〕見〈田子方〉。

心」去說教學生時，學生至多被大道理說服，但其「氣」（情緒與慾望）卻不能被理解和接納。又如教學看似是關於「說」（講授）的藝術，但有效的講授一定以教師的傾聽為前提，只有細心傾聽學生的教師才能準確地針對學生的疑惑開展教學。有效的傾聽又以「虛而待物」〔註2〕為前提，內心充滿刻板印象和價值預判的教師往往「聽不到」或「聽不懂」學生的表達。《莊子》作者若不是偉大的教育思考者，絕不可能對於教育的局限和極限有如此震撼人心的描寫。

因此筆者選擇《莊子》教育哲學這一選題，希望自身的教育經驗能同文本之間來回激蕩、互相啟發，既能總結和反省自身的教育經歷，又能為《莊子》研究和教育哲學這兩個領域貢獻一些新知。

## 第二節　研究意義

在一些人看來，《莊子》是一部關於個人修養與處世之道的書籍，對於人的社會連結和文化傳承並不是那麼看重，而教育恰恰與人的社會文化性密切相關。此外，《莊子》的一些篇章嘲諷儒家對於禮樂教化和知識教育的執著，認為這些教育恰恰造成了「德」的下衰和人心的複雜化、險惡化，「文滅質，博溺心，然後民始惑亂，無以反其性情而復其初」〔註3〕。因此《莊子》似乎是反教育的。那麼，研究《莊子》的教育哲學是否有意義呢？本文要以此為題，就必須說明：教育現象和教育問題在《莊子》中以何種形態存在？《莊子》是否可以作為教育哲學的思想資源來研究？從當代教育哲學的多種意義來看，《莊子》在何種意義上是教育哲學的思想資源？《莊子》的教育哲學是否具有歷史上和現實上的重要性？

### 一、教育現象和教育問題在《莊子》中的存在形態

在當代，「教育」這個概念使用的範圍極廣，除了學校教育之外，還包括非學校教育，如家庭、同伴、集體、傳媒、宗教等〔註4〕。在《莊子》的時代，學校教育遠不像今天這樣是教育的絕對主流。因此《莊子》雖對教育問題有其思考，但所涉及的教育現象主要不是體制化的學校教育，而是以下這些教

---

〔註2〕見〈人間世〉。
〔註3〕見〈外物〉。
〔註4〕陸有銓：《現代西方教育哲學》，北京：北京大學出版社，2012，頁226。

育現象：

第一，收費授徒的私學教育

春秋時代官學衰廢，從貴族壟斷的「學在官府」轉向私學教育。隨著戰國社會的劇烈變動，統治者需要大批人才來組成強有力的政權機構，因此自春秋開始的私學教育，到了戰國時期得到極大的發展〔註5〕。儒家、墨家的私學教育所培養出來的人才，往往成為戰國諸侯統治地方所需的官員（詳見本論文第二章第一節）。私學雖然具有學校教育的某些特點，但是又遠不如當代學校那樣體制化，其教育場所、教育方式、教育內容都比較開放靈活。在私學教育所形成的學問團體中，除了正式的師徒教學之外，師生之間非正式的請教討論、生生之間的遞相傳授與切磋探討也都是重要的教育形式。例如，《論語》中常見的教育形態，除了孔子主動就某一問題進行講解，也常有弟子主動請教孔子，或弟子之間互相討論請教。人們所熟知的不少思想，如「吾日三省吾身」〔註6〕「和為貴」〔註7〕「學而優則仕」〔註8〕等，實際是孔子弟子的觀點。歷史上找不到關於莊子弟子的明確記載，從《莊子》哲學的取向來看，莊周大概也不屑教授徒弟去追求名利。但是《莊子》中的一些故事反映了儒家、墨家、名家等學派私學教育的情況，而《莊子》作者也對這些學派的教育目的、教育方法等有所反省。

第二，修行求道過程中的自悟自學與互教互學

《莊子》中展現的道家學派雖然有些「遺物離人而立於獨」〔註9〕，但在對道的學習和追求中，除了自悟自學，〔註10〕也常互相請教切磋，例如顏成子游問南郭子綦、〔註11〕南伯子葵問乎女偊〔註12〕等。據筆者統計，在《莊子》中有明確的教育者、求學者並寫出了教學過程的故事至少有54則（詳見本論文第五章第三節）。《莊子》中的某些人物之間，似乎也存在明確的師徒

---

〔註5〕孫培青、杜成憲編：《中國教育史》，上海：華東師範大學出版社，2019。第2章、第3章。

〔註6〕曾子語，見《論語·學而》。

〔註7〕有子語，見《論語·學而》。

〔註8〕子夏語，見《論語·子張》。

〔註9〕見〈田子方〉。

〔註10〕如〈大宗師〉顏回之「坐忘」，自始至終孔子沒有給出任何指導，是顏回自己悟出來的。

〔註11〕見〈齊物論〉。

〔註12〕見〈大宗師〉。

關係，如〈應帝王〉篇列子師從壺子，〈德充符〉篇申徒嘉師從伯昏无人等。不過，這種道家師徒關係很可能與其他諸子收費授徒的私學形態有一定區別，因為他們的教育既然不以入仕為目的，則老師也不太可能以教育為生計，更可能是共同研習「道」的人之間自發組成的修行團體中，自然形成的教學關係。在上述教育形態中，最容易受懷疑的是學生的自學。自學是否是一種教育現象？美國教育哲學家弗蘭肯納（W.K. Frankena, 1908～1994）將「教育」的判準概括為這麼一句話：當 X 用方法 M 促進或試圖促進 Y 產生某種素質 D 時，教育就產生了。其中 X 表示社會、教師或包括自己在內的任何教育者；Y 表示學習者，可以是兒童、青年、成人甚至教育者自己〔註13〕。可見，依照這種定義，「自學」實質上是「自己教自己」，無怪乎英文將自學成才稱為 self-taught。關於「自學」的哲學思考，理所應當地屬於教育哲學的討論範圍。

第三，政治影響和說服

除莊子之外的戰國諸子百家多以令統治者領悟自己的某種學說或政治方案，「一悟萬乘之主」〔註14〕從而取得巨大政治影響力，為其畢生的追求。《莊子》雖不以此為追求，但若統治者的暴虐危及他人時，《莊子》也不排除介入政治，對君主進行影響和說服。在《莊子》書中，最為明顯的政治說服至少有〈人間世〉篇的顏回之衛、顏闔傅衛靈公大子、〈則陽〉篇戴晉人見魏瑩、〈列御寇〉篇子華子見韓僖侯等例子，都是為了制止暴政或戰爭。這種政治說服到底屬於教育現象，還是屬於灌輸、宣傳？在當代教育哲學的討論中，「教學」與灌輸、宣傳等，主要從兩種標準加以區別。一種是根據道德標準，只有當說服的內容在道德上可接受時，才屬於教育，否則屬於灌輸或宣傳〔註15〕；另一種則根據智力標準：Thomas Green 在其「教學概念的結構圖」中，將「灌輸」置於「教導」與「宣傳、說謊」的中間。當某人嘗試影響他人的信念時，若以真正發展對方理智的方式來引導其認識真理，便屬於教導；以貶低甚至擾亂對方理智的方式來將不合理的信念塞給對方，便屬於灌輸、宣傳甚至說謊。〔註16〕《莊子》以制止戰爭、暴政為目的的說服，在道德上是正義的；說服過程中也以治療統治者的心靈疾患、對統治者進行哲理上的引導作為主

〔註13〕陸有銓：《現代西方教育哲學》，北京：北京大學出版社，2012，頁227。
〔註14〕見〈列御寇〉。
〔註15〕陸有銓：《現代西方教育哲學》，北京：北京大學出版社，2012，頁230～231。
〔註16〕諾丁斯（Noddings, N.）著，許立新譯：《教育哲學》，北京：北京師範大學出版社，2017，頁45～57。

要方法，而不採取欺騙、詭辯的方法〔註17〕。因此從上述兩項標準來看，《莊子》的政治說服都屬於教育的範疇。

總體來說，筆者認為在《莊子》中尋找教育哲學思想資源的時候，將教育的外延盡量放大會更有利。有些現象（如自學、政治說服等）即使在「是否屬於教育」的問題上有爭議，但對這些現象的哲學研究有助於我們理解教育現象，甚至有助於我們改進學校教育，則是毫無疑問的。例如〈人間世〉篇以最難說服的、具有扭曲性格和封閉心靈的「衛君」「衛靈公大子」作為對象來闡明如何對人發生影響。如果其中所涉及的傾聽藝術對病態的個體都能發揮作用，在面對性格更加平和穩定、更容易接受影響的普通人時，恐怕更能發揮作用。因此，問題的重點並不是《莊子》所涉及的哪些現象按照當代的標準可以算作「教育」現象，而是《莊子》對於這些現象的思考是否可能構成教育哲學的分析材料與思想來源，並最終對當代教育實踐有所啟發。

## 二、《莊子》是否可以作為教育哲學的思想資源

教育哲學的概念來自西方。在歐陸稱為普通教育學或系統教育學，在英美則叫作教育哲學（philosophy of education）〔註18〕。陳迺臣認為，教育哲學是應用哲學的方法，（1）對教育的語言和基本概念加以澄清；（2）對教育的現象、問題作通全而深入的探索、反省及描述；並（3）形成教育的一般性理論。〔註19〕《莊子》在這三個面向上，都具有作為教育哲學的思想資源來加以研究的可能。

---

〔註17〕 若將《莊子·人間世》心齋一章與《韓非子·說難》對照閱讀，就格外容易明瞭這一點。韓非子和莊子一樣，看到了教導性格偏狹、心態陰暗的學生時的諸多困難。韓非子同樣對君主進行了綿密的心理分析，得出的教育方案大體上看與《莊子》差別不大：韓非子要求教育者首先全面迎合君主的心理，不分是非地投其所好，只求贏得君主的信任；等到君主對自己深信不疑之後，再為其「明割利害、直指是非」，這時候自己的話才能被聽進去。但是，韓非通過虛偽的手段來取得信任，而《莊子》則希望通過真誠的傾聽來取得信任。韓非說，君主自鳴得意的事情，遊說者即使心裡覺得卑鄙，也要說它是美好的；君主有崇高遠大的願望，但實際上不可能實現，遊說者就要故意把這說成是壞的，給君主臺階下。而《莊子》的傾聽卻是不加評價的傾聽，聽者並不假裝認可對方，更不做逢迎拍馬的事，只是懷著寬容的心與對方共處，展示出有意願改變自己想法的態度。
〔註18〕 梁福鎮：《教育哲學：辯證取向》，臺北：五南圖書出版公司，2006，頁5。
〔註19〕 陳迺臣：《教育哲學》，臺北市：心理出版社，2001，頁19。

　　首先，《莊子》對當時教育的基本概念有所探討。《莊子》除了同儒家思想家一樣討論了「教」「學」「習」「性」等教育概念之外，還使用了一個獨具特色的教育概念，即「化」。孟子說君子「所過者化，所存者神」〔註20〕，《禮記》說的「化民成俗」〔註21〕，荀子的「聖人化性而起偽」〔註22〕，都是在教育的意義上使用「化」這個字。但是與其它先秦思想家僅僅偶爾地、具體地使用「化」概念不同，《莊子》將「化」看作一個至關重要的概念來進行討論，全書中出現了 91 次〔註23〕。儘管大部分時候《莊子》中的「化」指的是萬物的變化，但對齊同萬物的莊子而言，物的「化」與人的「化」是相通的，重點都在於對他者「自化」的尊重和賦能。《莊子》中最重要的教育哲學對話——〈人間世〉的心齋一章，就是關於「如何實現『化』」的討論。《莊子》提出「行年六十而六十化」〔註24〕的終身學習者典範，以及「與人並立而使人化」〔註25〕的教育者典範，在教育哲學上都是重大的貢獻。

　　其次，《莊子》對當時教育的現象、問題有深入的描述和反省。先秦時代，正式的、公立的學校教育並不發達，教育更多地採取非正式的、私人的形式。孟子說：「君子之所以教者五：有如時雨化之者，有成德者，有達財者，有答問者，有私淑艾者。此五者，君子之所以教也。」〔註26〕這說明與莊子同時代的思想家認為，教育現象是非常廣義的，不僅私人講學、私下請教屬於教育，甚至自己偷偷學習他人，或不知不覺中受到影響，也是一種教育。《莊子》對於當時各種形式的教育實踐進行了現象學的描述和反思，尤其是對當時教育以求名求利為根本目的、以殘生傷性為教育方法、以知識傳授、辯難說理和道德說教為主要內容的弊病提出了激烈的批判。

　　最後，《莊子》哲學對於形成教育的一般性理論有所啟發。與儒家培養「君子」不同，《莊子》以培養「能遊者」為教育目的，將教育的本質視為師生的「同遊」，以「知」「氣」「神」等概念討論心靈的結構，發現了「傾聽」「故

〔註20〕見《孟子・盡心上》。
〔註21〕見《禮記・學記》。
〔註22〕見《荀子・性惡》。
〔註23〕《論語》中從未使用「化」字，《孟子》《墨子》各使用了 5 次。時間較《莊子》晚的《荀子》中，「化」也出現了 74 次，其用法和重要性很可能受到了莊學的影響。
〔註24〕見〈則陽〉及〈寓言〉。
〔註25〕見〈則陽〉。
〔註26〕見《孟子・盡心上》。

事」「觀察」等重要的教育方法。這些思想在當代都遠未過時。

## 三、《莊子》在何種意義上是教育哲學的思想資源

　　鈕則誠借鑒醫學哲學的四元分類法，提出教育哲學的四種概念：為教育的哲學（philosophy for education）、教育中的哲學（philosophy in education）、關於教育的哲學（philosophy about education）、教育學哲學（philosophy of pedagogy）〔註 27〕。這一分類法對於我們澄清一種教育哲學的意義與範圍有很大幫助。按照這一分類法，《莊子》在「為教育的哲學」和「關於教育的哲學」兩層意義上，都可以作為教育哲學的思想資源來研究。

　　首先，《莊子》中直接討論教育問題的文本，可以在「為教育的哲學」意義上，作為教育哲學的思想資源來進行研究。「為教育的哲學」試圖發掘教育實踐背後的基本哲學原理，是一種建立在先驗基礎上的「思辨教育學」（speculative pedagogy）。例如，因材施教是孔子以其實際行動體現出來的教育原則，但是孔子似乎並未從理論上討論人與人之間才性不同對於教育的影響〔註 28〕。《莊子》則在理論上討論了「真人」與「真知」、「聖人之才」與「聖人之道」的關係〔註 29〕，並且在許多教學場景中（如顏回對衛君、顏闔對衛靈公太子、子扁慶子對孫休等）都包含了對學生的細緻的、理論化的心理分析，以及在分析學生心理的基礎上提出的教育策略。可以說《莊子》將「因材施教」這一教育實踐背後的思考提升到了哲學的層次。

　　其次，《莊子》中的形上學、知識學、倫理學、政治哲學、美學、方法論等，可以在「關於教育的哲學」意義上，作為教育哲學的思想資源來進行研究。「關於教育的哲學」可以說是應用哲學與教育學的對話，反映出教育中明顯可見的哲學議題，可視為教育理論與實務的哲學旨趣之綜合，如教育倫理學、教育知識學等〔註 30〕。以知識問題為例，當代教育實踐中很少體現對知識的反思和質疑，教師總認為學生掌握的知識越多越好、求知的慾望越強越好、對知識

〔註 27〕鈕則誠：《教育哲學：華人應用哲學取向》，臺北：揚智文化事業股份有限公司，2004，頁 3～17。

〔註 28〕根據池田知久的研究，《論語》中的出現「性三品說」的少數文段是後世所加入的。池田知久：〈《論語》公冶長・陽貨・雍也篇等に現れる性説を読む：漢唐間の性三品説との関わりにおいて〉，《斯文＝The shibun》133（2018）：37～57。

〔註 29〕〈大宗師〉篇。

〔註 30〕鈕則誠：《教育哲學：華人應用哲學取向》，臺北市：揚智文化事業股份有限公司，2004，頁 11～14。

的信仰越堅定越好。如果借鑒《莊子》對於知識的反思，則可以建構一種與時代風氣完全不同的教育知識學。在這種教育知識學的視野中，培養對不可知領域（超越界、未來、死亡、他者）的敬畏和想像力，以及對已知領域的超越論態度（即將已知領域的自明性「放入括弧」）〔註31〕，才是知識教育的重心。

## 四、《莊子》教育哲學的重要性

前三個問題實際上回答了《莊子》教育哲學研究的可行性，第四個問題則要回答《莊子》教育哲學研究的必要性問題。

教育在本質上應為一民族或一人群的理想甚至夢想所寄，既代表現在的存有，也應象徵人類對未來之可能性的希望和設想。〔註32〕因此教育哲學除了需要從根本上理解現存的教育活動，還需要努力重構教育生活——即對某種生活方式加以批判，為新的生活方式的合理性與合法性進行辯護與闡釋。〔註33〕這正是《莊子》教育哲學的特殊重要性所在。

畢來德（Jean François Billeter, 1939～）指出：社會的變革需要一種「突破性的發明」，這樣的發明意味著人「能夠自由地聯合起來，想像出符合他們根本願望與需求的社會，並且也有能力在適當的時候對這一想像加以修正。」他認為，在歐洲只有希臘創造了一個「自律」社會，清醒而自由地決定了社會的形式。但在公元前四到三世紀之間，中國社會也產生過與此類似的對人的自律性的認識，而《莊子》的某些篇章就是一個證據。畢來德認為，《莊子》的可貴性就在於：

> 莊子肯定了人的自律性。……戰國時代是中國哲學的黃金時代，這已成普遍共識。事實的確如此，但也必須注意到出現於彼時，並且對後世產生了深遠影響的所有學說，都是一種反自律性的學說，也都一致地主張社會的「他律性」。在帝國統一以後，所有這些學說都融入了帝國意識形態，使它成為一個否定自律之最強大、最頑固的思想體系。〔註34〕

〔註31〕柄谷行人：《トランスクリティーク——カントとマルクス》，東京都：岩波書店，2016，頁120。

〔註32〕陳迺臣：《教育哲學》，臺北市：心理出版社，2001，頁21。

〔註33〕周浩波：《教育哲學》，北京：人民教育出版社，2019，頁10。

〔註34〕畢來德（Jean F. Billeter）著，宋剛譯：〈莊子九札〉《中國文哲研究通訊》第22卷，第3期，頁5～39。

　　《莊子》看似輕視道德教化、關注個人自由，其實是透過發揚人的自律性來實現政治社會理想。對《莊子》來說，改變人理解自身、理解他人、理解萬物的方式，調控人的認知、慾望、情緒之間的關係，將人從狹隘的「生存鬥爭」向度中超拔出來，提升到更加廣闊的「生存美學」向度上（詳見本論文第五章第三節），才能實現個人的自律與社會的和解，將人類從時代的倒懸中解救出來。要實現每一個個人的改變，唯有透過教育。對於《莊子》哲學來說，關於教育的思想不僅是重要的，而且是根本性的。

　　在當代華人社會，教育哲學在引進西方成果的基礎上雖已有長足發展，但距離對教育現實發生影響還很遠很遠。教育哲學的兩大功用（反思教育現實與建構教育理想）〔註35〕，都要建立在教師熱愛教育哲學、熟悉教育哲學的基礎上。因此，教育哲學的普及任重而道遠。在華人社會普及教育哲學，遇到的障礙之一就是以西方語言和西方思維建構起來的教育哲學難以迅速被大眾理解。而以短篇寓言和故事為主的《莊子》，則更容易被華人社會中的教師所理解和接受，適於作為教育哲學普及的文本。

## 第三節　研究範圍

　　本論文的研究範圍主要是《莊子》文本，又以《孟子》《荀子》等其它古典文獻相參酌，作為理解《莊子》所需的背景。

### 一、今本《莊子》全書

　　《莊子》同中國古代大多數哲學著作一樣，屬於文集（anthology）性質，其不同篇章很可能是不同作者在不同時代所著。關於《莊子》內容如何按時代和作者進行切分，是學術界爭論不休的問題。歷史上，「內篇為莊子本人所著」是大部分詮釋者採取的觀點。當內篇中體現出的哲學觀點與外雜篇不一致時，研究者往往也以內篇作為莊子哲學的代表，而把外雜篇體現的觀點看作是莊子後學的思想記錄。〔註36〕

　　本文將《莊子》全書納入研究範圍，原因有二：

　　（一）如 Littlejohn 所指出的，如果我們引用古典哲學文本的目的是為了

〔註35〕陳迺臣：《教育哲學》，臺北市：心理出版社，2001，頁 21～22。
〔註36〕例如劉榮賢：〈畢來德先生《莊子四講》研討會引言稿：現今學界研究道家思想值得注意的幾個問題〉，《中國文哲研究通訊》3（2012）：153～158。

「與文本一同思考」（philosophizing with the text），那麼古代哲學家「說了什麼」和「怎樣為他的說法辯護」，比起「是誰說的」重要得多；同樣地，一份古典文獻中哪些篇章更古老、哪些更晚出，對於哲學思考來說是無關緊要的——更古老的文本未必更有哲學價值。〔註37〕

（二）筆者在研究過程中深刻體會到，《莊子》外雜篇是莊子教育思想的一座寶庫，尤其是外雜篇中大量關於技藝學習和師生關係的故事，對於思考教育問題極有幫助。若出於偏見將外雜篇排除，只會造成巨大的損失。

雖然筆者不假設《莊子》全書為同一作者所著，但為論述方便起見，行文中仍不免以「莊子」作為「《莊子》一書的作者」之簡稱，即「寫作和編輯了《莊子》大部分章節的、在思想上或師承上有關聯的整個作者群」。

本論文引用的《莊子》文本如未特別說明，均引自王叔岷的《莊子校詮》〔註38〕，但部分文本的標點和句讀根據筆者的理解做了改動。為避免繁瑣，引用《莊子》時只標註引文所在篇目。對《莊子》的詮釋和理解，筆者主要參考了方勇編著的《莊子纂要》〔註39〕，及該書中所纂集的《莊子》歷代注疏、校勘。對一些重點字句，又參考了崔大華的《莊子岐解》〔註40〕中所輯各家的解讀。

## 二、其它古典文獻

理解《莊子》必須大量參照其它古典文獻，有兩方面原因。首先，《莊子》的哲學是在先秦思想史的脈絡下，在與其它思想家對話的過程中提出來的。與「直接面對現實社會人生中存在的問題」的孔子、老子相比，墨子、孟子、莊子這一代思想家的問題則是「在知識分子之間的矛盾以及彼此思想學說的差異中產生的」，而在《莊子》中這一點尤為重要，因為「在莊子之前，幾乎沒有一個知識分子在自己的著作中涵蓋了如此眾多的學派的觀點」〔註41〕。再者，《莊子》中的許多文字只有同先秦的社會文化風俗、歷史背景聯繫起

---

〔註37〕 Littlejohn, Ronnie, "On What it Means to 'Let a Text Speak for Itself?': Philosophizing with Classical Chinese Texts", in Sor-hoon Tan (ed.), *The Bloomsbury Research Handbook of Chinese Philosophy Methodologies*(New York: Bloomsbury, 2016), p.76～90.

〔註38〕 王叔岷：《莊子校詮》，北京：中華書局，2007。

〔註39〕 方勇：《莊子纂要》，北京：學苑出版社，2012。

〔註40〕 崔大華：《莊子岐解》，北京：中華書局，2012。

〔註41〕 王富仁：〈通往莊子哲學之路〉，《山東社會科學》1（2009）：5～18。

來，或者與當時其他思想家關於同一問題的觀點比較起來，才會顯露出其特殊意義。

因此，本文的研究範圍也包括構成了《莊子》思想源泉、對話對象、語言來源的各種先秦文本。為避免繁瑣，引用此類古典文獻時僅標註書名和篇目，所依據的版本和注釋見表1。另外，本文所引用的古籍文本多取自中國哲學書電子化計畫（https://ctext.org/zh）提供的電子文本，在此基礎上再同紙書核對，根據紙書修改校讀和標點。在此向該網頁之建設者及所有貢獻者表示感謝。

表1　本文所引古典文獻之版本

| 文　獻 | 版　本 |
| --- | --- |
| 論語 | 楊伯峻：《論語譯注》，北京：中華書局，2009。 |
| 孟子 | 楊伯峻：《孟子譯注》，北京：中華書局，2005。 |
| 禮記 | 王文錦：《禮記譯解》，北京：中華書局，2001。 |
| 荀子 | 王先謙撰，沈嘯寰、王星賢整理：《荀子集解》，北京：中華書局，2012。 |
| 墨子 | 孫怡讓：《墨子閒詁》，北京：中華書局，2001。 |
| 韓非子 | 韓非著，陳奇猷校注：《韓非子新校注》，上海古籍出版社，2000。 |
| 史記 | 司馬遷著，裴駰集解：《宋刻十四行本史記》，南京：鳳凰出版社，2011。 |
| 左傳 | 楊伯峻：《春秋左傳注（修訂本）》，北京：中華書局，1990。 |

## 第四節　研究方法

關於莊子哲學的現有研究中，一個常見的現象就是以《莊子》文本來回答西方哲學的問題。〔註42〕研究者的問題意識和概念體系來自當代西方哲學語境，當研究者將這些問題不假思索地向《莊子》提出，並從書中搜尋能回答此問題的隻言片語來直接回答問題時，就很可能陷於三種謬誤。首先，這會迫使莊子回答許多他本不能回答或不想回答的問題。其次，又容易忽略《莊子》中真正與我們所關心的哲學問題相關的段落，只因為這些段落並沒有用我們所熟悉的語言去討論該問題。最後且最重要的一點是：莊子對於思想和語言的關係本身就有獨特的思考，他的哲學著作不僅表達了這些思考，而且

─────────────

〔註42〕關於莊子哲學是否是「不可知論」的爭論就是一個典型的例子。

以一種實驗性的言說和寫作嘗試去顛覆思想和語言的關係。當我們直接接受西方哲學關於思想和語言關係的基本假設，以澄清定義、設定判準、建構系統的方式去研究《莊子》哲學時，實際上就已經忽略了莊子自己的思考。

為同時實現尊重中國哲學獨有思維方式與推動中國哲學與世界哲學對話這兩大目標，信廣來（Kwong-loi Shun, 1953～）提出了中國哲學研究的三階段法：第一步文本分析（text analysis）要將中國哲學文本放回該哲學家所處歷史背景、思想脈絡與個人生命軌跡中，以虛而待物的態度，透過訓詁考據等方法努力切近文本原意；第二步展開論述（articulation）則要求研究者帶入自己的生命經驗來理解文本，找到當代人與古代哲學家之間共有的經驗與關懷，在此基礎上找到一種對當代人有意義的論述方式，並將這種論述反覆代入到原文本中加以驗證；第三步哲學建構（philosophical construction），則是將古代哲學家的思想帶入當代哲學社群的對話語境之中，其中就包括以中國思想來啟發西方哲學問題的探討。〔註43〕

其實，信廣來的方法並不局限於中國哲學，凡是研究西方文化以外的古代思想家皆可以採取此方法。但要研究《莊子》這樣一部在中國思想史上極具特色的奇書，還需要對信廣來的方法進行一定的補充完善。因此，在三階段法的基礎上，筆者嘗試將畢來德的文本翻譯、經驗交會等方法，以及艾蘭的隱喻分析方法融入，形成筆者研究《莊子》的三階段法。這三階段會不斷循環往復，例如在經驗交會的時候，很可能會發現一開始文本翻譯時的疏漏，從而回過頭來修改文本翻譯。但總的來說，每一階段都是下一階段得以完成的前提。

## 一、文本翻譯

在這一階段，最主要的目標是努力還原作者原意（mens auctoris），即作者想要向其目標讀者傳遞的東西。如信廣來所言，即使研究者的目的並不是澄清某一中國哲學家實際上是怎麼想的，而只不過是要「在探索某一哲學問題時將中國思想作為靈感的來源」，研究者也必須將中國哲學文本放在其歷史脈絡中，以更切近思想家原意的方式去理解，否則研究者在解讀中哲文本時

---

〔註43〕 Shun, Kwong-loi, "Methodological Reflections on the Study of Chinese Thought", in Sor-hoon Tan (ed.), *The Bloomsbury Research Handbook of Chinese Philosophy Methodologies*(New York: Bloomsbury, 2016), p.57～74.

讀到的不過是自己植入文本的前見罷了〔註44〕。

　　為達成這一目標，筆者首先把所有需要引用的《莊子》原文都自行翻譯為現代文。畢來德指出翻譯是理解哲學文本的重要進路。他說「沒有任何研究方法，任何學術規範會像翻譯那樣迫使我們如此全面審慎地考量一份文本的所有特點，包括它的架構、節奏、語氣，等等——而這些也都一同決定了文本的意義。」〔註45〕對於本論文所引用的重要《莊子》文本，為說明筆者對故事中字詞意思的詮釋，在引用時會給出筆者自己的譯文。筆者的譯文中大量借鑒了方勇《莊子纂要》的研究成果及翻譯策略，但也處處融入了筆者自己的思考。

　　在翻譯時，勢必遇到字詞意義的詮釋問題。筆者除藉助歷代注疏之外，更重視參考與《莊子》時代相近的其它著作中字詞的用法。Littlejohn 提出了「讓文本為自己說話」（Let a text speak for itself）的詮釋原則，這一原則的第一層意義就是「根據源語言中的用法，令人信服地將文本翻譯為一種新的目標語言」〔註46〕。這裡，「源語言中的用法」指的正是在《莊子》作者的時代中國語言的用法。而要了解那一時代中國語言的用法，恐怕要優先依靠來自同一時代的文本證據，而不是優先相信魏晉、唐宋甚至明清的注釋家。畢來德也指出要克服後代注疏和詮釋對我們理解作者原意的阻礙。「對前人的解讀要一律採取懷疑的態度……在層層解讀的沉澱下面，找回作者在書寫文本之初賦予文本的完整的意涵。」〔註47〕

　　本階段在詮釋文本時，還必須處理《莊子》各部分哲學觀點不盡一致這一問題。當代學界往往傾向於將中國哲學家看作「前後一致的哲學家」（consistent philosophers），戴卡琳（Carine Defoort, 1961～）批評了這一思路〔註48〕。其實，同一思想家的思想前後不一致是很正常的。例如，持生成

---

〔註44〕 Shun, Kwong-loi, "Methodological Reflections on the Study of Chinese Thought", in Sor-hoon Tan (ed.), *The Bloomsbury Research Handbook of Chinese Philosophy Methodologies*(New York: Bloomsbury, 2016), p.57～74.

〔註45〕 畢來德著，宋剛譯，《莊子四講》，臺北：聯經，2011，頁2。

〔註46〕 Littlejohn, Ronnie, "On What it Means to 'Let a Text Speak for Itself?': Philosophizing with Classical Chinese Texts", in Sor-hoon Tan (ed.), *The Bloomsbury Research Handbook of Chinese Philosophy Methodologies*(New York: Bloomsbury, 2016), p.76～90.

〔註47〕 畢來德，《莊子四講》，頁24。

〔註48〕 Defoort, Carine, "Instruction Dialogues in the *Zhuangzi*: An 'Anthropological' Reading", *Dao*, 11(2012), p.459～478.

論的研究者對亞理斯多德著作進行研究時就著重揭示前後期觀點的變化。即使《莊子》全書出自同一思想家之手，觀點都可能有前後期的轉變，更何況該書是許多不同作者的箴言、語錄、故事和論文之合集。因此，以「《莊子》書中其它地方與此觀點不一致」作為反對某一種特定詮釋的證據，其效力是很弱的〔註49〕。例如，筆者不贊成因為《莊子》中「氣」字有一些地方可用「氣論」來解釋，就把該書中所有「氣」都理解為氣論的氣。採取畢來德的做法，將同一個字的每一次使用都當作一個獨立的文本來分析，是更加可靠的做法。〔註50〕

## 二、經驗交會

在文本翻譯完成後，我們已經基本了解了《莊子》某一段文本的意思。接下來究竟如何在此基礎上做研究呢？當代對《莊子》的詮釋往往會把某種「學術上的內部一致性」（academic coherence）加給莊子，迄今為止莊子哲學已經被不同的學者貼上了原始主義、相對主義、個人主義、享樂主義、悲觀主義、虛無主義、命定論、自然主義、演化論、佛學、犬儒派、懷疑論、唯心論、唯物論等等標籤〔註51〕。這些強求莊子採取某一派哲學觀點的做法，正是《莊子》作者所批評的「規規然而求之以察，索之以辯」（〈秋水〉），往往要以犧牲《莊子》的複雜性為代價。

安樂哲（Roger T. Ames, 1947～）認為，中國古代哲學家更接近詩人而非分析家，應將他們的哲學詞彙看成「具體意象」而不是「概念」〔註52〕。若

---

〔註49〕需要說明的是：以「《莊子》書中其它地方，該字詞沒有類似的意思」作為反對某一種詮釋的論據，則是有效的。儘管人的觀點轉變很快，但同一語言社群（尤其是同一學術社群）中字詞的意思和用法卻是相對固定的。因此，在確定字詞意思的時候，筆者會重視來自《莊子》文本內部的證據；但在詮釋整個句子或段落的意思時，則不受《莊子》其它部分哲學觀點的局限。

〔註50〕儘管如此，筆者對畢來德本人的許多翻譯並不贊成。畢來德存在著罔顧一個字在源語言中的用法，在翻譯時為字詞自行發明新用法的毛病。例如將「顏回請行」中的「氣」翻譯為「你的能量」、「道」翻譯成「行為」即屬於此。筆者採納畢來德的方法論，但在實際使用時力求比他更審慎。

〔註51〕Defoort, Carine, "Instruction Dialogues in the *Zhuangzi*: An 'Anthropological' Reading", *Dao*, 11(2012), p.459～478.

〔註52〕安樂哲，〈差異比較與溝通通理解——當代西方學者研究中國哲學的傾向及障礙〉，收入郭齊勇、廖曉煒編，《中國哲學史經典精讀》（北京：高等教育出版社，2014），頁368～369。

帶著這一思路看《莊子》，則更可注意到莊子不僅是詩人，還是傑出的敘事者和劇作家。《莊子》中大量敘事性的寫作呈現給我們的，不是前後一致的概念和觀點，而是我們日常生活中能夠體會到但又很容易忽略的經驗，以及對這些經驗的觀察和解說。以庖丁解牛的故事而言，大多數讀者雖然沒有解牛的經歷，但卻都可以從這個故事中獲得共鳴，因為我們大都經歷過在熟練掌握某一複雜技能（如說一門語言、打籃球、騎自行車等）後「官知止而神欲行」「不以目視而以神遇」的感受。畢來德認為，我們能從《莊子》中讀到的最寶貴的東西，正是這種能與我們讀者相交會的經驗。在這裡，經驗指的不是任何一次具體的經歷，而是「我們一切有意識的活動的基礎」〔註 53〕，即能在作者和讀者之間形成共鳴的那種人類共有的對自己意識狀態的感受。

## 三、隱喻分析

隱喻（metaphor，有些文獻中譯為譬喻）分析是著名漢學家艾蘭（Sarah Allan, 1945～）在其代表作《水之道與德之端》中引入中國哲學領域的重要方法。這一方法得自 George Lakoff 和 Mark Johnson 開創的認知語言學研究。認知語言學發現，隱喻在人類生活中無所不在，當我們選擇用不同的隱喻去理解世界時，會產生極其不同的後果。正如 Lakoff 和 Johnson 所說：

> 我們如何做譬喻性思考事關重大，可用以解決的問題無所不包……婚姻是一種夥伴關係、共同的生命旅行、世外桃源、成長的手段，或者是將兩人結合而形成第三種實體？選擇以上任一方式將婚姻概念化，會決定你的婚姻形態。……譬喻思維在我們自覺或者不自覺的心靈生活中是常見的、無所不在的。概念譬喻藏在各種名稱的背後……因為我們借助譬喻思考（reason），我們所用的譬喻就在極大程度上決定我們如何過日子。〔註 54〕

艾蘭認為，哲學的語言不可避免地建立在具象的想像之中。她將 Lakoff 和 Johnson 所說的「文化中最基本概念的隱喻結構」稱為「本喻」（root metaphor）。在此，她關注的不是文學化的語言中如何使用修辭手法，而是一個文化中最古老的那些抽象概念是如何從具象的根源中得來的。換而言之，

---

〔註 53〕畢來德，《莊子四講》，頁 9。
〔註 54〕George Lakoff & Mark Johnson 著，周世箴譯注，《我們賴以生存的譬喻》（臺北市：聯經，2006 年），頁 21～22。

不是研究作者如何「用類比（analogy）來說明觀念」，而是「抽象觀念是怎樣從類比中得來的」。〔註55〕

　　《莊子》哲學的一大貢獻就是提供了一系列同先秦諸子有所不同的隱喻。例如孟子以禾苗的生長來隱喻學習，荀子以木工對原材料（本始材樸）的修整來隱喻學習，而莊子卻將學習看作在空間中移動（詳見本論文第三章）。不僅如此，《莊子》使用的隱喻極具開放性、擴展性，可以組成龐大而互通的隱喻群。例如「師生就是一起旅行的人」的隱喻與「學習就是在空間中移動」的隱喻密切相關。既然移動意味著學習，那麼師生同遊就意味著老師和學生不過是朝著相似的方向共同學習的人，他們之間的關係比傳統理解的師徒關係更加平等。帶著這一隱喻思維去看一些原本難以理解的文本，如〈田子方〉篇「顏淵問於仲尼」一節，則仲尼和顏回的「交一臂而失之」也就更好理解了：他們總是未能成功地一起旅行，意思就是他們沒能建立真正的教學關係，而背後的原因則要從「孔子行年六十而六十化」當中去找——老師學習和變化的速度太快了，如果學生僅僅模仿老師過去的言行，卻不能和老師一樣不斷自我更新，那麼自然永遠都跟不上老師。

　　因此，挖掘出《莊子》教育哲學背後的核心隱喻，是本論文研究工作的第三個步驟。找到這些隱喻之後，當代讀者就能靈活地運用這些隱喻來幫助自己開展教育哲學的思考。

## 第五節　文獻回顧

　　儘管《莊子》中有豐富的教育哲學研究素材，但《莊子》教育哲學似乎一直未得到系統的、全面的研究。在當代中國哲學最重要的幾種研究語言（中文、日文、英文）中，除馬周周的《莊子教育學》（2008年）〔註56〕與臺灣師範大學林秀珍教授的《莊子哲學的教育詮釋》（2020年新近出版）之外，筆者未搜尋到以《莊子》教育哲學或《莊子》教育思想為主題的專書或博士論文。目前已有的研究多以期刊論文的形式發表，篇幅較為有限。若將臺灣、大陸、

---

〔註55〕Allan, Sarah. *The way of water and sprouts of virtue*. Albany: State University of New York Press, 1997. p.13. 該書已有中譯本，參閱艾蘭：《水之道與德之端：中國早期哲學思想的本喻》，商務印書館，2010。此處引文由筆者自行譯自英文。

〔註56〕此書中僅有部分是從教育哲學的視角和方法進行研究的。

日本和西方學者在該領域已發表的研究進行對比，則必須承認西方學者的論文視角最為獨特、討論最為細緻，可見該領域正逐漸受到西方學者的重視。中文學界若欲奮起直追，當站在這些已有研究的基礎上，在對話中超越。

以下分別概述臺灣學者、大陸學者、日本學者和西方學者的莊子教育思想研究現況，並選取其中較有價值的文獻加以評述。

## 一、臺灣學者

林秀珍的力作《莊子哲學的教育詮釋》是目前最為完整地討論《莊子》教育哲學思想的著作。該書結合當代教育現實對內七篇的大部分故事進行了哲學義理和教育蘊義的闡發，其關於「無用之用」的教育目的、平等的師生關係、教師的個人心靈修養、「明王之治」的班級經營等方面的研究成果對本文頗有啟發。但是在該書已經出版的背景下，筆者自認為仍有必要再以拙作加以補充，原因如下：首先，該書很少涉及《莊子》外雜篇的教育哲學思想；其次，該書對內七篇的詮釋幾乎完全根據王邦雄《莊子內七篇・外秋水・雜天下的現代解讀》一書的詮釋系統，其中部分文本如能採取不同的詮釋，則能開顯更為廣闊的教育哲學蘊謂；最後，該書在編排上，根據《莊子》本身內七篇的篇章順序一一解讀每一篇的教育蘊義，本文則嘗試根據教育哲學自身的邏輯，從教育目的論、教育本質論、教育心靈論、教育方法論等題目入手討論。〔註57〕

施依吾透過解讀「心齋」的工夫論，為教師的心理建設提供對策。該文作者對教育現場十分了解，指出了《莊子》中教學場景同當代學校教育的相似之處。對於教師如何面對學生，該文提出了上下兩策；對於教師自身「先存諸己」的個人修養，也提出了7條建議，對本論文的研究很有幫助。〔註58〕

蕭美齡從《莊子》的觀點看當今品德教育的走向和出路。首先對《莊子》是否「反對道德」做出了澄清，指出《莊子》並不反對道德，只是要批判異化的儒家或者被扭曲的道德。其次討論《莊子》的道德教育方法，發現《莊子》對於語言灌輸和理性論辯這兩種道德教育方法的局限性都有所認識。在此基礎上，提出了《莊子》品德教育的正面主張，即不言之教、自正生命、以「和」

〔註57〕林秀珍：《莊子哲學的教育詮釋》，臺北：師大書苑，2020。
〔註58〕施依吾：〈莊子「心齋」工夫為教師提供的心理建設與對策〉，《通識教育學刊》3（2015）：124～146。

釋德。然而本文從《莊子》中讀出的建設性內容稍顯不足，仍可進一步挖掘，如《莊子》中的關懷倫理、關係倫理、道德修養的方法論等。〔註59〕

卓玉芳從「師道」的角度研究《莊子》，指出了《莊子》中師道的目標、內涵和行誼（即教學方法）。〔註60〕

## 二、大陸學者

大陸學者對《莊子》教育思想的研究，除甘肅文化出版社出版的《莊子教育學》一書之外，主要見於期刊論文。〔註61〕筆者首先專門評述《莊子教育學》一書，接著以文獻計量方法，從期刊論文中歸納出已有研究的常見主題，接著對其中較有價值的一個研究領域——知識觀的研究進行述評。

### （一）馬周周的專書《莊子教育學》

佛山科學技術學院的馬周周於 2008 年出版專書《莊子教育學》，篇幅達 50 萬字，是第一部較為全面系統地闡述《莊子》教育思想的著作。該書論證了《莊子》是名副其實的教育著作，從教育目的、課程觀、知識觀、教師觀、學生觀等角度論述了莊子對於教育的基本看法，指出莊子的教育內容包括道德教育、價值觀教育、自然主義教育、無為教育、生命教育、生態教育、境界教育、審美教育等，並從《莊子》中總結出講故事、會話、自然、無為、「遊」、「觀」、「化」、「忘」等教育方法。〔註62〕該書對莊子教育方法的論述獨具匠心，其中的「故事」「觀」「化」的方法都對本文寫作有所啟發。

不過，該書也存在一些方法和思想上的局限性。首先，該書在學術上的嚴謹性不足，全書徵引文獻僅 14 篇，其中甚至有兩篇來自高中語文課本。其次，該書對於《莊子》的詮釋，完全依賴王世舜《莊子注譯》和謝祥皓《莊子導讀》兩部近人著作，很少參考《莊子》古注，詮釋文本時經常局限於翻譯，即文本「說了什麼」，對於「為什麼這樣說」「為什麼不那樣說」較少細緻的討

---

〔註59〕蕭美齡：〈品德是可以教的嗎？——從《莊子》的觀點看當今品德教育的走向和出路〉，《通識論叢》10（2010）：113～127。

〔註60〕卓玉芳：〈論《莊子》的師道觀〉，《鵝湖月刊》4（2017）：20～30。

〔註61〕劉良華編寫的教師教育教材《教育哲學》第五章雖有一節專論莊子，但實際內容是對莊子「內聖外王」學的一般哲學介紹，未從教育哲學角度來論述，對本文借鑑意義不大。劉良華：《教育哲學（第2版）》，上海：華東師範大學出版社，2019，頁 161～165。

〔註62〕馬周周：《莊子教育學》，蘭州：甘肅文化出版社，2008。

論。最後，該書以莊子的「教育學」而非「教育哲學」為切入點，各章節對
《莊子》文本進行闡發時經常從文學角度而非哲學角度入手，哲學性不足。
例如該書與本論文同樣關注作為教育方法之一的「講故事」，但《莊子教育學》
的分析方法限於將《莊子》中的寓言與伊索寓言進行對比，並歸納出《莊子》
寓言編纂的文學手法（如形象法、虛構法、擬人法、誇張法、歸納法、情境設
置法等）。而本文分析《莊子》的「故事教育法」時，則從「故事」與「寓言」
的概念辨析、故事教育法在教育上所具有的優點入手，進而借鑒柄谷行人及
紀傑克的「視差之見」理論，分析《莊子》中獨具特色的「視差故事」，並總
結出視差故事的寫作方法與解讀方法。綜上所述，儘管馬周周的《莊子教育
學》在莊子教育哲學研究中起到了開創性的作用，但仍有許多問題需要進一
步研究。

### （二）大陸期刊發表的《莊子》教育思想研究的常見主題

　　期刊發表的《莊子》教育思想研究論文很多，但篇幅通常較短，發文的
期刊影響力不高，對文本和義理的討論都不細緻，值得引用、討論的作品不
多。筆者以文獻計量方法歸納出大陸《莊子》教育思想研究的常見主題，從
中可以看出研究的熱點與方向（見表2）。

表2　大陸《莊子》教育思想研究的常見主題

| 主題 | 核心觀點 | 觀點概述 | 相關論文篇數 |
|---|---|---|---|
| 教育目的 | 反對功利主義 | 從「無用之用」的觀點出發，反對狹隘的功利主義教育，主張博雅教育、全人教育。 | 2 |
| | 反對工具理性 | 從對「機心」的警惕，引出反對工具理性的教育觀，對教育中的激烈競爭和非人性化提出批評。 | 4 |
| | 追求自由人格 | 以「逍遙」為理想人格。 | 6 |
| | 崇尚自然 | 主張親近自然、效法自然、復歸自然的教育理想。 | 5 |
| | 培養創造力 | 莊子重視對創造力的培養。 | 2 |
| 教育內容 | 對知識的反省 | 指出知識具有局限性，教育內容的核心應是無法言傳的知識。 | 7 |
| 教育對象 | 因材施教 | 針對不同的學生的「才」，以不同的方法令其形成對道的體悟。 | 2 |
| | 尊重個性差異 | 承認「大知」「小知」各有其價值，不同的學生各有適合其性的教育。 | 6 |

| 教育方法 | 不言之教 | 反對以知識灌輸或道德說教的方法進行教育，主張行不言之教〔註63〕 | 6 |
| | 師德為表 | 認為莊子的教育方法要求教師「先存諸己」，以身作則，師德為表 | 2 |

上表的統計基於以下 24 篇論文〔註64〕：

## 表3　大陸《莊子》教育思想論文列表

| 論　文 | 主　題 |
|---|---|
| 林文錡：〈老莊教育思想的現代闡釋：從教育學角度看臺灣老莊學研究的新動態〉，《教育評論》6（1993）：55～58。 | 不言之教，心理教育，創造力的教育 |
| 劉兆偉：〈《莊子》一書的個性化教育思想發凡〉，《教育評論》4（1999）：56～58。 | 尊重個性差異 |
| 金德三：〈莊子思想與當代教育〉，《學術探索》8（2003）：40～43。 | 反對工具理性 |
| 尚釗：〈《莊子》在當代教育中的元典意義〉，《湖北經濟學院學報：人文社會科學版》8（2005）：125～126。 | 追求自由人格 |
| 牛東亞：〈莊子教育思想對現代教育的啟示〉，《晉中學院學報》6（2005）：78～81。 | 追求自由人格，因材施教，崇尚自然 |
| 鄒文：〈教育本土化：向中國古老哲學尋找智慧——兼論莊子的教育之道〉，《山東師範大學學報：人文社會科學版》3（2005）：136～140。 | 尊重個性差異，不言之教，語言的局限性 |
| 譚維智：〈學校教育應重視不言之教——《莊子》教育哲學之我見〉，《當代教育科學》23（2006）：3～6。 | 不言之教 |
| 畢世響：〈莊子教育學名詞解釋〉，《內蒙古師範大學學報：教育科學版》6（2006）：43～46。 | 反對工具理性，教育與勞動結合 |
| 高好：〈莊子哲學中所蘊藏的教育智慧〉，《湖北教育學院學報》9（2007）：89～91。 | 追求自由人格，反對功利主義：無用之用，尊重個性差異，反對工具理性 |
| 倪永強，張啟明：〈道的澄明——莊子教育之道的體與用〉，《科教文匯》12X（2007）：200～202。 | 尊重個性差異，追求自由人格，崇尚自然 |

〔註63〕　至於不言之教的方法，則不同論文的解讀各異。

〔註64〕　筆者於 2020 年 9 月 28 日在中國知網（CNKI）及維普期刊（CQVIP）以「莊子」和「教育」為關鍵詞，排除相關性不大及學術價值極低的論文後獲得的結果。表中文獻如未在本論文其它地方被引用，則不再列於文末「參考文獻」處。

| | |
|---|---|
| 顧明：〈論莊子「行不言之教」的教育思想〉，《現代教育論叢》11（2008）：53～56。 | 不言之教 |
| 魏萍，徐照波：〈論莊子教育思想的現實意義〉，《教育與教學研究》5（2009）：53～54。 | 追求自由人格，崇尚自然，因材施教 |
| 徐春根：〈莊子教育觀管窺〉，《嘉應學院學報》1（2010）：38～41。 | 尊重個性差異，不言之教 |
| 譚維智：〈論莊子對知識在道德教育中的價值的認識〉，《教育學報》4（2010）：2010。 | 知識觀 |
| 喬木：〈《莊子》教育思想研讀〉，《開封教育學院學報》1（2013）：57～59。 | 師德為表 |
| 王家雲，燕燕，李福華：〈「體感」視閾下的莊子知識論解讀：歷史意蘊與教育啟示〉，《華東師範大學學報（教育科學版）》4（2014）：99～104。 | 知識觀 |
| 李璐：〈談談老子和莊子教育思想的異同〉，《長安學刊：哲學社會科學版》2（2015）：130～131。 | 崇尚自然，追求自由人格，尊重個性差異 |
| 許中麗：〈論莊子的教育思想和海德格爾哲學中的現象〉，《洛陽師範學院學報》6（2015）：135～138。 | 知識觀 |
| 王國成：〈莊子教育思想及其對道德教育的啟示〉，《教育評論》2（2017）：84～88。 | 師德為表，崇尚自然 |
| 燕燕：〈《莊子》的具身知識觀對現代教育的啟示〉，《淮北師範大學學報（哲學社會科學版）》1（2018）：15～19。 | 知識觀 |
| 姜國鈞，黃卓：〈莊子的科技思想及其對當代科技教育的啟示〉，《大學教育科學》2（2019）：93～98。 | 反對工具理性，創造力的教育，反對功利主義：無用之用 |
| 許可峰：〈先秦「致虛守靜」學習觀及其當代價值〉，《現代教育科學》6（2019）：21～27。 | 知識觀 |
| 張學強：〈莊子的知識論及其教育圖景〉，《社會科學戰線》5（2020）：224～232。 | 知識觀 |

## （三）對《莊子》知識觀的討論

大陸學者的論文中討論質量最高的是對《莊子》知識觀的探討。《莊子》教育哲學的一大特色是不再以書面知識作為學習的主要內容，因此我們可以詢問：為什麼《莊子》對知識的作用有所懷疑？如果《莊子》摒棄知識，那麼學習的內容到底是什麼？如果《莊子》並沒有摒棄知識，那麼什麼樣的知識才是莊子所看重的？關於上述問題，已有不少學者加以關注和討論。

首先，這些研究一般反對《莊子》是不可知論的傳統觀點，認為《莊子》

仍然重視知識，但看到了知識的諸多局限性，如權力對知識的控制、個體在認識過程中的局限性（如教條主義地追隨經典、師說、成心）〔註65〕、語言作為知識載體的局限性、〔註66〕知識之間的互相局限（已有知識阻礙我們接受新知）〔註67〕、道德知識對於道德的養成有害無益〔註68〕等。

其次，針對知識的局限性，指出了《莊子》中不同的應對策略。有些提出重視「不知」的作用，改變以知識為中心的思考方式；〔註69〕有些要求改變求知的態度和方法，以疑問、反思、自得、養知的方法來求知；〔註70〕還有的改變知識的定義，認為庖丁解牛、痀僂丈人的知識在其「手」中，屬於「體感知識」〔註71〕或「具身知識」〔註72〕。

但是，這些研究仍有不足之處。體感知識或具身知識的理論雖然能用於解釋《莊子》中的大量技藝故事，但卻很難說是《莊子》自己對這些故事的解釋。《莊子》從未說庖丁之「道」或「知」在其「手」上。痀僂丈人的故事裡，孔子評論他「用志不分，乃凝於神」，似乎將其道歸結於神、志而不是身體；丈人說到自己的手時也只說「吾執臂也若槁木之枝」，將自己的手看作無生命的物體，而不說知識承載於身體上。另一方面，對於《莊子》知識觀的關鍵詞「不知」（在全書中出現173次）仍有許多問題值得討論，如至人的「不知」和愚昧無知是否相等？「不知」與《莊子》中用於正面意義的「知」（如「唯

---

〔註65〕 張學強：〈莊子的知識論及其教育圖景〉，《社會科學戰線》5（2020）：224～232。

〔註66〕 王家雲，燕燕，李福華：〈「體感」視閾下的莊子知識論解讀：歷史意蘊與教育啟示〉，《華東師範大學學報（教育科學版）》4（2014）：99～104；燕燕：〈《莊子》的具身知識觀對現代教育的啟示〉，《淮北師範大學學報（哲學社會科學版）》1（2018）：15～19。

〔註67〕 許可峰：〈先秦「致虛守靜」學習觀及其當代價值〉，《現代教育科學》6（2019）：21～27。

〔註68〕 譚維智：〈論莊子對知識再道德教育中的價值的認識〉，《教育學報》4（2010）：2010。

〔註69〕 譚維智：〈論莊子對知識再道德教育中的價值的認識〉，《教育學報》4（2010）：2010。

〔註70〕 張學強：〈莊子的知識論及其教育圖景〉，《社會科學戰線》5（2020）：224～232。

〔註71〕 王家雲，燕燕，李福華：〈「體感」視閾下的莊子知識論解讀：歷史意蘊與教育啟示〉，《華東師範大學學報（教育科學版）》4（2014）：99～104。

〔註72〕 燕燕：〈《莊子》的具身知識觀對現代教育的啟示〉，《淮北師範大學學報（哲學社會科學版）》1（2018）：15～19。

達者知通為一」的「知」）是否矛盾？這些問題都有待進一步探討。

## 三、日本學者

日本心理學家浜村良久長期以來致力於以心理學視角分析中國古典哲學文本，其研究思路頗有特色，且與本文的研究方向高度相關，值得介紹。

浜村良久在《莊子》中發現了「傾聽」這一主題。在先秦，關注「傾聽」的傳統可以追溯到顏回，《論語》中孔子多次記述顏回傾聽自己時的樣子〔註73〕。浜村認為，顏回不加批判地傾聽他人，為顏回贏得了好感與信賴。莊子很可能從顏回一系的儒者那裡接受了關於傾聽的思想〔註74〕。

無批判的、「從內側出發的」傾聽，是心理諮商師獲得來訪者信任和成功實施治療的重要前提，也是《莊子》中「聖人」的共同特色〔註75〕。例如，〈德充符〉篇的王駘、哀駘它之所以能實現「不言之教」，秘訣就在於「和而不唱」：既不與對方混同〔註76〕，也不用自己的成見去規範對方，而是無批判地傾聽、從內側去理解對方，從而療愈對方內心的痛苦（「使之和豫」），在對方內心產生變化（「是接而生時於心者也」）〔註77〕。在這一過程中，難點就在於傾聽者內心如何在保持自我和接受他者這一張力中維繫平衡，這就需要做到「就不欲入、和不欲出」〔註78〕。

---

〔註73〕「吾與回言終日，不違如愚。退而省其私，亦足以發。回也，不愚。」（〈為政〉第9章）「回也非助我者也，於吾言無所不說。」（〈先進〉第4章）「語之而不惰者，其回也與！」（〈子罕〉第20章）。

〔註74〕這一點郭沫若曾主張過，不過浜村主要是從《論語》中顏回就具有善於傾聽的跡象來立論，懷疑《莊子》繼承了來自顏回的傾聽之學。浜村良久：〈傾聽の思想の系譜〉，日本心理学会第75回大会《日本心理学会大会発表論文集》，公益社団法人日本心理学会：2011。

〔註75〕浜村良久：〈『莊子』内篇の「聖人」の心理学的分析〉，日本心理学会第72回大会《日本心理学会大会発表論文集》，公益社団法人日本心理学会：2008。

〔註76〕浜村根據《論語》對「和／同」的辨析（「君子和而不同、小人同而不和」），反對將「和而不唱」的「和」理解為「不主張自己的觀點、與對方混為同調」。

〔註77〕浜村良久：〈『莊子』德充符篇の心理学的分析〉，日本心理学会第70回大会《日本心理学会大会発表論文集》，公益社団法人日本心理学会：2006。浜村良久：〈『莊子』德充符篇の「立不教坐不議」について〉，《比較文化研究》77（2007）：23～31。

〔註78〕浜村良久：〈『莊子』人間世篇「蟷螂の斧」の心理学的分析〉，日本心理学会第71回大会《日本心理学会大会発表論文集》，公益社団法人日本心理学会：2007。

　　《莊子》關於傾聽最深刻的洞見莫過於〈人間世〉篇的「心齋」工夫。浜村強烈反對把「心齋」一節孔子的教誨理解為勸顏回放棄改變衛君。相反，孔子在非常認真地同顏回探討此次行動的策略，而孔子給出的方法就是傾聽：「无聽之以耳而聽之以心，无聽之以心而聽之以氣」。浜村將「聽之以心」理解為「以自我為基準的他者解釋」，而「聽之以氣」則是「以對方為基準的他者受容」，以此解讀「虛者心齋也」不無道理。〔註79〕

　　浜村良久的研究為莊子教育哲學研究提示了「傾聽」這一關鍵詞。但他的研究也有一個缺憾，即僅僅標舉了傾聽這一理想，卻未能深入討論我們以何種工夫來克服傾聽中的各種困難，以及在這一漫長的傾聽過程中如何應對人世間各種無可逃避的選擇與行動。在教育現場，上述問題都是十分緊要的。教師也許也想傾聽學生，卻不知怎樣放下自己心中的各種判斷；且即使教師放下了心中的判斷去傾聽學生，卻不能等漫長的傾聽結束後才對學生進行管理和教育，而需要做出許多當下的、急迫的教育決斷。心理諮商師可以無批判地、耐心地傾聽來訪者，是因為諮商師和來訪者止於諮商關係，諮商師並不在對方生活中扮演其它角色，對對方生活或學習不負有任何責任。但《莊子》讀者卻可能與其傾聽對象之間存在君臣、父子、師生等現實關係，其中包括了複雜的權力關係。因此，《莊子》在此方面能提供的啟發遠不止於浜村所提出的若干要點。

## 四、西方學者

　　以下西方學者的《莊子》教育思想研究各具特色、頗有見地，且除戴卡琳一文之外，尚少在中文世界被關注和討論，值得在此一一介紹。

　　比利時魯汶大學的戴卡琳提出一種「人類學」角度的讀法，以該方法來研究《莊子》中的教學對話。「人類學」讀法具體而言即將研究者看作是穿越回先秦時代的人類學家，關注《莊子》書中的師生都是什麼樣的人、以什麼樣的形式在進行著教學，而非僅關注其教學內容。戴卡琳透過對書中教學場景的分析，指出了《莊子》中教師的四個特點，及教學的背景、步驟、方法、

〔註79〕浜村良久：〈『莊子』人間世篇「心齋」の心理学的分析〉，日本心理学会第73回大会《日本心理学会大会発表論文集》，公益社団法人日本心理学会：2009。
浜村良久：〈『莊子』の「心齋」は傾聴の方法ではないか？〉，《比較文化研究》86（2009）：17～28。

結局等。該文對筆者有很強的方法論借鑒意義〔註 80〕，但其論文本身只分析了〈應帝王〉壺子四示這一教學場景，缺乏對《莊子》書中其它大量教學場景的討論，所以部分結論並非對《莊子》中所有教學場景都適用。〔註 81〕

　　香港大學的方克濤（Chris Fraser）認為，教育有一本質上的悖論，即隨著我們學到的東西越來越多，我們不斷被固化在一系列既定的思考或動作模式上，這種固化損害了我們學習新技能的可能性。荀子已經看到這一問題，並提出「虛」的學習方法，即「不以所已臧害所將受」〔註 82〕。可惜荀子一旦跨出知識論，到了社會政治哲學領域，他就沒能再貫徹這種開放性，而是以獨斷、封閉、無好奇、無寬容的態度面對不同觀點。《莊子》全書則貫穿了對這一悖論的思考，其理論表達集中在〈齊物論〉篇。方克濤認為「成」即能力的獲得，而「虧」即學會一種行動方式所導致的對其它可能行動方式的忽略，即對學習者學習潛能的損害。因此《莊子》提出「莫若以明」的解決方案，即要求學習者意識到自己已經掌握的做法只是眾多實踐上可能有用的做法之一，而不是絕對正確的做法，因此將來總需要不斷因應環境而調整。〔註 83〕方克濤的上述討論對於筆者探討莊子的「化」論頗有意義。

　　不言之教是許多討論莊子教育哲學的論文都會涉及的主題，但要說清這一問題，就必須從《莊子》的語言哲學入手，說明語言究竟具有什麼樣的局限性，以至於它不足以成為教學的載體。夏威夷大學哲學系 Michael Dufresne 的研究是目前為止對筆者最有啟發的。Dufresne 認為後期維根斯坦（Ludwig J.J. Wittgenstein, 1889～1951）同《莊子》都看到了語言的無根性（groundlessness）。我們不能透過直指定義（ostensive definition）和規則依循（rule-following）來教會他人，因為語言只有在一定的概念架構、語法關係和語言遊戲中才能得到理解，規則也只有在大量的示例和實操中才能被學會。

---

〔註 80〕提出了相似的方法論思想的，還有馬周周等學者。馬周周主張將《莊子》中的教學場景作為教育敘事來閱讀，採取教育敘事研究的方法來分析。馬周周：〈《莊子》蘊含的教育技術思想探秘〉，《電化教育研究》9（2007）：84～88。

〔註 81〕Carine Defoort. "Instruction Dialogues in the Zhuangzi: An "Anthropological" Reading." *Dao* 11(2012): 459～478. 此文已有中譯文，見戴卡琳，葉樹勳：〈《莊子》的教學對話：「人類學」視域的解讀〉，《商丘師範學院學報》30（2014）：1～9。

〔註 82〕見《荀子・解蔽》。

〔註 83〕Chris Fraser. "Zhuangzi, Xunzi, and the paradoxical nature of education." *Journal of Chinese Philosophy* 33(2006): 529～542.

若將語言從上述脈絡中抽取出來，則其底層並沒有任何可以確定地認識的實在可言，這就是語言的無根性。因此《莊子》認為書本知識只是聖人的糟粕，但並不認為教學是不可能的。《莊子》從知識的學習轉向技能與習慣的形成，從語言上的傳授轉向以示例和實踐來教學。Dufresne 認為《莊子》的教育主張在於創造環境讓學生自己領悟，在於以身作則，在於對許多問題不解釋或給出謎一般的解釋。〔註 84〕這些說法固然正確，但未盡觀莊子語言哲學的全貌。《莊子》雖說「不言之教」，但全書洋洋八萬言都在以言行教，書中大量教學對話也都使用語言，〈寓言〉篇甚至對該書自身的語言使用進行了後設的反思。可見莊子不是以規避語言使用的方法來應對語言的局限性，而是對使用語言的策略另有謀劃（詳見本論文第五章第二節）。

波蘭華沙大學的 Joanna Guzowska 是少有的從隱喻入手研究《莊子》的學者。她指出《莊子》中有兩種空間意象（spatial imagery）來描繪人的認知：一種是初始模態（default modality），以固有的「分」「辨」模式（entrenched distinction pattern）來認知，故《莊子》用「實」「多」等術語來描寫；另一種則是備用模態（auxiliary modality），它不受固有分辨模式的束縛，用「虛」「少」來描寫。後者是莊子所傾向的，因為它極度開放、富於生產力，莊子用一系列空間意象來表達這一特點，而這些表達又與《莊子》書中的其它隱喻圖式相聯繫，例如有機體的意向。有趣的是，莊子的「虛」並不標誌著一種人與世界合二為一、全然無別的體驗，反而是一種對於周圍環境樣貌的高度敏感狀態。這樣的敏感性使主體能夠虛己以遊世，無偏見地看待當下的處境，逐漸走向（相對）無矛盾衝突的生活。〔註 85〕

現在華東師範大學哲學系任教的德安博（Paul D'Ambrosio）則藉《莊子》來分析當代教育的悖論。在當代（尤其是北美）的教育系統中，儘管培養創造性和實現教育公平是上上下下都鼓吹的理念，實踐中行動者卻有兩種方式來面對這些理念。作者用「朝三暮四」故事的《莊子》版與《列子》版之比較來說明這種差異。儘管兩個版本中狙公的行為外在看來完全一樣，但《莊子》中的狙公真誠地尊重猴子、想要和猴子建立良好的關係，而《列子》中

---

〔註 84〕Michael Dufresne. "The illusion of teaching and learning: Zhuangzi, Wittgenstein, and the groundlessness of language." *Educational Philosophy and Theory* 49(2017): 1207～1215.

〔註 85〕Joanna Guzowska. "The Spatiality of Cognition in the Zhuangzi." *Frontiers of Philosophy in China* 10(2015): 415～429.

的狙公卻感到自己將猴子玩弄於鼓掌之間。教育者和學生在面對創造性和公平這兩大理念時也是如此，有的真誠地擁護這些理念並盡己所能做到，有的卻把這些價值看作是外部的要求，用自己的才智技巧去達到標準，仿佛自己已經將整個教育系統玩弄於股掌之間。作者似乎並不想在這兩種方式中分出高下，而是強調現有的教育評鑒手段並不能將二者區分開來，也未必有必要區分開來。〔註86〕

---

〔註86〕Paul D'Ambrosio. "Students feed monkeys for education: Using the Zhuangzi to communicate in a contemporary system of education." *KRITIKE Journal of Philosophy* 1(2007): 36～48.

# 第二章 《莊子》的教育目的論

一般認為，教育目的是教育主體（教師、學生等）在教育活動的歷程中意欲或設想去達致的結果〔註1〕。不過，《莊子》讚賞「無為」，即「無心」而為——在行動時不設定一必須達成的目標。因此，莊子所讚賞的教育者（包括自我教育者），是否可說是為了某種「目的」而教／學呢？〔註2〕如果莊子的教育不設目的，那麼討論《莊子》的教育「目的論」豈不是無的放矢？因此，在本章開始前仍需對「目的」一語再略加討論。

「目的」一詞有主客觀兩種意義。在主觀意義上理解，即行動者行動過程中主觀上設想的目標；在客觀意義上理解，即亞理斯多德式的 τέλος——事物存有與生長的終極理想狀態。〔註3〕主觀意義上的「目的」，原則上只能用於人；〔註4〕但客觀意義上的「目的」在目的論者眼中可以用於萬物，如樹、牛羊甚至石頭。

---

〔註1〕 陳迺臣：《教育哲學》，臺北市：心理出版社，2001，頁233。

〔註2〕 感謝審查人的寶貴意見，令筆者注意到此處有區分「目的執著」與「目的沉浸」之必要。

〔註3〕 Jonathan Lear 闡發亞理斯多德的目的論時指出：「一個有機體的成長是一個指向目的（τέλος）的過程，而目的正是那個成熟地實現其功能的有機體。也正因為此，你應該認為目的正是理型（形式）的徹底實現。這樣，自然存有的原則是朝向目的發展，這個原則是內在的，而且也是在有機體一形成就存在的。……」這種目的論並不認為自然中存在什麼有意識的設計，但也不能說是非心靈（mindless）的。在亞理斯多德看來，世界的目的性不是人的心靈的投射，反而人的心智活動是對自然的模仿。Jonathan Lear, *Aristotle: the desire to understand* (Cambridge: Cambridge University Press, 1988), p.19, 41～42.

〔註4〕 有時在類比的意義上用於高等動物，如「狗服從命令的目的是獲得獎賞」。

　　因此，本章討論《莊子》教育之「目的」論，亦有兩層意義：第一層次，就主觀意義的「意圖」「設想」而言，《莊子》主張的教育是「無形而心成」，不以自己的設想去形塑他人。因此《莊子》在此意義上並沒有「教育目的」，但是存在著對先秦社會既存的教育目的之批判。因此在此意義上，《莊子》教育目的論作為一種批判而存在。第二層次，就客觀意義的「目的」，即「理想」「典範」而言，《莊子》認為人的生命成長則確有其理想，即「至人」「神人」「真人」等，並描寫了如王駘、哀駘它這樣的典範。在此意義上，《莊子》教育目的論作為人類發展的「理想」和「典範」而存在。

　　筆者認為，當我們在客觀意義上使用「目的」一詞時，就行動者之意識與目的的關係而言，又有「目的執著」與「目的沉浸」兩種心靈狀態。「目的執著」即行動時總是關注目的是否達成，因此必然反覆在內心想像成功或失敗的情景，而成功所牽動的正面情緒與失敗所牽動的負面情緒必然被攪動起來，影響意識的專注性，從而破壞行動的有效性。「目的沉浸」的行動者對自己行動的目的及其達成與否，則處於「不知」的狀態。〔註5〕此「不知」實際上不是「不懂得」，而是「未意識到」，即不讓此類想法進入意識、佔據心靈（參見本論文第四章第二節）。但是，在此狀態下並非行動就沒有目的，只是人行動的主觀目的與事物自然的發展機理高度契合，因此庖丁解牛「依乎天理」〔註6〕，而梓慶削木「以天合天」〔註7〕。在此高度契合的狀態下，人無需苦心以一己的目的去同對象的物性對抗，所以幾乎不意識到「目的」的存在。

　　教育和學習活動也不外乎此，恰是教育者不去執著於某種主觀目的，順應學生的天性加以培養時，學生才可能處於朝向理想狀態發展的過程中，因此可以說此時教育者與學習者一起「沉浸」在目的中，目的如空氣一樣存在於教育歷程中，卻很少被意識到。本章所談的《莊子》教育目的論，正是以「目的沉浸」的方式來踐行，才有可能發揮作用。

　　因此，本章第一、二節主要在目的的主觀意義上討論教育目的論，展現《莊子》對當時流行的教育目的「有用論」的批判。《莊子》為加強批判的力道，針鋒相對地提出教育目的的「無用」論。在不斷強調培養「有用的人」的

〔註5〕如〈知北遊〉之「浮游不知所求，猖狂不知所往」。
〔註6〕見〈養生主〉。
〔註7〕見〈達生〉。

今天，培養「無用」的人大概是家長和學校都不可能接受的吧。但是，《莊子》的「無用」論要在其歷史背景下理解，那就是避免人在作為工具而「被利用」的過程中受到異化。簡而言之，「無用」論不是培養「無能」的人，而是培養「能不被利用」的人。本章第三節則在目的的客觀意義上討論教育目的論，即《莊子》所認識到的人類發展的理想。對於《莊子》而言，無論自我教育還是教育他人，其終極理想是一種新人類的誕生。本章將這樣的新人類稱為「能遊者」，並總結了「能遊者」的特徵。

# 第一節 「名利社會」的成立及其對教育的影響

　　教育是一種工具，各時代各地方的統治者和教育家常常想使用這種工具來達成自己的目的，因此討論教育目的時要探究其社會背景。〔註8〕《莊子》一書成書的戰國到秦漢時代，正是以追求名利為人生目標的「名利社會」逐漸成立的時期。求名和求利（即《莊子》所說的「求實」〔註9〕）兩大動力深刻地影響了當時人從事教育活動的目的。但是，每一個時代的教育人在深受時代塑造的同時，也可以能動地作出回應，甚至頑強抵抗時代潮流。在那個求名求利的時代，一定還有一些不以名利為目的，甚至教會學生認識名利之危險性的教育者。這些想法和做法，雖然不斷被社會所淘汰、排擠、壓抑和遺忘，但卻又星星點點地保存在文獻中，甚至在《莊子》一書中總結為一套較為系統的教育目的論。這正是本章一定要先回顧「名利社會」的歷史背景，再切入《莊子》教育目的論的原因。

　　關於莊子的生平和《莊子》的成書年代雖有無數爭議，但是該書有一位叫做莊周的主要作者生活在戰國中期，〔註10〕且《莊子》大部分內容形成於

---

〔註8〕伍振鷟，林逢祺，黃坤錦，蘇永明：《教育哲學》，臺北：五南圖書出版公司，1999，頁86。

〔註9〕「昔者堯攻叢枝、胥敖，禹攻有扈，國為虛厲，身為刑戮，其用兵不止，其求實無已。是皆求名、實者也，而獨不聞之乎？名、實者，聖人之所不能勝也，而況若乎！」，這裡「實」指的是戰爭中獲得的實際利益。見〈人間世〉。

〔註10〕馬敘倫考證莊子生卒年在西元前369～西元前286年，聞一多認為是西元前375～西元前295年，范文瀾認為是西元前328～西元前286年，楊國榮認為是西元前365年～西元前290年。轉引自王威威：《莊子學派的思想演變與百家爭鳴》，北京：人民出版社，2009。

秦以前，〔註11〕當是學界能普遍接受的觀點。既然如此，我們大概可以將戰國社會，尤其是以商鞅變法（發生在秦孝公在位年間，即前361～338年，與莊子幾乎同時）為代表的劇烈社會變遷，視為《莊子》哲學的主要歷史背景。我以「名利社會」來概括這一時代的動向，不是因為其它時代沒有求名求利的現象，而是因為在這一時代人的求名求利不再是人性中本有的維持個體生命、尋求群體接納之本能，而是被國家的治理所中介的，是「國家理性」（傅柯語）全面滲透影響社會的結果。〔註12〕教育作為社會的一個重要的子系統，自然深刻地反映了名利社會帶來的新變化。

## 一、從城邦到軍國：「國家理性」向社會的滲透

在一個社會中，人們從事包括教育在內的各種活動，有各種各樣的理由。有些活動是為了自身的享受，有些活動是為了朋友、家庭或地方社會，還有一些活動則服務於國家的目的，如對內統治和對外戰爭。當一個社會中大部

---

〔註11〕例如，劉笑敢認為《莊子》內篇可能是戰國中期的文章，而外雜篇寫作的年代不晚於戰國末年。儘管內外雜篇都可能摻入若干後代的文字，但摻雜似乎並不嚴重。詳劉笑敢：《莊子哲學及其演變》，北京：中國社會科學出版社，1987，頁1～101。1977年安徽雙古堆漢墓出土〈讓王〉〈則陽〉〈外物〉竹簡，1988年湖北張家山漢墓出土了〈盜跖〉竹簡，這些篇目在西漢早期墓葬中出土，說明成篇於先秦的可能性極大。見王威威：《莊子學派的思想演變與百家爭鳴》，北京：人民出版社，2009，頁5。

〔註12〕評審人指出：以〈天下〉篇來說，莊子用以描述時代的詞彙是「沈濁」，「沈濁」相反於清澈，有價值不明，思維不清之意。這更是指向一種缺乏反思、批判的能力，是人為價值介入、干擾人性的時代。「名利」似乎難以周延地呈現這樣的特質。針對此，筆者認同莊子對當時社會有「沈濁」的看法。「沈濁」似乎可放在《莊子》之「水—鏡」隱喻系統下看，與「水靜則明燭鬚眉」或「平者，水停之盛也」相對，名利這樣一些牽動慾望的對象引起情緒的波動，就像盛著水的容器發生晃蕩，未能做到「內保之而外不蕩」。而水的渾濁正是水體晃蕩的結果，如荀子所說：「人心譬如槃水，正錯而勿動，則湛濁在下，而清明在上」（《荀子·解蔽》）。可以認為，當時社會在價值不明、思維不清的大背景下，也許亦有一定的主流思考與共同偏誤存在，這種主流思考即時代的主軸，像風吹動水面一樣影響了大部分人的心靈，才導致了「沈濁」的狀況。而「名利」即筆者嘗試抓住此主軸而採用的概念。需要說明的是，此處的「名利」不是指人性中維持個體生命、尋求群體接納之本能，而是被國家理性和道德主義所中介之後，以競爭心、算計心和控制欲來不惜代價、不擇手段地求名利的心態，因此確實屬於人為價值介入、干擾人性的結果（詳本論文第二章第二節之一、二，論利己主義與道德主義皆使人偏離人的本性）。

分活動都越來越深地受到國家及其目的的支配時，可以說這個社會正在受「國家理性」的滲透。筆者認為這正是戰國時代社會變遷的主題。

傅柯（Michel Foucault, 1926～1984）用「國家理性」（Raison d'État）〔註13〕一詞來概括西歐在 16 世紀形成的一套治理實踐及背後的觀念。〔註14〕在這一時期的西歐，諸多地位平等的主權國家並立的局面暫時穩定下來，治理之「數」（ratio），就是用一種深思熟慮的、理性的、精細計算過的方式，使一個國家發展到其極盛狀態。因此「治理」就是要使國家盡可能穩定、富強並抵禦一切危害國家的因素。為此，國家要對其臣民的活動控制到最細微、最個人的層面。

> 正是為了與其它國家競爭，為了與他國之間維持一種永遠不可能均衡的戰略均勢，政府有必要管制其臣民的生活，管制他們的經濟活動，他們的生產，他們銷售和購買商品的價格，等等。〔註15〕

以「國家理性」的視角反觀從春秋到戰國的中國社會，儘管與近代西歐有許多不同，但也確實可以解釋史料中反映出的許多社會變化。如錢穆先生所說，從春秋到戰國，在政治方面「由許多宗法封建的小國家，變成幾個中央政權統一的新軍國」。〔註16〕戰國時代的戰爭基本不再是城市國家之間的「爭霸」戰爭，而變為領土國家之間的「兼併」戰爭。〔註17〕孟子一語點破當時統治者的「大欲」：「欲辟土地，朝秦楚，蒞中國而撫四夷也。〔註18〕」多國並立、國家競爭的形勢與近代西歐有可類比之處。結合傅柯的理論，可

---

〔註13〕法文 raison 兼有比例、原因、理性、邏輯等意思。故「國家理性」也被譯為「國家理由」。

〔註14〕以下關於「國家理性」的論述，引自傅柯在《生命政治的誕生》一書中對「國家理性」的概論。見 Michel Foucault. *The birth of biopolitics: lectures at the Collège de France*, 1978～79. Trans. by Graham Burchell (Basingstoke; New York: Palgrave Macmillan, 2008), p.4～7. 較為詳盡的討論，還可以參見《安全、領土與人口》一書。

〔註15〕Michel Foucault. *The birth of biopolitics : lectures at the Collège de France, 1978～79*. Trans. by Graham Burchell (Basingstoke; New York: Palgrave Macmillan, 2008), p.7.引文由筆者自行譯自英譯本。原文為法文。

〔註16〕錢穆：《國史大綱（上冊）臺灣商務 70 週年典藏紀念版》，新北：臺灣商務印書館，2017，頁 109。

〔註17〕楊寬：《戰國史》，上海：上海人民出版社，2003，頁 2；平勢隆郎著，周潔譯：《從城市國家到中華：殷周春秋戰國》，桂林：廣西師範大學出版社，2014，頁 61。

〔註18〕見《孟子‧梁惠王上》。

以從廣土、眾民、富國、強兵、治亂五個方面〔註 19〕說明戰國時代「國家理性」對社會的滲透。

（一）開墾荒地和擴張領土：春秋時期中原國家之間仍有荒地，隨著鐵工具的應用，耕地大量增加。國家之間以奪取土地為目的發生戰爭，儘管次數少於春秋時代，〔註 20〕但更為持久長期，一次戰爭經常持續數年。〔註 21〕

（二）增加人口：梁惠王對孟子抱怨「鄰國之民不加少，寡人之民不加多」〔註 22〕，可見戰國君主已經將人口的管理納入國家治理的指標之一。嚴密的戶籍制度也在此時期形成，目的在更廣泛、更有效地掌握人類資源，為國家提供兵役和賦稅。〔註 23〕

（三）增加國家的財富積累：為此，國家直接干預經濟生活，如商鞅規定對從事耕織產量多的民眾免除徭役，對於從事商業或懶惰貧困者，連同妻子兒女收為奴婢。〔註 24〕睡虎地秦簡證實：秦中央政權要求各縣詳細報告降雨量、各種災害的情況，農民的耕作情況詳細地記載在土地檔賬中，施加嚴格的稅制，可見國家已經對基層社會有較強的經濟介入。〔註 25〕

（四）強化戰爭動員：如趙武靈王成功地動員趙人改穿胡服，以採取騎射戰術；〔註 26〕各大國普遍實行郡縣徵兵制度，作戰時所有適齡農民都有可能被強迫編入軍隊，動輒動員幾十萬軍隊參戰，軍隊規模比春秋時代大了許多。〔註 27〕

（五）加強內部治理：新取得的土地很容易成為獨立的地方政權，為此

---

〔註 19〕傅柯的理論中，將「國家理性」下的治理分為三個方面：一是重商，包括加強國家財政積累、增加人口數量、保持國家存在三項目標；二是加強內部治理，尤其是將城市中行之有效的一套嚴密組織用在對鄉村進行無限的管制；三是建立常備軍以應付永恆的外交需求。

〔註 20〕崔瑞德，魯惟一編，楊品泉等譯：《劍橋中國秦漢史：西元前 221～西元 220 年》，北京：中國社會科學出版社，1992，頁 38。

〔註 21〕春秋時代的戰爭最多幾日就結束了。見楊寬：《戰國史》，上海：上海人民出版社，2003，頁 311。

〔註 22〕見《孟子・梁惠王上》。

〔註 23〕杜正勝：《編戶齊民》，臺北：聯經出版社，1990，頁 22～34。

〔註 24〕楊寬：《戰國史》，上海：上海人民出版社，2003，頁 203。

〔註 25〕湯淺邦弘著、佐藤將之監譯：《戰國楚簡與秦簡之思想史研究》，臺北：萬卷樓，2006，頁 189～192。

〔註 26〕見《史記・趙世家》。

〔註 27〕楊寬：《戰國史》，上海：上海人民出版社，2003，頁 311。

戰國君主一般都採取了中央集權化的改革，打擊原來的世襲貴族，用郡縣來管理地方，由中央任命和支付俸祿的非世襲官僚來管理。〔註28〕

## 二、利己主義與治理術

國家要驅策民眾在廣土、眾民、富國、強兵和治亂等方面，沿著國家需要的方向去努力，就需要確保大部分民眾是趨利避害、貪生怕死的人。這樣，國家就可以用「賞」「罰」（最嚴重的罰即剝奪生命）這兩大治理術來操縱民眾。這正是商鞅變法的基本精神：

> 公孫鞅之治秦也，設告相坐而責其實，連什伍而同其罪，賞厚而信，刑重而必，是以其民用力勞而不休，逐敵危而不卻，故其國富而兵強。〔註29〕

因此，人民之中形成利己主義的思想和行為，對於國家來說不一定是壞事，反而正是國家可以加以利用的。為此，就必須讓民眾把追求自利的慾望同國家的需要結合起來。韓非對此做了最深刻的理論總結：

> 故明主之治國也，適其時事以致財物，論其稅賦以均貧富，厚其爵祿以盡賢能，重其刑罰以禁姦邪，使民以力得富，以事致貴，以過受罪，以功致賞，而不念慈惠之賜，此帝王之政也。〔註30〕

如果在制度設計上，讓人民只能通過為國效力才能富貴，那麼人性中的自私就成了國家的寶貴資源。新的軍功爵制度就是順應這個時代需求而生的。爵位不再被少數世襲貴族壟斷，〔註31〕商鞅變法制定的新爵位被用來獎勵在領土擴張戰爭中為國殺敵〔註32〕和幫助國家統治新征服／新開墾地區的官吏。〔註33〕軍功爵制是春秋、戰國、秦朝和西漢初期一項重要制度，1983

---

〔註28〕 崔瑞德，魯惟一編，楊品泉等譯：《劍橋中國秦漢史：西元前221～西元220年》，北京：中國社會科學出版社，1992，頁39～40。

〔註29〕 見《韓非子・定法》。

〔註30〕 見《韓非子・六反》。

〔註31〕 吳起在楚國的變法，對封君的子孫「三世而收爵祿」。商鞅變法廢除了貴族的井田制，確認自耕農的土地所有制；還規定國君的宗族沒有軍功就不能享受宗族的特權。楊寬：《戰國史》，上海：上海人民出版社，2003，頁193～203。

〔註32〕 尚首功，對戰場上殺敵者給予封底或官爵的制度，自春秋末期就在三晉開始出現，齊國也有此種制度。詳錢穆：《國史大綱（上冊）臺灣商務70週年典藏紀念版》，新北：臺灣商務印書館，2017，頁104～105。

〔註33〕 平勢隆郎著，周潔譯：《從城市國家到中華：殷周春秋戰國》，桂林：廣西師範大學出版社，2014，頁12～13，頁369～374。

年出土的張家山漢墓竹簡〔註 34〕證明軍功爵不僅能為擁有者帶來田宅、政治待遇，還可以用來贖人、贖罪、減刑、免刑，甚至可將爵位出售換成現金。〔註 35〕漢代的《九章算術》中有三道數學題直接基於軍功爵制出題，〔註 36〕可見爵制在當時社會上是每個人的常識。在軍功爵制的刺激下，民眾在戰場上瘋狂爭搶敵人的首級以邀功，以至於出現兩人爭奪同一首級所有權，不得不到長官那裡尋求裁判的狀況。〔註 37〕

　　人性是否真的本來就自利，這不在本文的討論範圍內。但戰國時代利己主義思潮的存在，則可以從所謂楊朱之學的地位中窺見一斑。這裡說的「利己主義」指的是以追求富貴、長壽、權力、地位、滿足慾望等世俗利益為人生的唯一或主要目的，且將自身利益置於優先地位的人生觀。從《孟子》書可以得知，楊朱當時與墨家同為顯學，〔註 38〕受到許多人的追捧。儘管楊朱本人的主張很可能是一種值得欣賞的普遍的倫理自我主義（universal ethical egoism）〔註 39〕，但戰國時代將自己的言論標榜為「楊」氏的人們，很可能只是一群個人的自我主義者（personal egoist），即自私自利者。自私自利者往往需要曲解某一種受到追捧的哲學理論，來作為自己的定心丸和擋箭牌，因此說自己是楊朱的信徒也不奇怪。從《列子·楊朱》篇也可以看出，被歸為楊朱之言的觀點十分多樣，其中一些（如第 7、8 節）確實可被詮釋為享樂主義和縱慾主義。儘管我們不應認為這些觀點是楊朱本人的思想，〔註 40〕但這些觀

〔註 34〕其形成時間約為呂后二年（西元前 162 年）。

〔註 35〕朱紹侯：〈從《二年律令》看漢初二十級軍功爵的價值──《二年律令》與軍功爵制研究之四〉，《河南大學學報（社會科學版）》2（2003）：51～56。

〔註 36〕例如，其中一題問有大夫、不更、簪裏、上造、公士（即第 1～5 等爵）五個人去打獵，一共獵得五隻鹿。如果按爵位分獵物，每人各得多少？可見當時學算術的學生對爵制瞭若指掌，且社會生活中人們也默認爵位高低影響著經濟分配。見《九章算術·衰分》。

〔註 37〕根據睡虎地秦簡〈封診式〉153。湯淺邦弘著、佐藤將之監譯：《戰國楚簡與秦簡之思想史研究》，臺北：萬卷樓，2006，頁 211。

〔註 38〕「聖王不作，諸侯放恣，處士橫議，楊朱、墨翟之言盈天下。天下之言，不歸楊，則歸墨。」見《孟子·滕文公下》。

〔註 39〕「普遍的倫理自我主義」是一倫理學說，它主張：每一個人都應該做對他自己最有利的事，甚至當他的利益與他人的利益衝突時。此派主張雖是「自我主義的」，卻未必是「自私自利的」，因為每個個體追求自己的利益，有可能促進社會的公共善。詳潘小慧：〈倫理自我主義述評－自我、自我主義及倫理自我主義〉，《哲學論集》31（1998）：271～287。

〔註 40〕周大興：〈《列子·楊朱篇》析論〉，《中國文哲研究通訊》4（2011）：19～44。

點確可反映當時社會的動向。

## 三、知識分子爭相成為「受僱的勞心者」

對於普通農民來說，要在國家主義的賞罰體系下求利，無非是要努力為國家生產和戰鬥，當一個「耕戰之士」〔註41〕，不需要受太多的教育。但對於知識分子來說，還有更快、更誘人的一條求利之路，那就是把自己的智慧拿出來供國家使用。

戰國時代知識分子階層大大增加。春秋時代，「士」階層大半還有自己的土地和農奴，而戰國則出現了無田無土的士。這批人轉化為七大諸侯之下的低級行政官吏，或軍隊中的中級幹部，有些則投身貴族之門成為其食客。而那些沒落的小領主也成為了諸侯的政治「使用人」〔註42〕，即荀子所謂的「處士」。〔註43〕

平勢隆郎認為，春秋時代是「史」的時代；到了戰國時代卻成了官僚的時代。「諸子」正是戰國時代的官僚中一批掌控國內輿論的人。戰國變法建立的新爵位制度，打破了過去貴族世代享受俸祿的特權，試圖建立一個不依靠血緣關係、可以錄用「外人」的制度〔註44〕。在這樣的新制度下，社會的流動性大大增強，普通平民如果具有國家需要的能力，也可能成為官吏、擁有爵位。

我們都很熟悉「勞心者治人，勞力者治於人」〔註45〕這句話，但戰國中期的孟子說這話的意思，已經與春秋《左傳》中的「君子勞心，小人勞力」〔註46〕有了微妙的不同。春秋只有國君、大夫、（世襲的）士這樣一些「君子」有資格勞心，而「小人」只能去做體力勞動，是階級決定分工。而戰國的君主自己完全可以不勞心，只需要從其戰爭收益中分出一部分來供養社會上的自由知識分子，從中選出能為其勞心的人才即可。有能力勞心的人受君主的僱傭而從事治理，沒有能力勞心的人則作為平民存在，這是分工決定階級。這

---

〔註41〕見《韓非子·五蠹》。
〔註42〕翦伯贊先生原文如此，來自日語「しようにん」，僱傭勞動者或傭人之意。
〔註43〕翦伯贊：《先秦史》，北京：北京大學出版社，1999，頁328～329。
〔註44〕平勢隆郎著，周潔譯：《從城市國家到中華：殷周春秋戰國》，桂林：廣西師範大學出版社，2014，頁378。
〔註45〕見《孟子·滕文公上》。
〔註46〕見《左傳·襄公九年》。

一變遷中，受益最大的是君主：

> 明君無為於上，群臣竦懼乎下。明君之道，使智者盡其慮，而君因
> 以斷事，故君不窮於智；賢者敕其材，君因而任之，故君不窮於能；
> 有功則君有其賢，有過則臣任其罪，故君不窮於名。〔註47〕

按照這一原則來擔任君主的人，自己不需要操勞思慮，就可以讓臣下的智慧為自己所用。臣下做得好，功勞和榮譽歸於君主；做得不好時，罪責卻由臣下自己承擔。儘管上面這段話只是韓非子的理想，但戰國時代的君主也或多或少按照這一理想去做，因此形成了尊賢養士為己所用的風氣。

戰國君主尊賢養士，甚至建立稷下學宮這樣自由的學術平臺和教育機構，被後代的許多學者津津樂道。不過，我們也應該看到現象的另一面，那就是物質誘惑很可能導致知識分子向著「國家需要的」方向（如外交工作中所需的辯才、對外戰爭所需的戰爭技術、加強君權所需的「法術」等）培養自己。《莊子》中說他們「以用為知，以不用為愚，以徹為名，以窮為辱」〔註48〕。「就業市場」上的「行情」成了評價教育成功與否的主要標準。《莊子》又給各種知識分子們畫了一副幽默的群像：

> 知士無思慮之變則不樂，辯士無談說之序則不樂，察士無淩誶之事
> 則不樂，皆囿於物者也。招世之士興朝，中民之士榮官，筋力之士
> 矜難，勇敢之士奮患，兵革之士樂戰，枯槁之士宿名，法律之士廣
> 治，禮教之士敬容，仁義之士貴際。……勢物之徒樂變，遭時有所
> 用，不能無為也。此皆順比於歲，不物於易者也。馳其形性，潛之
> 萬物，終身不反，悲夫！〔註49〕

這些人各自「學一先生之言，則暖暖姝姝而私自說也」〔註50〕，其實都是跟著時代潮流去投機，陷沒在外物的誘惑中不能自拔的人。

## 四、道德主義：儒者與墨者的回應

儘管國家理性全面滲透社會各方面，影響了當時的教育目的，但利己主義並不是社會上惟一的聲音。儒家和墨家以道德主義的主張和做法給出了他們的回應。

---

〔註47〕見《韓非子·主道》。
〔註48〕見〈庚桑楚〉。
〔註49〕見〈徐無鬼〉。
〔註50〕見〈徐無鬼〉。

「道德主義」這個概念來自於日文「倫理主義」〔註51〕，日本學者小熊英二在其關於社會運動的著作中用這個概念來刻畫日本六七十年代社會運動的特點。當時參與社會運動的知識分子和學生，感到自己是拜普通工人農民的勞動所賜，才有機會讀大學。他們在看到勞動者的悲慘境況時，感到自己應該放棄菁英地位、為普通民眾發聲的想法也就格外強烈。在他們參與抗爭的時候，有一種強烈的負氣感（気負い），對於被捕甚至犧牲早有覺悟。在青年學生之間，有一種為了道德理想而奉獻犧牲才「酷」〔註52〕的氛圍，這種氛圍也往往產生於抗議活動受到高壓鎮壓的社會〔註53〕。

也由於這些學生有一種自己是菁英階層的負罪感，所以產生了在政治運動中進行人格修養的想法。為了修養人格，當時的學生閱讀哲學經典，不斷否定過去那個追求個人美好前途的自我，強化一個以服務民眾、奉獻犧牲為目標的新我。在這種想法誘導下，學生們在 1968 年的社會運動中，把「運動的策略」或「最終是否能達到目的」都看成世俗的想法，把反抗本身看作一場神聖的修行。〔註54〕在 1969 年，國內外大勢已經不適於將運動繼續下去的情況下，各大學「全共鬥」組織仍然拒絕與校方對話、拒絕接受任何妥協或階段性成果，而採取設置路障、佔領校園的做法「表現鬥爭意志」，把任何退出運動的人視為不道德的。〔註55〕「道德主義」成了這場社會運動不斷走向激進而最終失敗的原因之一。

道德主義的觀念和行動具有兩個基本特點：一是道德主義者以自己比他人「更道德」為榮；二是在比較誰「更道德」時，道德主義者通常採取利他主義的標準〔註56〕。簡而言之，越是能為道德追求而犧牲自己的，在道德主義

---

〔註51〕由於中文和日文「倫理」一詞的意味不同，本文採取陳威志翻譯《如何改變社會》一書時的做法，將「倫理主義」譯為「道德主義」，以更好地符合原意。參閱小熊英二著，陳威志譯：《如何改變社會：反抗運動的實踐與創造》，時報文化：臺北市，2015。

〔註52〕原文為「かっこいい」，這個詞可以用「酷」「拉風」「帥」等任何一個世代年輕人之間的流行語來翻譯，意思就是受到同伴羨慕、嚮往、模仿的那種特質。

〔註53〕小熊英二：《社会を変えるには》，東京都：講談社，2012，頁 63～64。

〔註54〕小熊英二：《社会を変えるには》，東京都：講談社，2012，頁 96～99。

〔註55〕小熊英二：《社会を変えるには》，東京都：講談社，2012，頁 147～152。

〔註56〕之所以如此，是因為有些道德理論難以用於比較誰「更道德」，例如效益主義建立在對快樂的計算基礎上，只能比較誰的計算更準確，而難以比較誰更道德；又如採取德行倫理學，則其所強調的適度、中道等標準都非常微妙，難

者眼裡就是越崇高的。

　　戰國時代的儒者、墨者，也以類似的道德主義心態來回應追求實利的社會大潮。這裡指的不是孔子、墨子、孟子等大思想家〔註 57〕，而是那些為數眾多的、以儒者墨者自居、到處傳播儒墨學說的門徒們。比起孔子、墨子本人，恐怕是這些人更加深刻地塑造了整個社會對於儒者和墨者的印象。我們在《莊子》《韓非子》等書中看到的儒、墨，正是以道德主義為主要形象的。〔註 58〕

　　戰國秦漢時期社會思想中的道德主義取向，較集中地體現在「烈士」的概念中。先秦儒家經典中從不談「烈士」，然而《莊子》和《韓非子》都多次批評「烈士」。商紂王的叔父王子比干犯顏強諫，於是被紂王剖心，可謂為了道德價值而壯烈犧牲，屬於烈士的典型代表。孔子、孟子都只主動提過他一次，給了溫和的肯定，但《莊子》《韓非子》卻分別提到比干 8 次和 13 次，這種數量上的倒轉非常值得注意。

　　如果我們將戰國儒者視為一場社會性的道德主義運動，那麼孔子和一般儒者的關係，實在不比 1968 年的日本學生和他們所讀的馬克思著作關係更深。日本學子可以讀（從不提倡個人道德修養的）馬克思以修身，儒者自然也可以讀並非道德主義的孔子思想而培養自己的道德主義。也許這些對孔子只有一知半解的儒者，把王子比干、伯夷、叔齊等烈士的事跡拿來到處宣揚，引起了莊子、韓非子的反感（儘管是出於不同理由），所以《莊子》《韓非子》

---

　　　　以比較誰的做法更完美地貼近中道。只有利他主義可以在周圍人肉眼可見的尺度上分辨誰「更道德」，例如在捐款的場合，捐得多的人自然更受讚歎和矚目。又如兩位消防員同樣勇敢地衝入火場，其一受了輕傷，其一犧牲生命，則後者顯然會得到更多同情。

〔註 57〕大思想家通常不會只執著於倫理價值，而也同樣肯認老百姓的慾望和需求，他們的倫理學是中道的、適度的、可行於天下的，他們希望大部分人都有機會過上符合倫理價值的生活。而道德主義者的道德標準則是普通人難以做到的，以犧牲個人的慾望甚至基本生存需求為榮，只有這樣才能顯出那少部分做到的人是多麼難能可貴。

〔註 58〕梅勒和德安博認為：「……我們不認為《莊子》中出現的儒家概念就是對儒家思想正確、完整或連貫的表述。」漢斯—格奧爾格·梅勒、德安博著，郭鼎瑋譯：《遊心之路：《莊子》與現代西方哲學》，北京：北京聯合出版公司，2019，頁 12。筆者認為此論述可以這樣加以補充：《莊子》中所批判的儒家，不是先秦儒學的最高成就，但確實是先秦儒學在社會上普遍傳播後形成的最有影響力、最常俗的版本。因此《莊子》中呈現的儒學在思想史意義上（而非在哲學史意義上）是真實的。

書中才花了比儒家經典更多的篇幅去討論「烈士」的概念及比干、伯夷這樣的形象。恐怕也是因為儒者喜歡大談上古堯舜禪讓的美德（論語、孟子雖然讚揚他們，但重點並不在於禪讓行為的崇高性），所以《莊子》才要把「天下」說成是聰明人唯恐避之不及的東西，而《韓非子》則說上古當天子油水少得很，所以禪讓也不見得多崇高〔註59〕。

　　至於墨者，他們以大禹為偶像，推崇的是大禹治水為天下人辛苦勞累的精神。所以墨者穿粗布的衣服、木屐和麻鞋，「以自苦為極」，不這樣做就不符合禹的精神，就算不上是真正的墨者〔註60〕。墨者組成的團體有嚴密的紀律，其綱領被叫做「為義」。他們不僅要學習知識技能，還要接受軍事訓練，隨時準備參與防禦性的正義戰爭。〔註61〕根據《呂氏春秋》的記載，墨者甚至上演過為恪守道德義務（「墨者之義」）而上百人集體自殺的壯烈一幕。〔註62〕因此，墨家似乎也是以道德主義為主軸的運動。佐藤將之認為，墨家比早期儒家更強調倫理價值，且他們對於實踐倫理和改變世界的強烈意願，以及對貧苦民眾的同情，後來被吸收成為孟子思想的一部分。〔註63〕不過，孟子與其說是自發地同情貧苦民眾，不如說這種姿態給了他對君主進行道德規勸所需的立場。說到其理論主張或實際行為，孟子很少表現出道德主義者那種對高潔節操或絕對平等的熱情。就理論主張而言，孟子反對過低的稅率，〔註64〕認為勞心者對於勞力者的經濟特權是合理的。〔註65〕就個人生活中的實際

---

〔註59〕見《韓非子・五蠹》。

〔註60〕見〈天下〉。

〔註61〕孫中原：《墨子及其後學》，北京：中國國際廣播出版社，2011，頁1～14。

〔註62〕「墨者鉅子孟勝，善荊之陽城君。陽城君令守於國，毀璜以為符，約曰：『符合聽之』。荊王薨，群臣攻吳起，兵於喪所，陽城君與焉，荊罪之。陽城君走，荊收其國。孟勝曰：『受人之國，與之有符。今不見符，而力不能禁，不能死，不可。』其弟子徐弱諫孟勝曰：『死而有益陽城君，死之可矣。無益也，而絕墨者於世，不可。』孟勝曰：『不然。吾於陽城君也，非師則友也，非友則臣也。不死，自今以來，求嚴師必不於墨者矣，求賢友必不於墨者矣，求良臣必不於墨者矣。死之所以行墨者之義而繼其業者也。我將屬鉅子於宋之田襄子。田襄子賢者也，何患墨者之絕世也？』徐弱曰：『若夫子之言，弱請先死以除路。』還歿頭前於。孟勝因使二人傳鉅子於田襄子。孟勝死，弟子死之者百八十。」見《呂氏春秋・上德》。

〔註63〕佐藤將之：《參於天地之治：荀子禮治政治思想的起源於構造》，臺北：臺大出版中心，2016，頁107～109。

〔註64〕見《孟子・告子下》與白圭的對話。

〔註65〕見《孟子・滕文公上》。

行為而言，孟子覺得在「無官守、無言責」的情況下就不一定要諫諍，〔註66〕大大方方地接受國君的餽贈（只要有合適的名義即可）〔註67〕，甚至認為可以有純粹為了生計（而非倫理追求）而當官的「公養之仕」〔註68〕。

若暫時懸擱《孟子》作為孟子個人思想舞臺的作用，而以此書為一面廣角鏡去看那個時代，則我們可以強烈地感受到戰國中期的道德主義氛圍。首先，當孟子用「仁義」這些概念教訓統治者時，國君要是不「顧左右而言他」，就只能自我貶低地說「寡人有疾」〔註69〕，總之無法找到一種為自己辯護的話術。其次，孟子不得不回應那些比他更激進的道德主義者。例如著名的「廉士」陳仲子，可以說是杯葛（boycott）運動的先驅，因為認為哥哥的收入不正當，他就不吃哥哥的任何東西，餓得頭昏眼花。〔註70〕又有農家的許行，認為統治者必須自己勞動養活自己，不佔有民眾的勞動成果，才是道德的。〔註71〕孟子自己母親的葬禮辦得比父親奢華，〔註72〕給母親用的棺木過於華貴，〔註73〕這些個人生活上的細節都引起了周圍人的道德質疑。

## 五、道德主義成為求利的手段

隨著儒墨聲名鵲起，儒者和墨者的知識與道德品質為他們贏得了君主的信任。戰國初期的君主急切需要能幫他們管理城邑的忠誠人才，而早期儒家集團提供了完美的候選人：儒者既不會背叛君主，又不會恣意壓榨百姓。從《論語》可以看出孔子的學生通常被任命為一個城鎮的管理者，甚至擔任更高的職位〔註74〕；而《墨子》中的對話也顯示墨家以培養高層政治領袖為目

---

〔註66〕見《孟子・公孫丑下》。

〔註67〕見《孟子・公孫丑下》弟子說他「前日於齊，王餽兼金一百而不受；於宋，餽七十鎰而受；於薛，餽五十鎰而受」。

〔註68〕見《孟子・萬章下》。

〔註69〕均出自《孟子・梁惠王下》。

〔註70〕見《孟子・滕文公下》。

〔註71〕見《孟子・滕文公上》。

〔註72〕見《孟子・梁惠王下》。

〔註73〕見《孟子・公孫丑下》。

〔註74〕《論語》中當然也讀得到一些讚揚弟子辭官不做的句子，但正如佐藤將之所說：「孔子的話語，雖然暗示了人應該以提升人格為學習的目的，而非期待著能藉此得到高官厚祿，但這樣的強硬言辭，反而顯露出孔子教育的預設對象，正是有志於『宰』以上官位的人。再說，孔子所以提倡倫理的重要性，是因為他堅信倫理是成為中央高官或地方首長之先決條件……」見佐藤將之：《參於天地之治：荀子禮治政治思想的起源於構造》，臺北：臺大出版中心，2016，頁104。

標〔註75〕。戰國時代的統治者雖然多是靠弒君上位的竊國大盜，但他們掌權後卻需要強調自己的合法性，避免再被篡奪。所以《莊子》說：「田成子一旦殺齊君而盜其國，所盜者豈獨其國邪？並與其聖知之法而盜之。〔註76〕」招募儒墨賢士、利用儒墨學說，就成了這些統治者所需的「聖知之法」。儘管早期儒者墨者入仕的初衷也許是透過這一地位來改進社會的道德水平，但客觀上，只要能成為聲名顯揚的儒者和墨者，就有可觀的實際利益。

　　這樣，教育目的自然就受到影響，人們開始有意識地為了獲得利益而學習儒墨之學。從《莊子》中一則小故事可見一斑：

　　　　鄭人緩也，呻吟裘氏之地。祇三年而緩為儒，河潤九里，澤及三族，

　　　　使其弟墨。儒、墨相與辯，其父助翟。十年而緩自殺。〔註77〕

　　一個叫「緩」的鄭國人學習儒學，三年後成了有名的儒者，一家三族都受了他的恩澤而有了顯赫的地位。於是他讓他弟弟去學墨學。弟弟學成之後也成了有名的墨者，就開始跟哥哥辯論，最終導致哥哥自殺。雖然《莊子》想寫的是緩的悲劇，但從這一劇目的背景板中我們卻瞥見當時的社會現實，即學儒或學墨都有機會「潤河九里，澤及三族」。緩讓弟弟去當墨家，大概是要兩頭下注、風險對沖。《莊子》又提到魯國「舉魯國而儒服」〔註78〕，如果不是當儒者有一定的利益，恐怕也不會掀起這種時尚。

　　不僅作為儒者墨者提倡仁義兼愛能夠獲利，那些實際表現出高潔品行的民眾可能也受到社會的嘉許甚至政府的獎勵。《莊子》提到宋國都城的演門那裡，有個人因為父母親死了哀傷過度而毀傷了容貌，結果被宋君任命為官員。後來他的同鄉人為自毀容貌而死者過半〔註79〕。也許第一個毀傷容貌的人是真誠的，但後來這些模仿者很可能是想透過道德主義行為獲利。在這樣的氛圍下，把人培養成道德主義的「行為藝術家」，能刻意做出驚世駭俗的高尚言行，也成了一種「有用」的教育了。

---

〔註75〕關於早期儒家、墨家的政治參與，參閱佐藤將之：《參於天地之治：荀子禮治政治思想的起源於構造》，臺北：臺大出版中心，2016，頁92～117。墨者到各國從政、從軍，還要將在外工作的一部分收入繳納給墨者團體公用，如耕柱子就一次向墨子貢獻了二百兩金。參見孫中原：《墨子及其後學》，北京：中國國際廣播出版社，2011，頁12～13。

〔註76〕見〈胠篋〉。

〔註77〕出自〈列禦寇〉。

〔註78〕見〈田子方〉。

〔註79〕「演門有親死者，以善毀，爵為官師，其黨人毀而死者半。」見〈外物〉。

## 六、培養「有用」的人成為教育的首要目的

在上述社會背景下，「有用」成為了戰國教育的首要目的。只不過這個「有用」又表現為「對國家有用」和「對知識分子個人有用」兩種形式。

從國家理性的角度看來，最「有用」的人是這樣一種精神分裂的人格：他們在國內謹小慎微地服從法律，在對外戰爭中又嗜殺如命。《商君書》說：

> 入其國，觀其治，民用者強。奚以知民之見用者也？民之見戰也，
>
> 如餓狼之見肉，則民用矣。凡戰者，民之所惡也；能使民樂戰者，
>
> 王。〔註80〕

怎樣看出人民能不能被（國家）利用？就看人民在戰場上的表現，看到敵人像餓狼看到肉，說明該國的人民「可用」。但是若論內部的治理，則抱怨「儒以文亂法，俠以武犯禁」〔註81〕，對於這兩類人不僅要扼殺其勇敢的反抗行為，更要「禁其心」〔註82〕。司馬遷用「民勇於公戰，怯於私鬥」〔註83〕總結商鞅變法的成果，可謂抓住了要害。

要培養這樣一種人，詩書禮樂等傳統文化、諸子百家的自由思想，在法家看來是無「用」且有害的。對商鞅來說，培養國家主義意識形態大概就是教育的唯一意義了〔註84〕。韓非子對知識教育和道德教育也都頗有意見：

> 博習辯智如孔、墨，孔、墨不耕耨，則國何得焉？修孝寡欲如曾、
>
> 史，曾、史不戰攻，則國何利焉？〔註85〕

孔子沒有價值，因為孔子不能生產糧食；曾子沒有價值，因為曾子不能打仗。兩者都不能使國家得利。無怪乎韓子主張「燔詩書而明法令」，「禁游宦之民而顯耕戰之士」〔註86〕。到了秦代，這種國家主義的教育目的論以焚書坑儒的形式達到了極致。

對於國家似乎只有耕戰之士「有用」〔註87〕，但對於知識分子個人來說，

---

〔註80〕見《商君書·畫策》。

〔註81〕見《韓非子·五蠹》。

〔註82〕見《韓非子·說疑》。

〔註83〕見《史記·商君列傳》。

〔註84〕「夫故當壯者務於戰，老弱者務於守；死者不悔，生者務勸。此臣之所謂壹教也。」見《商君書·賞刑》。

〔註85〕見《韓非子·八說》。

〔註86〕見《韓非子·和氏》。

〔註87〕這是法家的觀點，至於該說法正確與否，不在本文討論的範圍。從中國歷史的實情來看，秦獨用文吏，二世而亡；漢代儒生文吏並重且相互融合，

任何知識或品質只要能獲得某一「消費群」的認可，為自己換來待遇或地位，就都是「有用」的。除了可直接服務政治的法家、兵家、縱橫家之外，道德主義者透過高潔的品行獲得了社會認可，往往也間接獲得了地位。名家知識分子也在此形勢中憑藉才智分一杯羹。在《莊子》中，莊子與惠施多次就學問的有用性發生論戰〔註88〕，譏諷了惠施對自己權位的貪戀〔註89〕。而魏牟（在故事中代表莊子思想）對公孫龍的冷嘲熱諷中，也涉及了知識的有用性：

> 且夫知不知論極妙之言，而自適一時之利者，是非埳井之鼃
> 與？……今子不去，將忘子之故，失子之業。〔註90〕

魏牟指出：公孫龍的智慧不能理解絕妙的思想，卻為了一時辯論取勝的利益而自得，像這樣的人來學莊學，只怕像邯鄲學步一樣，不僅沒學到新知，還會「忘記你原來那些老招數，搞得自己失業了」。至少就《莊子》作者看來，名家知識分子的學術，不是追求真正的智慧，目的只在於討份好工作罷了。

## 第二節　對「名利社會」及其教育目的論的批判

儒墨的道德主義運動似乎是對社會普遍追求實利的回應，但在《莊子》作者看來，兩者一為求名，一為求利（求實），其實是同一枚硬幣的兩面。兩者互為因果，共同構成了「名利社會」這一複雜現象。「莊子」的教育目的論之所以以「無用」為特色，以「能遊」為根本，都建立在對「名利社會」的反思之上。利己主義和道德主義是名利社會的兩大支柱。在此我們先從利己主義、道德主義及其關係，看看《莊子》如何分析名利社會，最後看看《莊子》如何用「無用」來對抗名利社會以「有用」為核心的教育目的論。

### 一、對利己主義的批判

《莊子》對利己主義的批判，大致可以分為三個層次：

第一，利不在己，故無可求。

利害得失受到各種外部因素的決定，並非我們追求就能得到，因此追求

---

則保持了長期的穩定。似乎儒家等其它學術也對維護統治起到了一定作用。相關討論參閱閻步克：《士大夫政治演生史稿》，北京：北京大學出版社，1996。

〔註88〕見〈逍遙遊〉。
〔註89〕見〈秋水〉。
〔註90〕見〈秋水〉。

利益不一定有實際效果：

> 其來不可卻也，其去不可止也，吾以為得失之非我也，而無憂色而已矣。〔註91〕

不過，從我們的生活經驗來說，利害得失與人的努力之間並非毫不相關。在腐敗橫行、君主昏庸的時代，自然會有些人由於出身、長相等因素，無須努力就受到寵幸。可是，在君主賢明、法律得到嚴格遵守的社會裡，一個人只要努力按政府倡導的方向去做，就有機會封爵受賞。因此這一論證最終會導向一個法家式的結論，即創造一個「功多者位尊，力極者賞厚」〔註92〕，讓努力有所回報的公正的社會。

第二，利己實為害己。

第一層論證實際上承認了「世俗的利害觀」，即「富貴壽善〔註93〕是令人快樂的，貧賤夭惡〔註94〕是令人痛苦的」，只是由於這些東西難以追求所以放棄。第二層論證則深入到對「世俗的利害觀」本身的解構。即使以某種方式求得了富貴、長壽，受到了所有人的艷羨，這樣的生活就真的快樂嗎？

> 今富人耳營鐘鼓管籥之聲，口嗛於芻豢醪醴之味，以感其意，遺忘其業，可謂亂矣；侅溺於馮氣，若負重行而上也，可謂苦矣；貪財而取慰，貪權而取竭，靜居則溺，體澤則馮，可謂疾矣；為欲富就利，故滿若堵耳，而不知避，且馮而不捨，可謂辱矣；財積而不用，服膺而不捨，滿心戚醮，求益而不止，可謂憂矣；內則疑劫請之賊，外則畏寇盜之害，內周樓疏，外不敢獨行，可謂畏矣。此六者，天下之至害也，皆遺忘而不知察，及其患至，求盡性竭財，單以反一日之無故而不可得也。〔註95〕

上述討論從六個方面指出了富貴壽善的生活並不快樂：（1）富人因耳目口鼻的慾望而遺忘了正當的工作，可以說是淫亂；（2）陷溺於難以遏止的盛氣中，仿佛背著重物上坡，可以說是辛苦；（3）貪戀貨財而招致怨謗、貪戀權勢而精疲力竭，閒居無事則沉溺於淫慾，身體肥胖則氣血淤塞不通，可以說是病得不輕；（4）為了貪圖富貴追求財利，別人的怨言都塞滿了雙耳，還不

---

〔註91〕見〈田子方〉。
〔註92〕《韓非子・守道》
〔註93〕此「善」為「見善」之意，即受到他人讚譽或羨慕。
〔註94〕此「惡」為「見惡」之意，即被他人鄙夷或厭惡。
〔註95〕見〈盜跖〉。

知道收斂，傲氣凌人還不知放棄，可以說是丟臉；（5）財富堆積在那裡卻沒什麼用，已經令人佩服了還不願意停止，因為擔心財富減少而滿腹憂戚，卻還追求進一步獲利而無法遏止，可以說是憂鬱；（6）在家害怕遇到入室搶劫，出門怕遇到攔路搶劫，於是在家設了一大堆防盜設備，出外都不敢一個人在路上走，可以說是恐懼萬分。

第三，利己主義違背人的本性。

前兩層論述都在人生哲學的層面上，而第三層則進入政治哲學的領域。韓非子認為求利避害、自私自利是人的本性〔註96〕，《莊子》不否定當下的社會上確實有許多人自私自利，但這不是人類本來的、自然的狀態，而是由於錯誤的治理一步步導致人變得好利而自私。因此，追求自利其實違背了人的本性：

> 黃帝之治天下，使民心一，民有其親死不哭，而民不非也。堯之治天下，使民心親，民有為其親殺其殺，而民不非也。舜之治天下，使民心競，民孕婦十月生子，子生五月而能言，不至乎孩而始誰，則人始有天矣。禹之治天下，使民心變，人有心而兵有順，殺盜非殺人，自為種而天下耳，是以天下大駭，儒、墨皆起。其作始有倫，而今乎婦女，何言哉！余語汝：三皇、五帝之治天下，名曰治之，而亂莫甚焉。〔註97〕

黃帝治理天下，使民心簡單，這大概是非常原始、尚無禮樂文化的狀態。堯治理天下，使民眾與家人親密，有為親人報仇而殺死加害者的，民眾也不會非議他。這時以家族血緣為紐帶的共同體建立起來，有了家族或氏族的財產與土地，家族之間也會發生同態復仇的武鬥。舜治理天下，使民心競爭。孕婦懷孕十個月就能生產，孩子生出來五個月就會講話，還不會傻笑就已經學會區分人我，於是開始出現了兒童早年死亡的現象。競爭是國家控制民眾的有效手段，但也導致競爭者之間處於一種「零和賽局」（zero-sum game）的狀態，為了保存自己就必須設法害人。禹治理天下，使民心狡詐。人人別有用心，用暴力來令人順服，說殺死盜匪不算殺人，天下各自樹立起自己的派別。這一時期大概為了避免惡性競爭帶來的「所有人對所有人」的戰爭狀態，

---

〔註96〕「凡治天下，必因人情。人情者，有好惡，故賞罰可用。」見《韓非子・八經》。

〔註97〕見〈天運〉。

而引入了法律與賞罰。但法律必然導致人心的狡詐化，發明出「殺盜非殺人」這樣的論述來為自己辯護。

我們不必過於認真地看待上文中劃分的各歷史時期，畢竟黃帝堯舜本來就是傳說人物，究竟有沒有其人都要打個問號。但上文的重點是：人心的自利傾向不是自然就有的。如果沒有政治力的介入，人類就沒有什麼特別的「利」可追求，大家自食其力以維持溫飽即可；也不會有戰爭、刑罰等人為的「害」要逃避，保持自己身體健康即可：

> 子獨不知至德之世乎？……當是時也，民結繩而用之，甘其食，美其服，樂其俗，安其居，鄰國相望，雞狗之音相聞，民至老死而不相往來。〔註98〕

這種至德之世，歷史上大概從未出現過。但《莊子》藉此表達出了一種哲學觀點，即：利己主義並非人的本性，而是政治力傷殘了人的本性後塑造出來的一種病態，其作用就是使人容易被控制。

由上述論述也可以說明，《莊子》批判利己主義，同其主張養生哲學並不衝突。《莊子》將生命分為身體生命和精神生命兩義。養生哲學所養乃是人的身體生命，即維持生存所需的安全、空間、食物和水、健康、壽命等。養生哲學是從人的本性出發的，人的生存確實需要上述給養。但是僅僅靠外部條件就能養生嗎？

> 養形必先之以物，物有餘而形不養者有之矣。

利己主義往往是在生存之物質條件已經有餘時，仍病態地追求更大量的物質財富，甚至為了追求名利而反過來損害了健康、犧牲了生命。因此〈讓王〉篇說「養志者忘形，養形者忘利」，「利己主義」之「利」對於養生並無好處。

另外，養生哲學雖然以保養身體生命為目標，其終極目的卻是精神的探索與滿足。這是因為身體生命是精神生命的前提。〈達生〉對這一邏輯關係說明得很清楚：

> 有生必先無離形，形不離而生亡者有之矣。〔註99〕

在〈達生〉的討論中，「生」指的就是精神生命，而「形」指的是身體生命。要有精神生命，首先身體不能死亡（即形體解離）；但有的人身體沒有死

---

〔註98〕見〈胠篋〉。
〔註99〕見〈達生〉。

亡，其精神生命卻已經死亡。〈齊物論〉說「其形化，其心與之然」，說明身體死亡以後精神生命一定跟著消亡。反之，精神生命的死亡卻不一定導致身體生命的死亡，所以「哀莫大於心死，而人死亦次之」〔註100〕，心死是一種比人死更值得哀痛的事情〔註101〕。從邏輯上說，只有當「心死」可以獨立於「人死」發生時，這句話才是有意義的。

要實現精神上的探索與滿足，人的精神生命就必須在人世間存在足夠長的時間，至少不能在還未完成探索時「中道夭折」。由於精神生命存在的條件是身體生命的存在，對《莊子》來說，人能「終其天年」就成了精神生命充分發展的必要條件。因此「養生」才成為貫穿《莊子》的一個主題。

## 二、對道德主義的批判

《莊子》對道德主義的批判分為四層：

第一，道德主義給了惡人以作惡的工具：「愛利出乎仁義，捐仁義者寡，利仁義者眾。夫仁義之行，唯且無誠，且假乎禽貪者器。」〔註102〕仁義這個東西，一旦從中可以獲得利益或好處，那麼就很少有人能把仁義放下，大多數人都會想藉著仁義來謀好處。仁義的行為表現，不僅本身不需要出於真誠，而且還給了貪婪如禽獸者一種作惡的工具。這種人會想辦法成為一個既享有高潔名聲，又在實際上享盡利益的人。即〈盜跖〉篇所說：「無恥者富，多信者顯。夫名利之大者，幾在無恥而信。故觀之名，計之利，而信真是也。」無恥的人容易富貴、受信任的人容易顯赫。兩者結合一下，最有利於取得名利的組合，大概就是既無恥又受到信任。與此極其類似的是柏拉圖《理想國》第二卷的討論。在那裡，年輕的對話者格勞孔提出：最極致的不正義者將讓自己顯得像正義者，以博得美名及其相關的利益。他享有人世間一切美食，能有效地損敵益友。因為有足夠的祭品來討好神，他得到人神共同的眷顧。〔註103〕

---

〔註100〕見〈田子方〉。

〔註101〕當然，《莊子》中有時也以「心如死灰」來描述體道之人。此說法不可以理解為「心死」是一種很高的境界。王邦雄認為：「心如死灰」是子游對南郭子綦的描述，子游從子綦的外在形體看似槁木，就推斷其內在的心也如死灰一般，這是有問題的論斷。王邦雄：《莊子內七篇‧外秋水‧雜天下的現代解讀》，頁63～65。

〔註102〕見〈徐無鬼〉。

〔註103〕*Republic* 359C～361D. Plato. *Platonis Opera*. Oxford University Press, 1903.

　　第二，道德主義實際上是出於「道德快感」而行動，是不惜一切代價來證明自己比別人都高尚，因此也可以視為慾望的一種。既然放縱自己對耳目聲色的滿足被叫做「淫」，那麼放縱自己的道德快感自然可以視為「淫僻於仁義之行」〔註104〕。因此道德主義和利己主義都是放縱慾望的。

　　第三，道德主義者既然要證明自己比他人更高尚，也就出於一種競爭的心態在處世，而利己主義者也有這種心態。道德主義者時時在將他人與自己相比較，希望自己比他人更道德，因此其道德行為充滿「心眼」。〈列御寇〉篇說：「賊莫大乎德有心而心有眼，及其有眼也而內視，內視而敗矣。」「內視」近似於尼采所描述的道德主義者的自我欣賞與自我感動：

> 而隨便一個道德家當中的窮困的遊手好閒者對此說：「不！人應當是不同的」？……他甚至知道人應該是怎樣的，這個愛發牢騷的酒鬼，他把自己畫在墙上並對著它說「瞧這個人！」……〔註105〕

　　這種對競爭的過度關注損害了道德行動的純粹性。競爭的心態下，一方面希望自己做得好（這無問題），但另一方面就難免隱隱希望他人比自己差（這就會有問題）。《莊子》形容道德主義者「飾知以驚愚，修身以明汙」〔註106〕，堅守道德修養的同時隱含了「想要顯得他人不如我」的願望，是「以人惡有其美」〔註107〕，這種想法顯然是不道德的。

　　第四，道德主義和利己主義都導致人偏離了自己的本性。

　　對《莊子》來說，「仁義」這些道德要求的原初意義，其實無非是人本性的自然展現：

> 夫德，和也；道，理也。德無不容，仁也；道無不理，義也；義明而物親，忠也；中純實而反乎情，樂也；信行容體而順乎文，禮也。禮樂遍行，則天下亂矣。彼正而蒙己德，德則不冒，冒則物必失其性也。〔註108〕

---

〔註104〕見〈駢拇〉。〈在宥〉有：「說明邪，是淫於色也；說聰邪，是淫於聲也；說仁邪，是亂於德也；說義邪，是悖於理也。」表達的也是類似思路。

〔註105〕Nietzsche, Friedrich. "Götzen-Dämmerung" In *Nietzsche Online*. Berlin, Boston: De Gruyter, 2011.
https://www.degruyter.com/document/database/NIETZSCHE/entry/W002554V002/html. 感謝劉洋同學協助將德文譯為中文。

〔註106〕見〈達生〉。

〔註107〕見〈人間世〉。此處「有」讀為「鬻」，即「賣」之意。

〔註108〕見〈繕性〉。

德就是和順，道就是天理。「和」與「理」實際上可以說就是健康的人的身心狀態中本有的韻律感（「和」與聽覺和諧性相關）和紋路感（「理」與視覺規律性相關）。「和」與「理」就可以展開為各種具體德性，即仁、義、忠、樂、禮等。這種人類天性自然展開的道德在每個個體身上可能會體現為不同風格和樣貌，但都不影響整個社會的倫理性，因此《莊子》並不反對。

但是，如果不基於每個人的天性，而是把某些人的標準普遍化推行於眾人，這也就是「禮樂遍行」。所以一個純正的人會故意隱藏自己的德性，這樣德性才不會眩露出來。德性一旦眩露，就很容易被視為一種標準來規範那些「做不到的人」，而這些被規範的人必然失去其本性，服從與他人的道德。這背後有一種尼采式的觀點，即人類道德體系本是多元的，不僅不同時代不同文化的道德不同，甚至還有許多「本可以發展出來」的道德：

> 道德今日在歐洲是群盲道德……它只是人類道德的一個種類，在它旁邊，在它以前，在它之後，可能或本該可能有許多其它道德，尤其是更高級的道德。而這種道德卻在盡一切力量反對那樣一種「可能」，反對那樣一種「本該」：它頑固不化地說，「我就是道德本身，此外沒有道德。」〔註109〕

道德主義者根據自己的認知和好惡，將一套理性化、系統化、普遍化的道德強加給眾人，而否定道德的雜多性。這就成了莊子所反對的那種「仁義禮樂」。這一過程是在社會歷史中逐漸發生的：

> 故嘗試論之，自三代以下者，天下莫不以物易其性矣。小人則以身殉利，士則以身殉名，大夫則以身殉家，聖人則以身殉天下。故此數子者，事業不同，名聲異號，其於傷性以身為殉，一也。〔註110〕

前面已經說過，利己主義建立在「世俗的利害觀」基礎上，這種觀念認為是「利」的「富貴壽善」，也可以被叫做「外物」。之所以說道德主義和利己主義都使人脫離本性，就是因為人本性並不以外物作為幸福的來源，是政治力導致人們「以物易其性」。道德主義者造福他人的同時等於也強迫他人接受了這套利害觀念。士、大夫、聖人按照他們自己的觀念去為民造福，他們的自我犧牲精神固然崇高，但到底對於人民來說什麼才是「福」呢？如果他們所認為的福利並不是人真正的幸福來源，那麼他們的犧牲就是無謂的。而人

---

〔註109〕尼采：《善惡的彼岸》，北京：商務印書館，2018，頁155（第202節）。
〔註110〕見〈駢拇〉。

民還被強迫生活在一個道德主義者認為「幸福」的世界裡，這就導向了第五種論證，即對於道德主義最根本的一種批判。

第五，道德主義抹殺了他者的體驗與思考。

許多人認為莊子要我們破解彼我之間的分別，這種說法容易引起誤解，因為單純的不分彼我很容易導向極不道德的思考。例如，「我」對「他」進行性騷擾，但我們不分彼我，所以摸他不過等於摸我自己罷了。《莊子》對於彼我關係的隱喻是「道樞」，即一個可以自由轉動的軸。因此準確地說《莊子》希望我們理解自我與他者之間是一種可互換位置的對稱關係：即，他者在他自己眼裡也是個和我一樣的「自我」，而我在他者眼裡也像他者在我眼中一樣是個「他者」。簡而言之，不能說「他」也是「我」，而應該說「他自己」像「我自己」一樣是個「自己」，而我也像他一樣是個「他」。因此，「我」的任何認知都不可能在位階上高於或低於「他」的認知，因為在他眼裡我也一樣是個「他」，而對他自己而言他的認知則是「我」的認知。所以，我的認知不能用來規範他人的認知，反之他人的認知也不能用來規範我的認知。如林明照所言：《莊子》「兩行」的思維方式要求主體「必須謙柔地傾聽情境或他人的呼求，而不是強制對方順服於自身認知的要求之下」，進而讓個體生命既能「各自得」，又能「和」而不傷〔註111〕。

由此看來，誰也沒有資格代替天下人判斷什麼是「利」，〈徐無鬼〉說道德主義是「以一人之斷制利天下」，〈應帝王〉說「君人者以己出經式義度」，都是在談道德主義者拿自己的好惡作為天下人「利／害」的判斷標準，然後根據這一標準來為天下人謀利避害，表面上是服務社會，但實際上也把自己的標準強加於每個人。這種德行被叫做「中德」（以自我為準則的道德），是一種「凶德」：

> 凶德有五，中德為首。何謂中德？中德也者，有以自好也而吡其所
> 不為者也。〔註112〕

如果尊重每個人自己對於什麼是「好」，什麼是「舒適」的感受，那麼天下人的福利首先應該由每個人自己去照顧，而不是由一部分道德主義者來造福天下，因為只有自己才知道什麼是適合自己的生活：

---

〔註111〕林明照：〈《莊子》「兩行」的思維模式及倫理意涵〉，《文與哲》28（2016）：269～292。

〔註112〕見〈列御寇〉。

> 吾所謂臧者，非仁義之謂也，臧於其德而已矣；吾所謂臧者，非
> 所謂仁義之謂也，任其性命之情而已矣；……夫不自見而見彼，
> 不自得而得彼者，是得人之得而不自得其得者也，適人之適而不
> 自適其適者也。夫適人之適而不自適其適，雖盜跖與伯夷，是同
> 為淫僻也。余愧乎道德，是以上不敢為仁義之操，而下不敢為淫
> 僻之行也。〔註113〕

那些不去感受自己的感受，反而很喜歡替別人感受；不追求自己的舒適，卻很喜歡讓別人（按自己的標準）舒適的人，不算真正的「臧」（善）。對作者來說，真正的善是每個人充分發揮自己天性中的潛能。因此作者一方面拒斥利己主義（淫僻之行），一方面拒斥道德主義（仁義之操），而持守的標準則是「道德」。這裡需要注意的是，由於古今語義的差異，《莊子》中往往用「仁義」來代表道德主義，而對《莊子》所真正重視的品質，即每個人「得」自於「道」的本真品質，則稱為「道德」。所以《莊子》原文中的「道德」恰恰不是道德主義的意味。〔註114〕

當然，每個人選擇適合自己的生活的時候，一定也出現一些需要幫助的情況。《莊子》並不反對這樣的幫助，但是強調這種幫助一定不能被視為一種道德行為。這一看似弔詭的原則，待本章第三節論能遊者的道德品質時再詳細說明。

## 三、名利社會的構造

總的來說，《莊子》對利己主義和道德主義的批判都是帶著關懷和同情的批判。既然求名求利的心態實際上是被治理術塑造的，那麼世上那些為名利而苦身疾作的人與其說可恨，不如說更可憐。《莊子》中的有道之人，哪怕對國君這樣地位的人，都會去「慰勞」他們，因為處在國君地位既辛苦又危險，其性命之情也受到了慾望的侵蝕。〔註115〕對於道德主義的「烈士」，〈至樂〉的作者用非常矛盾的語氣評論道：

> 烈士為天下見善矣，未足以活身。吾未知善之誠善邪，誠不善邪？
> 若以為善矣，不足活身；以為不善矣，足以活人。

---

〔註113〕見〈駢拇〉。
〔註114〕為避免混淆，本論文中如在《莊子》的意義上使用「道德」一詞一律加引號，
　　　　而不加引號的道德則是在現代意義上使用這個詞。
〔註115〕見〈山木〉「市南宜僚見魯侯」和〈徐無鬼〉「徐無鬼見魏武侯」相關段落。

這幾句話像是對犧牲了的朋友的一種感慨，一方面覺得自己不會選擇同樣的道路，一方面又對朋友的高尚人格表達了敬佩。

由此可見，《莊子》批判的矛頭不是指向利己主義或道德主義的個人，而是指向由「國家理性」滲透社會所形成的、以前述兩者為支柱的「名利社會」之整體。在此，以圖像形式說明《莊子》所批判的名利社會之基本構造：

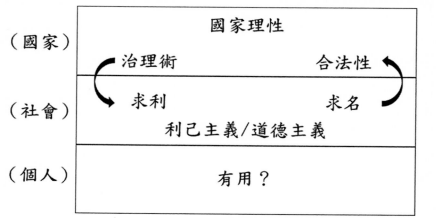

圖1　名利社會的基本構造

名利社會起源於國家理性對社會的滲透。國家為追求有效治理而鼓勵民眾求利，造成了利己主義思潮的氾濫。道德主義作為對利己主義的回應而出現。國家既被迫接受道德主義話語，又有意識地出於加強統治合法性的目的而鼓勵道德主義，利用儒者和墨者來統治。當道德主義受到物質獎勵，以至於許多完全不道德的人都能藉此獲利時，利己主義與道德主義也就在現實中合流了。

因此在當時，一個人無論擁抱利己主義（「歸於楊」）或擁抱道德主義（「歸於墨」）〔註116〕，實際上都在讓自己成為「有用」的人，即符合名利社會之遊戲規則的人。反之，若成為一個既不損人利己（以至於受到刑事處罰）、也不自我犧牲（以至於獲得高潔名聲）的人，就難以在名利社會中生存，但因此也成為有意識地反抗名利社會的一種方式。〈養生主〉的「為善無近名，為惡無近刑」一直以來引起無數注釋者的困惑，但若從名利社會的視角來看，則前後兩句毫無矛盾，都是著眼於抵抗名利社會而提出的處世原則。

這一點，對於我們理解《莊子》的教育目的而言極為重要。因為《莊子》

---

〔註116〕實際上也包括了許多庸俗「儒」者。

不像儒家或法家那樣面向當下既成的世界培養人，而是對當下的世界充滿批判性。如果說《莊子》中存在一種教育目的，那麼這一目的並不是簡單地培養人去服務於現實社會，而是培養一種在現實社會中生存的同時，有所反思、批判甚至反抗之能力。韓非對這一點看得非常清楚，他用「反逆世」「非世」「與世相反」「亂上反世」〔註117〕這樣一些詞彙形容那些主張「卑名位」的「私學」（莊學也是其中一種），某種程度上是符合事實的。

## 四、用=被犧牲：對「有用」論的批判

　　時至今日，「教育要培養有用的人」依然是被廣為認可的說法。筆者認為，《莊子》批判「有用」的教育目的論並不是針對一切時代的狀況，而是與名利社會的歷史背景密不可分。〈山木〉說莊子見魏王的時候衣衫襤褸，他有如此大的智慧卻不願為世所用，原因就是「非遭時」，「處勢不便，未足以逞其能也」。因此，我們可以從時代背景中尋找《莊子》批判「有用」論的理由。

　　戰國時代國家間的競爭，形成了人才的「自由市場」。只有那些顯得能（不一定要真的能）服務於國家理性之各種議程（富國、強兵、廣土、眾民、治亂）的人，才能在激烈的競爭中取得成功。只有那些可資利用的技能（戰爭、管理、辯論、道德表演等）才能賣得出價碼（即獲得名與利），因此人們不得不基於如何更好地「被利用」，來規劃自己的教育和發展，而很少考慮自己的真性是什麼，很少為自己而活。用現在的話說，大部分人已經淪為純粹的「工具人」。其實被作為工具（即，手段）並不一定是不道德的。康德說：「你要這樣行動，把無論是你的人格中的人性，還是任何其他人的人格中的人性，任何時候都同時作為目的，而絕不只是作為手段。」〔註118〕亦即只有把他人「只作為手段而不作為目的」才是不道德的。在今天的中文網路語言中，「工具人」指的恰恰是被他人完全視為手段，用完即拋棄的人。

　　《莊子》中多次以動物或器物作為隱喻，強調人一旦被「用」作純粹的工具之後，只會遇到悲慘的結局。使用者並不顧被用者自身的感受，而是從如何獲取最大效益的角度去培養其「工具」的。

〔註117〕見《韓非子·詭使》。
〔註118〕康德著，楊雲飛譯，鄧曉芒校訂：《道德形而上學奠基》，北京：人民出版社，2013。

### 故事1　我善治馬〔註119〕

> 馬，蹄可以踐霜雪，毛可以禦風寒，齕草飲水，翹足而陸。此馬之
> 真性也。雖有義臺、路寢，無所用之。及至伯樂，曰：「我善治馬。」
> 燒之剔之，刻之雒之，連之以羈縶，編之以皁棧，馬之死者十二三
> 矣；飢之渴之，馳之驟之，整之齊之，前有橛飾之患，而後有鞭筴
> 之威，而馬之死者已過半矣。〔註120〕

　　馬雖然會跑，但其天性並不是天天載人狂奔或搬運重物，而是喜歡自由
自在地吃草飲水。然而馬會跑這個「用途」為牠惹來了災難。伯樂在人的眼
裡是偉大的技術者，但在馬的眼裡大概就是惡魔了。動物被人類利用之前，
往往經歷了漫長的馴化過程。在這過程中被淘汰的那些個體其實沒有什麼錯，
只是恰好不具有人類需要的遺傳學特質。最後留下來的「良種」「千里馬」也
不再自由，只能乖乖按人的要求幹活。長期生活在不符合天性的環境中，導
致了大量的死傷。〔註121〕這個故事的要點是引起（平日可能經常騎馬的）讀
者的一種視角轉換，從而引發熟悉經驗的陌生化。當我們不再從自己的視角，
而從馬的視角重溫馬的馴化史時，我們對自己的境遇反而有了更深的理解：
難道我們與馬有很大的差別嗎？莊子中一再用被馴化的動物（如狗、猿）〔註
122〕或被捕獵的動物（如虎、狐和豹）1〔註123〕作為隱喻，起到的都是上述作
用。作為對「馬」之遭遇的進一步書寫，《莊子》講了一個初看起來很難理解
的故事：

---

〔註119〕由於本論文中引用的一些《莊子》故事在多個章節中都要作為素材加以討論，
　　　　為避免在不同章節中重複引用佔據過多篇幅，特對這類故事加以編號，並在
　　　　論文目錄中設「本文所引《莊子》重要故事表」，便於讀者快速查找到所需
　　　　故事的頁碼。

〔註120〕見〈馬蹄〉。

〔註121〕這一故事並不誇張，人類歷史上曾經有過類似的事情。1830 年，英國人羅
　　　　賓遜（George Augustus Robinson）打算將塔斯馬尼亞島民改造為「文明人」，
　　　　數百人被脅迫住進羅賓遜所規劃的屯墾區，在那裡他將子女與父母隔離，以
　　　　讀《聖經》、唱聖詩、檢查床褥與餐具等監獄化的方式規訓居民，結果因營
　　　　養不良和疾病，島民逐漸死亡。幾個星期後，只有幾個嬰兒還活著。賈雷德·
　　　　戴蒙德：《第三種黑猩猩》，上海：上海譯文出版社，2012，頁 274。

〔註122〕〈天地〉：「執留之狗成思，猿狙之便自山林來。」

〔註123〕〈應帝王〉：「虎豹之文來田」；〈山木〉：「夫豐狐文豹，棲於山林，伏於巖穴，
　　　　靜也；夜行晝居，戒也；雖飢渴隱約，猶且胥疏於江湖之上而求食焉，定也。
　　　　然且不免於罔羅機辟之患，是何罪之有哉？其皮為之災也。」

### 故事2 鈞百而反

> 東野稷以御見莊公，進退中繩，左右旋中規。莊公以為文弗過也，
> 使之鈞百而反。顏闔遇之，入見曰：「稷之馬將敗。」公密而不應。
> 少焉，果敗而反。公曰：「子何以知之？」曰：「其馬力竭矣，而猶
> 求焉，故曰敗。」〔註124〕

東野稷因為善於駕車而得以在莊公面前表演。他走直線的時候仿佛切合木工的墨線，左右旋轉的時候好像按著圓規畫出來一樣。這種走法，絕不是馬天性下「翹足而陸」的走法。顯然，東野稷為了能受重「用」，對馬進行了長時間的訓練。在〈馬蹄〉中馬是人的隱喻，在此「馴馬」也可以視為是「教育」的一個隱喻。

其實，馬走得特別直，也未必符合所有人的審美。但是之所以要朝這個方向來訓練馬，是因為這種訓練是困難的。我們知道，任何教育，越是逆著受教育者原有的品質來進行，就越是困難，因此越能體現出教育者的「能力」。若評價馴馬師的標準是誰的馬能「翹足而陸」，那所有人都可以做到，就看不出好壞了。只有走直線，才能區分出訓練者之間的「能力」高下。因此，這種違背天性的教育乃是由於競爭的導入。之所以這樣詮釋，是因為莊公稱讚東野稷的時候，既不說這樣走更「美」、更「整齊」，或在運輸、軍事等實際用途上有什麼優點，而是說「連傳說中的大師造父都比不上你」。

為了證明東野稷的水平，莊公隨口叫他再轉一百圈再回來。對此，顏闔說：「東野稷的馬很快要失誤了。」莊公不說話。過了一會，果然出了失誤而回來了。莊公竟問：「你是怎麼預測到的？」顏闔說：「他的馬力竭了，還要求繼續跑，所以我說肯定要失誤了。」顏闔所說的道理一點也不深奧，任何實際駕駛過的人都知道轉一百圈一定會力竭。之所以莊公體會不到，是因為他代表了統治者的心性，此種心性只能看到他人的「用處」，而被「用」的人身體如何疲勞、內心如何煎熬，都是視而不見、聽而不聞的。用臺語說來，莊公這種人只「出一支嘴」，他隨意發號施令就是「繞一百圈」，不知道下面的臣民要為此付出多少無謂的辛勞與痛苦。東野稷大概也知道這是不可能的任務，但為了能見「用」也不得不行險以僥倖。在外人看來，他能得到國君的面見已經是幸運之極。誰知道那些被重「用」者在「陰陽之患」和「人道之患」〔註125〕之間，

〔註124〕見〈達生〉。
〔註125〕見〈人間世〉。

每一天是如何度過的？

　　在今天的語言裡，「用」是一個非常正面的動詞。但是春秋時期「用」字卻常在獻祭、殉葬的情境下使用，意思是對祭品的「損毀、耗費、犧牲」。當時人向神祈禱或舉辦某些祭儀的時候，為了表現祈禱者的誠意，需要在祈禱時「用」一些價值連城的寶物，「用」法就是將該物品毀掉，〔註126〕例如〈昭公十七年〉鄭國的裨灶建議子產「用瓘斝玉瓚」來禳除火災而子產不允。《左傳》中常見「用牲」「用馬」等說法，都是殺動物來作為犧牲，甚至四次出現「用人」一語，指的都是殺人獻祭。〔註127〕類似地，當時的諸侯或大夫進行盟誓的時候，往往也要毀棄一些貴重的物品，並且在盟誓的誓詞中提到如果有任何一方違背誓約，結局就是像此物一樣毀滅。〔註128〕

　　到了《莊子》的時代，儘管人們已經不那麼相信鬼神，「用人」也不再常見。但莊子也許在「用」這個被熱切追求的動詞中，看到了「損毀、耗費、犧牲」的意義。既然國家對知識分子或民眾的「用」是一種「損毀、耗費、犧牲」，那麼教育者以「有用」為目的來教育人，只為了讓人削尖了腦袋去適合使用者的需求，不再自由地施展自己的身體和精神，不也同春秋時代的「用人」一樣，是對人的一種殺害嗎？正如馬克思（Karl Marx, 1818～1883）所言，將自己變成商品出賣給使用者，必將帶來人的異化（entfremdung）：

> 在他的工作中，他不是肯定自己而是否定自己，感到痛苦而不是滿足，並不自由地施展和發展身體上和理智上的能量，而是壓制其身體、毀滅其精神。……外在的勞動，人在其中疏離於他自身的勞動，是一種自我犧牲的勞動，是自毀的勞動。〔註129〕

〔註126〕 在當時人的思維中，祭祀時「用」掉的寶物實際上是被傳遞給神作為禮物的，如《左傳・僖公二十八年》：「初，楚子玉自為瓊弁玉纓，未之服也，先戰。夢河神謂己曰：『畀余，余賜女孟諸之麋。』弗致也。」

〔註127〕 如宋人「用鄫子於次睢之社」。對此，司馬子魚批評道：「古者六畜不相為用，小事不用大牲，而況敢用人乎？祭祀，以為人也。民，神之主也。用人，其誰饗之？」見《左傳・僖公十九年》。

〔註128〕 典型的如晉國的中行獻子在渡河之前「以朱絲係玉二穀而禱曰：『齊環怙恃其險，負其眾庶，棄好背盟，陵虐神主，曾臣彪將率諸侯以討焉，其官臣偃實先後之，苟捷有功，無作神羞，官臣偃無敢復濟，唯爾有神裁之。』沈玉而濟。」《左傳・襄公十八年》

〔註129〕 Karl Marx. *Marx: Early Political Writings*. trans. by Joseph O'Malley & Richard A. Davis. Cambridge: Cambridge University Press, 1994. p.73.引文由筆者自行譯自英譯本。原文為德文。

## 五、無用≠無能：學會「能動的否定」

　　意識到「有用」就是「被利用」，莊子提出了「無用」論，來作為對名利社會的反抗。《論語》早有「君子不器」的說法，《史記·老子韓非列傳》說莊子「王公大人不能器」，說明莊子本人也踐行了他的這一哲學。不過，對於「無用」究竟意味著什麼，過往的研究似未完全闡發出其中深意。

　　首先，許多研究者用「無用之用」概括莊子教育目的論中的「無用」論，這一說法並不準確。《莊子》文本中僅一處出現「無用之用」的說法〔註130〕，所談的是一個很狹窄的意思，就是「無用」可以使我們避開「有用」所導致的禍患。這一道理前文已經充分說明。

　　其次，《莊子》的「無用」論在莊學發展的過程中一定引起過爭議和有所發展，這一討論被記錄在〈山木〉中。〈山木〉以這樣一個故事來質疑單純的「無用」論：莊子和弟子去友人家裡，友人決定殺一隻鵝招待客人。家中的兩隻鵝一隻會叫一隻不會叫〔註131〕，主人就殺了那隻不會叫的鵝。弟子問莊子：您說有用會招來禍患，現在您怎麼解釋這隻鵝的死呢？莊子的回答初看起來像在玩文字遊戲：

> 周將處夫材與不材之間。材與不材之間，似之而非也，故未免乎累。
> 若夫乘道德而浮游則不然。無譽無訾，一龍一蛇，與時俱化，而無
> 肯專為；一上一下，以和為量，浮游乎萬物之祖；物物而不物於物，
> 則胡可得而累邪！

　　莊子說，如果說把本真性當作船，乘著它浮游，就不會有這樣的問題。不受讚譽也不受非議，有時像龍有時像蛇，隨著時機而變化，而不肯偏執於同一種做法。有時超出，有時不足，以各種因素之間的協調作為判斷的尺度，在萬物的根本處浮游。將物僅僅視為物（而非我生命的目的），同時不要由於（貪戀）物而被視為物（即，僅僅被當作手段而非目的），如此則何物能牽累你呢？

　　筆者認為，這一討論的實質是：「無用」論不能被理解為「無能」，如果一點能力都沒有，容易像鵝一樣陷入另一種危險。「無能」的人在名利社會裡

---

〔註130〕即〈人間世〉的「山木自寇也，膏火自煎也。桂可食，故伐之；漆可用，故割之。人皆知有用之用，而莫知無用之用也。」此外，〈外物〉篇又有「無用之為用」的說法，但此段實際上和教育目的論中的「有用」「無用」無關，談的是「空」間的有用性問題，詳見本論文第三章。

〔註131〕農家以鵝看家護院，有陌生人來時鵝會發出警告，這是鵝的用途。

處於極其脆弱的地位，因為沒有任何能力，就失去了抗爭的籌碼，在他人的暴力面前毫無招架之力。要長久地保持精神的自由，就需要同時防止因無用而被害和因有用而被害。這正是所謂養生的「養內」與「養外」的關係，兩者不可偏廢：

> 魯有單豹者，巖居而水飲，不與民共利，行年七十而猶有嬰兒之色，不幸遇餓虎，餓虎殺而食之。有張毅者，高門、懸薄，無不走也，行年四十而有內熱之病以死。豹養其內而虎食其外，毅養其外而病攻其內，此二子者，皆不鞭其後者也。（〈達生〉）

單豹是個自然主義者，他吃的是生機食品、過著原始而簡單的生活，在社會生活中不發揮任何用處。那麼，他為什麼被虎吃了呢？人類社會之所以群居共處，並發明火與武器，一開始正是為了對抗大型獵食動物。單豹厭惡人類社會，想要遠離人類社會的一切壓迫，也就落入了和人猿一樣的困境，即重新暴露在獵食動物的威脅中。這是一個人不具備社會價值、脫離社會的代價。反過來，張毅一定在社會中有不錯的地位，像今天的政客一樣走馬燈似的參與大小社交場合，結果大概過於醉心世俗的成敗，患了內熱之病。《莊子》中「內熱」症除此處外還有三次出現，意義十分明確，都是遇到壓力事件後情緒劇烈變化導致的疾病。〔註132〕可見，過深的浸淫於社會生活，使人難以抵禦社會生活本身的弊端；但完全不在社會中發揮作用，就得不到來自社會的保護，在暴力（虎）面前缺乏抵抗能力。因此，善養生者需要「善鞭其後」，不斷遊走在這兩種危險之間。

為此，莊子學派提出了一種新主張，即用極強的靈活性來應對變化的狀況，需要顯得有用的時候能顯得有用，但需要顯得無用的時候又可以顯得無用。以《莊子》的隱喻語言來說，即「一龍一蛇」「無肯專為」。「蛇」在《莊子》中通常出現在「委蛇」這個說法裡。「委蛇」是先秦時期常見的連綿詞，較早出現於《詩經》，意為委曲自得。〔註133〕在《莊子》中，「委蛇」主要是作為一個哲學概念出現的，具有「因應時勢而靈活變化」的意味。〔註134〕《論

---

〔註132〕〈人間世〉葉公子高被派往齊國從事外交，因擔心外交失敗而內熱；〈則陽〉中犀首打算為魏王報仇，令其敵人由於戰爭失敗、國家滅亡而「內熱發於背」；又〈則陽〉的「長梧封人問子牢」一節，「莊子」評論「遁其天，離其性」的人，最終會「內熱溲膏」。

〔註133〕陳致、黎漢傑譯注，《詩經》（香港：中華書局，2016），頁51。

〔註134〕如內篇〈應帝王〉：「吾與之虛而委蛇，不知其誰何，因以為弟靡，因以為波

語》中，孔子說：「甯武子邦有道則知，邦無道則愚。其知可及也，其愚不可及也。」〔註135〕又說「君子哉蘧伯玉！邦有道，則仕；邦無道，則可卷而懷之。」〔註136〕在顯露出「有用」就會被強制「徵用」，甚至被統治者當作執行惡政之工具時，就將自己的能力「卷」起來藏好，甚至顯得自己「愚」。

正如孔子的「其愚不可及」所暗示的，比起顯得自己有能力，要隱藏自己的能力其實更困難。因為一般來說，我們學習都是為了「能做什麼」，但後者卻意味著「能不做什麼」。這種「能不……」的能力是《莊子》中反覆出現的一個主題，筆者稱為「能動的否定性」。

關於「能動的否定性」，最有意思的是〈列御寇〉開篇的故事。列御寇在此扮演的大概是一個道德非常高潔，受到眾人尊敬的人物。他去十家賣漿的鋪子，其中五家看到是他，直接不收錢，白送給他吃。沒過多久，他的老師伯昏瞀人去列御寇那裡，見到脫下來的鞋子已經把房門外擺滿了，伯昏瞀人很不滿。列子追出來，請他指點，伯昏瞀人說了這樣一句話：

非汝能使人保汝，而汝不能使人無保汝也。

伯昏瞀人認為：問題不在於你能讓人歸附你，在於你沒能讓人不歸附你。他對於列子所具有的倫理關懷以及對他人的吸引力都沒有意見，列子可以有能力，但他擔憂的是列子永遠都被某種慾望驅動著去展現自己的能力，而不能在必要時加以隱藏。

類似地，〈庚桑楚〉說羿擅長射中微小的目標，卻沒有能力使大家不讚譽自己（「羿工乎中微而拙於使人無己譽」），〈徐無鬼〉說各種知識分子一旦遇到時機能為人所用時，沒有辦法不出頭做事（「勢物之徒樂變，遭時有所用，不能無為也。」）。都在強調一種在「有能力」的基礎上，又能靈活控制能力的表現及使用的境界。這正是一種高級的、反思性的否定，即並非因為「做得到」就非要去做，而是「做得到」也可以不做。

由此，我們就可以看到《莊子》「無用」論的真意：教育並不是要培養「無能」的人，而是要培養「能不」被當作工具利用的人。這樣的人巧妙地利用自己在社會中的某些「用處」或地位來保護自己，又避免因為「有用」而被利用甚至被獻祭。這樣一種「用」法，被《莊子》叫作「大用」。

---

流，故逃也。」此委蛇即「順隨的樣子」。方勇，《莊子纂要》，頁 1007。
〔註135〕見《論語·公冶長》。
〔註136〕見《論語·衛靈公》。

## 六、勞動倫理的省思：《莊子》的「大用」論

在《莊子》中，除了「無用」與「有用」的討論，我們還可以讀到三個討論「大」物之用、「用大」或「大用」的章節。對這三條文本的結構分析，有助於我們深入理解「大用」的意義。

表 4 《莊子》中關於「大用」的章節

| 有大用者 | 特　點 | 所否定的用途 | 所肯定的用途 |
|---|---|---|---|
| 大瓠 | 實五石 | 盛水漿；剖之以為瓢 | 以為大樽而浮乎江湖 |
| 大樹 | 大本擁腫而不中繩墨，小枝卷曲而不中規矩 | 匠者不顧（砍伐作為木材） | 樹之於無何有之鄉，廣莫之野，彷徨乎無為其側，逍遙乎寢臥其下 |
| 櫟社樹 | （無論用於製造何種器物都容易毀壞） | 以為舟，以為棺槨，以為器，以為門戶，以為柱 | 為社 |

我們發現，這些章節都有類似的結構。在故事中往往有兩個角色針對一「大」物的用法進行討論，並且否決了其中的一些用途，最後提出了一種較為理想的用法。

在這些章節中，被否定的用途通常具有以下特點：（1）服務於物質生產的需要，將大物當作工具或器物；（2）往往需要對大物進行破壞性的改造。「大物」用在這種生產性的用途時，往往特別不方便，甚至品質極差，這一點使他們得以保存自己。而第三個故事中櫟選擇去當一棵社樹，則更是明智的選擇。中國上古以樹為社，今日一些少數民族仍保存此遺風。根據對當代少數民族神林、神樹的研究，被視為神靈憑附的樹往往極其高大，具有毒汁和特殊氣味。當地人也絕對禁止砍伐這類神聖的樹。〔註137〕

對比之下，三個故事中被肯定的用途也具有如下特點：（1）服務於人的閒暇性或精神性需求（浮水、逍遙彷徨、信仰活動）；（2）在使用的過程中，對大物絕沒有任何破壞或改造，用者與被用者處在互惠共生的關係之中。

在上述討論中，《莊子》所關懷的不僅是物體本身，也把大樹、大葫蘆等看作是對「人」的隱喻，或至少是對那些具有較高精神境界的「大」人的隱喻。《莊子》的「小大之辯」，歷來有很多詮釋，如郭象認為：「年知大小，各

〔註137〕尹勞方：《社與中國上古神話》，上海：上海古籍出版社，2012，頁 4～5。

信其一方，未有足以相傾者也。」〔註138〕不過，從「小知不及大知，小年不及大年」這樣的說法來看，《莊子》區分大小，主要不是著眼於地位高低或品質優劣，而是從「知」，即某種對於他者的想像力的角度來區分的。朝菌不知晦朔，而人能夠認識晦朔，所以人「大」於朝菌，不過這種認識與莊子反對我們「自大」並不矛盾，因為人類也可以藉由「朝菌不知晦朔」來反省自己，意識到「我」也很可能「不知」比我更大的事物。一旦意識到這一「不知」的實情，從而對我們所「不知」的更「大」的存有形態保持敬畏，那麼站在一個第三者的視角〔註139〕來看，我們也就變得更「大」了。大鵬之所以比蜩、學鳩要大，重點並不是體型，而是蜩與學鳩不僅「不知」大鵬之大，甚至不加尊重；而大鵬雖然同樣不知蜩與學鳩的生活，卻未敢置一詞，也沒有鄙夷輕視的神情。

　　由此來看，「大人」正是那些思考「大而無用」的哲學問題，具有高尚精神追求，對於比自己更「大」的存有保有敬畏的人。為了避免被利用，他們不僅隱藏自己的能力，甚至在必要時故意把事情做得不好，就像樗樹一旦被做成器物就馬上生蟲蛀毀一樣。〔註140〕那麼，什麼是對於這樣的人的最合適的「用」？這種用法應當照顧到被使用的「人」自身的需求——不把他們僅僅作為生產的工具，而是讓他們工作在與人的閒暇或精神追求相關的工作上，這種工作不是一種損毀、耗費、犧牲，而是「用戶」與勞動者的互惠共生。對《莊子》來說，「大用」是一種理想狀態下的「有用」，是使人「有用但不被利用」的一種可能性，透出了《莊子》對於勞動倫理的省思。

　　其實，〈人間世〉中支離疏的故事也說明了《莊子》對於勞動倫理的重視：

### 故事3　支離疏者

　　支離疏者，頤隱於臍，肩高於頂，會撮指天，五管在上，兩髀為脅。
　　挫鍼治繲，足以餬口；鼓筴播精，足以食十人。上徵武士，則支離
　　攘臂而遊於其間；上有大役，則支離以有常疾不受功；上與病者粟，
　　則受三鍾與十束薪。夫支離其形者，猶足以養其身，終其天年，又

---

〔註138〕郭慶藩撰，王孝魚點校：《莊子集釋》，北京：中華書局，2012，頁13。
〔註139〕需指出的是，這一視角仍不是絕對的視角，因為第三者之外仍可能有第四者、
　　　　第五者，一如〈山木〉之「莊周遊乎雕陵之樊」故事所揭示的。
〔註140〕筆者曾聽聞一位資深的公務員談到，一旦她的上級強迫她做某件不符合其價
　　　　值觀的工作，她便將此工作做得很差。上級吃一塹長一智，下次就不會再將
　　　　此類工作交給她。這不失為是與《莊子》相通的人間智慧。

況支離其德者乎！〔註141〕

支離疏的故事，一般的解讀關注在他能養活自己這一點，卻較少關注他究竟從事什麼工作。這個人很可能患有強直性脊柱炎（ankylosing spondylitis），因此嚴重駝背。他所從事的縫衣洗衣、揚糠篩米的工作，基本上都是需要低頭彎腰來做的，對他來說不是太困難，甚至可以說發揮了他的長處。換言之，對支離疏的「用」法基本是照顧了他自己的需求的。雖然他也得到了政府發放的無償補助，但此故事中對於身心障礙者的關懷顯然不僅止於福利，更關注他們能和他人一樣滿足人的倫理性需求（可以養活家人）。因此他所養的不止是自己的「形」，更是其「德」。

這一故事中的勞動倫理思維，恐怕是繼承自中國上古關於殘障者職業安排的傳統，我們可在推估為戰國中期以前形成的上博簡〈容成氏〉一文中找到類似的記載。〈容成氏〉說，在上古帝王施行理想統治的時代，那些身心障礙者不會被社會視為僅僅需要幫助的人，而且還可以任職於不受其障礙影響的崗位上，例如聽障者負責點燈、視障者從事音樂演奏、行動不便者負責看門、個子矮的人製造弓箭、個子特別高的負責懸掛物品、背部彎曲的人負責鬆土整地、〔註142〕頸部有瘤子的人擔任鹽工，身體有瘡者在池裡捕魚等。脖子腫大者很可能是患有碘缺乏症（Iodine deficiency），多食用紫菜、海帶、海魚等有助於改善碘缺乏。大概古人發現生活在海濱不容易得此疾病，故安排病人到海濱從事鹽業，藉此機會可以多吃海產，既是工作也是治療。可見這種工作安排是高度關注勞動者自身需求的。〈容成氏〉中所關注的傴（強直性脊柱炎）、癭（碘缺乏症）兩種疾病，在先秦傳世文獻中唯有《莊子》給予了同等的關注，〔註143〕這也可以說明兩份文獻在思想上的某種關聯。

## 第三節　培養「能遊者」：《莊子》的教育目的論

如果說「無用」論是對名利社會及其教育目的的反抗，那麼從正面論述

〔註141〕見〈人間世〉。
〔註142〕本句和上一句的釋讀，採取了林志鵬的觀點。參見林志鵬：〈戰國楚竹書《容成氏》校讀〉，《嶺南學報》10（2018）：161～185。其餘釋讀根據竹田健二，〈〈容成氏〉中有關身心障礙者之論述〉，收錄於：葉國良，鄭吉雄，徐富昌編：《出土文獻研究方法論文集．初集》，臺北：臺大出版中心，2005，頁219～231。
〔註143〕感謝長庚大學劉子昂同學針對《莊子》中的上述醫學問題為我提供了專業的意見。

《莊子》的教育目的論，就需要從其理想人格論入手。陳迺臣認為，影響教育目的形成之因素包括形而上的理念、完美人格的定義及理想人生的定義。〔註144〕《莊子》中完美的人格及其生存形態，在不同篇章中曾以「至人」「神人」「真人」「聖人」「大人」等詞彙表達。不過，「至人」「神人」「真人」已經近乎一種新型的人類，看起來不免與常人「大相逕庭」，容易被誤解為神仙；「聖人」「大人」又是與儒家共用的名詞，經常意味不明。要找一個詞來代表有《莊子》特色的理想人格頗不容易。楊儒賓提出莊子的主體即是「遊之主體」〔註145〕，對此問題的研究極有啟發。不過，教育哲學以普及為第一要務，本文不採用「遊之主體」這一較為深奧的說法，而採用普通讀者較容易「望文生義」的「能遊者」〔註146〕這一說法，來代表《莊子》的理想人格。另外，教師對於學生來說具有極強的典範作用，《莊子》說「幸能正生，以正眾生」，教育者如能按照「能遊者」的標準修養自己，就能對學生產生一種強烈的吸引力，起到「不言之教，無形而心成」的教育效果。因此「能遊者」特質，也是教師人格修養的標準。

　　《莊子》希望培養的「能遊者」，具有以下的鮮明特色：

## 一、「能遊者」在情感上獨立於外物，在知識上獨立於世俗

　　為避免受到名利社會的控制，能遊者首先要有不被名利所拘束、侵蝕、傷害的基本素質。能遊者必須「不就利，不違害」〔註147〕，對賞罰保持冷漠的態度，既不主動尋求封賞爵祿，也不故意躲避刑罰災害。此外，由於剝奪生命或殘害身體的酷刑也是國家控制臣民的一種「生命政治」（biopolitics）戰略。要對抗這一戰略，就必須建立「不知說生，不知惡死」〔註148〕「視喪其足，猶遺土也」〔註149〕的人格，即對死刑和肉刑無所畏懼的個體。總的來說，「死生存亡，窮達貧富，賢與不肖，毀譽、饑渴、寒暑」這些不應該在人內心產生波動的事物，常被統稱為「物」或「外物」。連權力技術學的大師韓非，

〔註144〕陳迺臣：《教育哲學》，臺北市：心理出版社，2001，頁245～254。
〔註145〕楊儒賓：〈遊之主體〉，《中國文哲研究集刊》45（2014）：1～39。
〔註146〕這一說法也有《莊子》文本的依據，如〈外物〉篇說：「唯至人乃能遊於世而不僻，順人而不失己，彼教不學，承意不彼。」〈達生〉說「形精不虧，是謂能移」。
〔註147〕見〈齊物論〉。
〔註148〕見〈大宗師〉。
〔註149〕見〈德充符〉。

在「見利不喜，臨難不恐」的人面前都敗下陣來，他說這種人連古聖先王都沒有辦法統治他，更不要說當代的君主了。〔註150〕

但是，人之所以趨利避害、貪生怕死，有情感的和知識的兩層原因。

就情感的方面來說，死亡、刑罰、貧苦造成恐懼悲哀的情緒，而生命、爵祿、富貴帶來快樂甚至激動的情緒，這些事物與特定情緒的關聯似乎是客觀的、必然的。墨家就直接用喜好與厭惡來定義「利」和「害」〔註151〕。對此，《莊子》不僅從理論上加以質疑，認為人可以「無情」〔註152〕，而且透過孟孫才等人物，對「無人之情」的人格形象進行了生動的刻畫。

就知識的方面來說，世俗都以「富貴壽善」為好，以「貧賤夭惡」為壞，〔註153〕一旦人的思想受到這些觀點的束縛，或出於從眾心理而不敢提出不同意見，〔註154〕則先入為主地接受了以美名或獎勵為榮，以惡名或受罰為辱的意識形態，而不顧自己的實際感受很可能是在貧賤時反而快樂，富貴時反而愁苦。〔註155〕

因此，能遊者必須在情感上獨立於外物，〔註156〕在知識上獨立於世俗。

---

〔註150〕《韓非子‧說疑》:「若夫許由、續牙、晉伯陽、秦顛頡、衛僑如、狐不稽、重明、董不識、卞隨、務光、伯夷、叔齊，此十二人者，皆上見利不喜，下臨難不恐，或與之天下而不取，有萃辱之名，則不樂食穀之利。夫見利不喜，上雖厚賞無以勸之；臨難不恐，上雖嚴刑無以威之；此之謂不令之民也。」他所列舉的這些人中，許由在《莊子》中經常作為正面形象出現，而務光、伯夷、叔齊有時候之所以被批判，是因為《莊子》認為他們的表現是出於道德主義，是參照世俗的道德標準有意地去做高潔的行為來追求名聲。

〔註151〕《墨子‧經上》:「利，所得而喜也。害，所得而惡也。」

〔註152〕〈德充符〉中，莊子主張人本來就可以是「無情」的，這裡的「無情」指的是「不以好惡內傷其身，常因自然而不益生」，即不因（外在賞罰帶來的）喜怒哀樂之情而傷害生命，滿足於生命的天然性分而不刻意為其添加什麼。

〔註153〕〈至樂〉:夫天下之所尊者，富貴壽善也；所樂者，身安、厚味、美服、好色、音聲也；所下者，貧賤夭惡也；所苦者，身不得安逸，口不得厚味，形不得美服，目不得好色，耳不得音聲；若不得者，則大憂以懼。

〔註154〕〈天地〉:世俗之所謂然而然之，所謂善而善之，則不謂之道諛之人也。然則俗固嚴於親而尊於君邪！……三人行而一人惑，所適者猶可致也，惑者少也；二人惑則勞而不至，惑者勝也。而今也以天下惑，予雖有祈嚮，不可得也。

〔註155〕〈至樂〉:夫富者，苦身疾作，多積財而不得盡用，其為形也亦外矣。夫貴者，夜以繼日，思慮善否，其為形也亦疏矣。人之生也，與憂俱生，壽者惽惽，久憂不死，何苦也！

〔註156〕類似思想也見於孟子（〈滕文公下〉:「富貴不能淫、貧賤不能移、威武不能屈」）、荀子（〈勸學〉:「權利不能傾也，群眾不能移也，天下不能蕩」）等思想家。

這大概是《莊子》高度肯定「獨」這一品質的原因。〔註157〕

在此需要說明一個問題。既然能遊者是不畏懼死亡的人，為什麼《莊子》中又到處勸人重視自己的身體，不要輕易為了追名逐利而犧牲生命呢？《莊子》中所有強調生命重要的段落，都是拿生命和「利」相比。同利益（如慾望的滿足、榮譽的獲得、地位的提高、事業的成功）比起來，生命顯然是重要的，用韓非子的話說就是「輕祿重身」；但是和精神上的自由比起來，身體的生命又沒有那麼重要，不值得我們為之思慮困苦，更不應該因為怕死而受到奴役或異化。因此「不知說生，不知惡死」同「可以保身，可以全生」〔註158〕表面上矛盾，實際上不矛盾。

## 二、「能遊者」具有一種反道德主義的倫理關懷

能遊者要克服作為「名利社會」之症候的「道德主義」心態，但這不意味著他是「不道德」或「非道德」的。人活在世間每時每刻都在做出道德選擇，哪怕自殺、隱居或隨波逐流，也是一種道德選擇。河伯的疑問：「我何為乎？何不為乎？吾辭受趣捨，吾終奈何？」〔註159〕總是必須回答的。因此批判道德主義的《莊子》，需要提出一種非道德主義的新的倫理關懷模式，筆者總結為一句話，即「道德思考只發生在自己的行動結束之前」。對此命題，又應拆分成四個要點來說明：

第一，不對已經完成的行為進行道德價值的判斷。

道德主義的問題就出在：道德價值的判斷本來是為了幫助我們做出道德行為，但一旦它在道德行為完成以後繼續發生效力，變成附著於個人身上的「名」，就很容易引發人們為了外在的讚譽或自我犧牲的美學而做出道德行為。所以我們在《莊子》中會讀到各種「做出道德行為卻不視為道德行為」的工夫，例如：

> 是故大人之行，不出乎害人，不多仁恩；動不為利，不賤門隸；貨
> 財弗爭，不多辭讓；事焉不借人，不多食乎力。〔註160〕不賤貪污；

---

〔註157〕〈天地〉：「大聖之治天下也，搖蕩民心，使之成教易俗，舉滅其賊心而皆進其獨志，若性之自為，而民不知其所由然。」〈田子方〉：「向者先生形體掘若槁木，似遺物離人而立於獨也。」〈應帝王〉：「彫琢復樸，塊然獨以其形立。」
〔註158〕見〈養生主〉。
〔註159〕見〈秋水〉。
〔註160〕本段都是兩句成對，唯有「不賤貪污」一句單出，其上當有脫句（陶鴻慶《讀

行殊乎俗，不多辟異；為不從眾〔註161〕，不賤佞諂。〔註162〕

句中的「多」和「賤」都是道德評價（「以……為多」或「以……為賤」）。大人的行為，不出於害人的想法，但也不追求盡量多地向他人施加仁惠與恩德；行動不是為了利益，但也不鄙夷計較利益的小人；不費心爭財奪利，但也不追求推辭讓賢的美名；做事不利用他人，但也不把自己多付出當作好事；自己不貪污，但也不鄙夷貪污的人；行為背後的思考和世俗大異，但並不崇尚故意標新立異的做法；自己的行為並不從眾，但也不看輕那些善於討好他人的人。上述句子兩兩成對，看似相互矛盾，實際上講的都是「不做價值判斷」的道理。只有忘掉道德評價，人們才會真正回到事情本身，從「這樣做是否道德」的角度思考，而不是從「人們是否認為我道德」的角度思考，這就超越了道德主義的窠臼。不過，這不等於任何時候都不做道德思考。

第二，道德思考不用於規範他人的行動，只用於規劃自己的行動。《莊子》強調「捨諸人而求諸己」〔註163〕，例如前引文本中的「不賤貪污」「不賤佞諂」，能遊者自己當然不會貪污和諂媚，但他不拿這種道德評價來規範他人。

第三，道德思考的有效性很短暫，在行動結束之後應當立刻拋棄。《莊子》用「假道」和「寄宿」這兩個隱喻來形容道德思考，例如「仁義，先王之蘧廬也，止可以一宿而不可以久處」「假道於仁，托宿於義」〔註164〕，都是強調道德思考是我們在旅途中借宿一晚的旅店罷了。一件事做完了，做得好也不要再沾沾自喜，做錯了也不要悔恨悲戚，趕緊去面對下一件事，正所謂「過而弗悔，當而不自得」〔註165〕。

---

莊子簡記》，轉引自方勇《莊子纂要》，頁691）。脫句的內容不難猜測，當是說大人自身並不貪汙，但也不鄙夷貪汙的人。

〔註161〕 本句原為「為在從眾」，筆者認為是傳寫之誤，當改為「為不從眾」。首先，從上下文來看，論「大人之行」的十三句，句句都為否定句，為何只有「為在從眾」一句為肯定句？其次，只有當句子為「為不從眾」，才能跟「不賤佞諂」構成與其它各句類似的辯證關係。因為「從眾」在某種意義上就是「諂媚於眾人」，這一道理在〈天地〉篇「孝子不諛其親」一段闡述得非常清楚。

〔註162〕 見〈秋水〉。類似的說法又如「端正而不知以為義，相愛而不知以為仁；實而不知以為忠，當而不知以為信」（〈天地〉），「大仁不仁，大廉不嗛，大勇不忮」（〈齊物論〉），「利澤施於萬物，不為愛人」（〈大宗師〉）等。

〔註163〕 見〈庚桑楚〉。

〔註164〕 見〈天運〉。

〔註165〕 見〈大宗師〉。

第四，道德思考應貫穿於行動的全程。之所以不說「行動之前」而說「行動結束之前」，就是因為《莊子》的倫理學若與「結果論」「動機論」對比，可說是一種「過程論」倫理學。換句話說，既不能說帶來了好結果的事情就是道德的，也不能說出於良善動機而做就是道德的，最關鍵是看做的過程中是否盡一切可能以不造成傷害、獲得各方諒解的方式去行事。「庖丁解牛」可說是對道德行動的隱喻，儘管庖丁已經非常熟練，但是「每至於族，吾見其難為，怵然為戒，視為止，行為遲，動刀甚微」〔註166〕。行動中的一切因素，尤其是他人的體驗、感受、認知，都要在行動中透過傾聽、觀察和想像才能逐步了解，而最終的行動方式必須謹慎地避開各種骨節，找到阻力最小、衝突最少的方式。「庖丁解牛」式的道德行動，正如亞理斯多德所說，需要我們擅長「思慮」〔註167〕（βούλευσις）：

> 我們思慮的不是目的，而是藉以達成目的的途徑（περὶ τῶν πρὸς τὰ τέλη）。在懸置目的之後，我們思考「如何」以及「通過什麼」來達到目的。如果目的看起來可以通過多種途徑達到，我們思考什麼是最便捷最美好的途徑；如果只有一種途徑可以達到，我們思慮通過什麼可以引到這一途徑。〔註168〕

## 三、「能遊者」與他者在調適中共生

道德主義者以自己的道德標準強加於他者，利己主義者則把自己的需求凌駕於他者之上，共通的問題是缺乏與他者的恰當關係。「能遊者」怎樣在自我與他者之間逍遙遨遊呢？我們可從「朝三暮四」的故事中得到啟發。

### 故事4 狙公賦芧

> 勞神明為一，而不知其同也，謂之「朝三」。何謂「朝三」？狙公賦芧，曰：「朝三而莫四。」眾狙皆怒。曰：「然則朝四而莫三。」眾狙皆悅。名實未虧，而喜怒為用，亦因是也。是以聖人和之以是非，

---

〔註166〕見〈養生主〉。
〔註167〕在亞理斯多德的意義上，「思慮」不帶有「憂慮」或「焦灼」地思考的意思，而是道德行動中為了最好地選取路徑而進行的廣泛收集資訊、反覆比較評估的過程。
〔註168〕Aristotle. *Aristotle's Ethica Nicomachea*. Oxford: Clarendon Press, 1894. 1112a～1113a. 引文由筆者自行自希臘文譯出，參考了英譯本：Aristotle. *Aristotle in 23 Volumes*. Cambridge, MA; London: Harvard University Press; William Heinemann Ltd, 1934.

而休乎天均，是之謂兩行。〔註169〕

聽者不是故事的旁觀者，而總是將自己代入為故事中的一員。只是對《莊子》中那些最精彩的故事來說，我們很難找到一個固定的對象來代入，往往得在多個視角之間反覆跳躍。第一次讀這個故事的時候，我們代入的是狙公的視角，覺得猴子笨，覺得牠們「勞神明為一」，明明都是一天七個，為什麼要為朝三暮四而不滿，為何不以一種恬淡的心態接受現實就好？我們也很難理解，為什麼猴子偏偏喜歡這樣不喜歡那樣。

但是如果把我們放在猴子的位置上，讓剛才這幾個問題指向自己，會發現我們自己也很難解釋自己的大部分偏好與選擇。當別人針對我們的偏好發問：「大家都選葷食，你為什麼偏偏要素食？」「大家都很愛狗，為什麼你要怕狗？」我們感受到的是一種輕忽和蔑視，因為我們不可能、也不需要引用任何哲學或科學的原理去證明「我的偏好是合理的」，我沒有義務解釋我的選擇。猴子無法說清楚為什麼一定要早上四個下午三個，但這不能成為不尊重牠們的理由。

這時候我們的視角再回到狙公：從生活中處理衝突的經驗來看，我們只需要傾聽對方的情緒和感受，就會發現對方的需求其實並不會造成我們實質性的損失。我們不需要做出多少犧牲就可以讓他者受到尊重。更重要的是，我們不需要理解對方為什麼提這個訴求，更不需要一定在理解的基礎上才能與對方相調適。所以如果你為「為什麼猴子偏要早上四個」而苦惱，實際上是你自己在「勞神明為一」。正如林明照所言：「狙公隱喻一位『知通為一』的達者」〔註170〕。儘管未必理解猴子之情感好惡背後的原因，但他努力去傾聽（無法以語言表達自己的）猴子的情緒。既然喜歡早上四個，那就四個好了。不過，如果猴子早上要四個，下午也要四個，狙公會怎麼做呢？這一問題被拋在讀者心中卻不予解答。

這個故事，可以成為我們處理與他者關係的一則寓言。《莊子》和列維納斯（Emmanuel Levinas, 1906～1995）一樣，重視他者的不可化約性。列維納斯說：「如果你能佔有、把握、認識他者，它就不會是他者。」〔註171〕列維納斯和道家都拒斥那種我們可以概念化、特徵化、言說、命名「他者」的觀

---

〔註169〕見〈齊物論〉。
〔註170〕林明照：〈《莊子》他者倫理中的情感性〉，《哲學論集》49（2018）：61～79。
〔註171〕Emmanuel Levinas. *The Levinas Reader*, edited by Sean Hand. Oxford: Blackwell, 1989.

念〔註172〕。《莊子》用「宋人資章甫而適諸越，越人斷髮文身，無所用之」的故事〔註173〕，用猿猴、麋鹿、鰌和人四種動物「孰知天下之正色」〔註174〕的討論，不斷向我們強調他者的無限性。我們可以嘗試去了解和傾聽他者，但我們永遠不能說我們完全「知道」他者的感受是怎樣的、有什麼樣的想法，或對他而言什麼是好的、什麼是對的。用浜村良久的話來說，我們需要以「他者受容」的態度（無論對方說的自己能不能理解，都能加以接納），而非「他者理解」的態度（用自己的欲求、感情、思考、行動為基準，嘗試理解對方，對於無法理解的東西就無法接納）來面對他者〔註175〕。

當然，我們自己的需求，和他人的需求，總是會有一定的衝突。利己主義者把自己的需求擺在他人之上，道德主義者把他人的需求擺在自己之上，能遊者則嚴格持守兩者的平衡，即所謂「順人而不失己」〔註176〕。所以：

> 其好之也一，其弗好之也一。其一也一，其不一也一。其一，與天
> 為徒；其不一，與人為徒。天與人不相勝也，是之謂真人。〔註177〕

真人對同一種品質〔註178〕好像既喜好又不喜好，其實他的喜好和不喜好之間是一致的。甚至有的時候他就是前後不一致的，但是他的不一致和他的一致還是一致的。前後一致的時候，是遵循自己的天性；前後不一致的時候，是在與他者相調適。遵循天性與尊重他者之間，不以任何一項去壓倒另一項，這就叫真人。

為了在個體獨立與尊重他者之間取得平衡，就需要一個人內心有極廣闊的「空間」，從而能同時容納許多不同的偏好或觀念。《莊子》用「心就像建築物」的隱喻來說明人的寬容性：

> 古之人，外化而內不化；今之人，內化而外不化。與物化者，一不

---

〔註172〕Ellen Y. Zhang. "The Face/Facelessness of the Other—A Levinasian Reading of the Ethical of the Zhuangzi." *Frontiers of Philosophy in China* 42017): 533～553.
〔註173〕見〈逍遙遊〉。
〔註174〕見〈齊物論〉。
〔註175〕浜村良久：〈『莊子』の「心齋」は傾聴の方法ではないか？〉，《比較文化研究》86（2009）：17～28。
〔註176〕見〈外物〉。
〔註177〕見〈大宗師〉。
〔註178〕指的是該引文之前「古之真人，其狀義而不朋，若不足而不承，與乎其觚而不堅也，張乎其虛而不華也，邴邴乎其似喜乎！崔乎其不得已乎！滀乎進我色也，與乎止我德也！厲乎其似世乎！謷乎其未可制也！連乎其似好閉也，悗乎忘其言也」此13句所描述的品質，如為人正派、棱角分明等。

> 化者也。安化安不化，安與之相靡，必與之莫多。狶韋氏之圃，黃
> 帝之圃，有虞氏之宮，湯、武之室。〔註179〕

古代的真人，在行動上與他者相調適，內心又保持著自己的獨立性；現在的人，內心失去了獨立性，在行動上又跟他者發生衝突。其實，行動上與他者相調適，與內心保持自己的獨立性，是不衝突的。對外在的相互調適感到安樂，對內在的保持獨立也感到安樂，又怎麼會在社會生活中與他人相互摩擦？一定會與他人處在共生的關係中。《莊子》接著用一連串從大到小的建築物來比喻人的寬容性：狶韋氏的氣量如同郊野公園，黃帝如同花園，有虞氏如同宮廷，湯、武只如同一個房間。「能遊者」的內心呢？當寬闊如「廣莫之野」。

## 四、「能遊者」以精神上的探索為樂

人在世上生活，總有一定的意義和追求。能遊者不求名不求利，不受世俗喜樂情感的感染，那麼他們在世生存有什麼樂趣嗎？

《論語‧雍也》中，孔子稱讚顏回：「人不堪其憂，回也不改其樂。」後世的儒者經常討論「孔顏樂處」到底是什麼。對此《莊子》早已有一個回答。如果真如浜村良久所說，《莊子》作者與顏回一系的儒者有關〔註180〕，那麼《莊子》知道這個問題的答案也就不奇怪了。

> 孔子謂顏回曰：「回來！家貧居卑，胡不仕乎？」顏回對曰：「不
> 願仕。回有郭外之田五十畝，足以給饘粥；郭內之田十畝，足以
> 為絲麻；鼓琴足以自娛；所學夫子之道者足以自樂也。回不願仕。」
> 〔註181〕

顏回的快樂，在於自娛自樂。而自娛自樂所需要的活動都是精神性的活動，即享受音樂和思考真理。當然，人也不太可能像真的「吸風飲露」，不食人間煙火，總要有基本的物質需求。因此《莊子》又經常以地和天分別作為物質需求和精神享受的象徵：

> 夫至人者，相與交食乎地而交樂乎天。〔註182〕

〔註179〕見〈知北遊〉。
〔註180〕浜村良久：〈傾聽の思想の系譜〉，日本心理学会第75回大会《日本心理学会大会発表論文集》，公益社団法人日本心理学会：2011。
〔註181〕見〈讓王〉。
〔註182〕見〈庚桑楚〉。

吾所與吾子遊者，遊於天地。吾與之邀樂於天，吾與之邀食於地。
〔註183〕

那麼，莊子的「樂於天」，究竟在享受什麼呢？

莊子曰：「吾師乎！吾師乎！齎萬物而不為義〔註184〕，澤及萬世而
不為仁，長於上古而不為壽，覆載天地、刻雕眾形而不為巧，此之
謂天樂。」〔註185〕

莊子說：「值得我學習啊！值得我學習啊！調和萬物也不視為義，做了有
利於千秋百代的事情也不視為仁，比上古的人活得還久也不視為長壽，能覆
蓋地、承載天、雕刻萬物的形態，也不視為巧，這叫做天樂。」在此，莊子
所學習和思考的東西具有兩個特點，一方面在形上學上是萬物存有的依據，
另一方面在倫理學上能提供一種非道德主義的倫理關懷模式。具有這兩種特
點的東西很可能就是「道」，即《莊子》對終極真理的稱謂。因此，《莊子》
中的能遊者所「遊」的地方〔註186〕正是「道」，即對宇宙之真理的研究、探
索和實踐。

我們可以從莊子中找到另外兩個相關聯的隱喻，一是「觀化」，二是「與
造物者為人／為友」。能遊者用「觀光旅遊」和「與朋友相處」的心態，去觀
賞和沉思宇宙萬物及其變化的本原。這種觀光旅遊與交友的心態，同西方科
學思想以分解、計算、模擬、操縱的心態去觀察自然，是完全不同的。例如：

## 故事5 吾與子觀化而化及我

支離叔與滑介叔觀於冥伯之丘，崑崙之虛，黃帝之所休。俄而柳生
其左肘，其意蹶蹶然惡之。支離叔曰：「子惡之乎？」滑介叔曰：「亡。
予何惡？生者，假借也，假之而生；生者，塵垢也。死生為晝夜。
且吾與子觀化而化及我，我又何惡焉？」〔註187〕

支離叔與滑介叔去「遊」冥伯之丘、崑崙之虛，觀看黃帝休憩過的地方。

〔註183〕見〈徐無鬼〉。
〔註184〕「義」原為「戾」，據武延緒改，見方勇：《莊子纂要》，頁406。各句「不為」
後的名詞都為一個世俗意義上的褒義詞，而天樂者不居之。若讀為「戾」，
且不論與前後文不能相配，在哲理上也會導向一種不負責任地作惡的觀點，
這絕不是莊子的觀點。
〔註185〕見〈天道〉。
〔註186〕〈大宗師〉有一段與前引文「吾師乎！吾師乎！」幾乎一樣的文字，但結尾
是「此所遊已」。
〔註187〕見〈至樂〉。

不久滑介叔的左肘長出了瘤子，他顯得驚愕不安，露出嫌惡的表情。支離叔說：「你很厭惡它嗎？」滑介叔說：「沒有。我有什麼好厭惡它的呢？生命本來就是假託形體來完成的，藉助這個被假借的形體所生出來的東西，就只能說是塵垢了。死生就像晝夜一樣。再說，我和你一起來向『化』觀摩學習，現在『化』發生在我身上，我有什麼好厭惡它的呢？」

對滑介叔來說，患病是他在世界上觀光旅遊的一部分，本來旅遊就是為了看萬物的變化，而自己身上的變化也是值得以遊歷的目光去經歷的。透過「觀化」，能遊者觀摩和學習宇宙的深不可測和廣闊無垠，並在自己的生活中模仿宇宙的精神。這樣一種精神「觀光」，頗類似於亞理斯多德所讚賞的「沉思生活」（theoretical life）。哈伯瑪斯（Jürgen Habermas, 1929～）指出：希臘文的沉思（θεωρεῖν，即今英文「理論」theory 的字源）一詞，起源於古希臘城邦舉辦宗教節慶時，來自各城邦的觀禮嘉賓（θεωρός），他們透過觀看宗教節慶，忘身於神聖的儀式中。同樣地，理論家（觀察者）透過心靈對宇宙有序運作的模仿（μίμησις），使理論（觀察）進入了生活的實踐、塑造了生活的形式，並反映在那些從習於其訓育的人之中。〔註188〕

在此種「觀」的活動中，人的思索超出了人類個體在時間（壽命）、空間（活動範圍）上的局限性，可以大膽想像三代之前、萬世之後、六合之外、九萬里之上，也穿透了生與死、人與我之間的區隔，這種超越性自然就有了某種神性的意味。正如亞理斯多德所說：

> 思想的活動似乎就是人的完滿的幸福——如果人被賦予完滿的壽數的話，因為幸福不會是不完滿（ἀτελές，未到頭）的。如果真有這樣的一生，那麼它是高於人性的。人不是藉著「人之為人」（ἢ ἄνθρωπός ἐστιν）而能過上此種生活的，而是藉著人之中所具有的某種神性（ἢ θεῖόν τι ἐν αὐτῷ ὑπάρχει）才做出來的。〔註189〕

類似地，莊子將這種在思想中達致的超越一切的神性，稱為「造物者」或「造化者」。這兩個說法並不意味著一種基督宗教式的至上神信仰，但不妨與至上神信仰做一比較——人類與這個造化者的關係與我們已知的大多數宗

〔註188〕 Habermas, J. "Knowledge and Human Interests: A General Perspective (1965)". in Habermas, J. *Knowledge and Human Interests*. Boston: Beacon Press, 1971. p.301～317.

〔註189〕 Aristotle. *Aristotle's Ethica Nicomachea*. ed. by J. Bywater. Oxford: Clarendon Press, 1894. 1177b.引文由筆者譯自希臘文。

教都不同，人不是其臣僕、子孫、信眾、立約者、選民、庇佑對象等，而是其朋友：

> 予方將與造物者為人，厭，則又乘夫莽眇之鳥，以出六極之外，而遊無何有之鄉，以處壙埌之野。〔註190〕
>
> 彼方且與造物者為人，而遊乎天地之一氣。〔註191〕
>
> 彼其充實不可以已，上與造物者遊，而下與外死生、無終始者為友。〔註192〕

正因為能遊者始終與造物者為友，所以感到「充實」。他在人間所結交的友人，也同樣是那些覺解了死生的一體性，而思考著永恆真理的人。而人與造物者的朋友關係又都是在「遊」的旅程中發生的。「遊」是「能遊者」終其一生的基本姿態。下一章將會揭示，「遊」也是《莊子》對學習的隱喻，能遊者一生都在不斷的學習與思考中度過，這種樂趣主導著他的生活，這也正是他能超越名利心、克服道德主義而與他人在調適中共生的原因。

---

〔註190〕見〈應帝王〉。
〔註191〕見〈大宗師〉。兩處「與造物者為人」皆可以讀為「為偶」。據方勇，《莊子纂要》（內篇），頁885。
〔註192〕見〈天下〉。

# 第三章 《莊子》的教育本質論

  教育本質論回答的是教育的性質（nature）或意義（meaning）為何，在探求「什麼是教育」（What is education?）的問題，可以說是教育的本體論。〔註1〕以筆者在教育現場的經驗來看，教師很少閱讀或熟記學者們提出的教育定義，反倒更容易被教育用語中所隱含的各種關於教育本質的隱喻所影響。例如，「教育質量」一詞隱含了教育是一種工業生產過程，需要根據既定的標準對產品品質進行控制；「基礎知識」一詞隱含了教學是一個蓋房子的過程，必須先教某些知識才能教另一些知識，等等。這些關於教育本質的觀點透過語言而傳播，影響著一代代教師和學生。隱喻往往比枯燥的定義更能深入人心。〔註2〕因此美國學者 Chet A. Bowers 認為，教師是文化本喻（cultural root metaphor）〔註3〕的中介者，教師對日常語彙背後的隱喻要有敏感性，並有意識地加以批評和革新。〔註4〕

  如果要針對當代教育的困境尋找新的隱喻，那麼《莊子》正是一塊寶地。《莊子》並沒有為「教育的本質是什麼」下一個學術性的定義，但卻提供了一套與先秦儒家教育哲學（也與當代華人社會的流行觀念）大相徑庭的教育隱喻。若能在當代的教育語言中普及這些觀念，也許能夠對治當前教育中的一些痼疾。

---

〔註1〕伍振鷟，林逢祺，黃坤錦，蘇永明：《教育哲學》，臺北：五南圖書出版公司，1999，頁 59。

〔註2〕方志華：〈囤積〉，林逢祺、洪仁進編，《教育哲學：隱喻篇》，臺北：學富文化，2013，頁 132。

〔註3〕「本喻」root metaphor 也譯為「深層隱喻」。本論文採取艾蘭《水之道與德之端：中國早期哲學思想的本喻》一書的譯法，譯為「本喻」。

〔註4〕王俊斌：〈仲介者〉，林逢祺、洪仁進，《教育哲學：隱喻篇》，臺北：學富文化，2013。

本章第一節首先展示了在《莊子》之前或與《莊子》成書時代相近的儒家文獻中使用的教育隱喻，並分析這些隱喻的優點和局限性，以便我們明瞭《莊子》教育本質論的思想背景。第二節透過對《莊子》中「化」字的用例分析，發現莊子哲學中最有特色的概念之一——「化」也是莊子用來討論教育的主要概念。儘管「化」在《莊子》中有 18 個不同的意思，但「為事物變化創造條件」「生育與孵化」「人的意識變化」「對固定本質之超越」這四個意思分別以不同的方式導向對教育本質的討論。第三節指出《莊子》關於教育的重要隱喻——「教育即同遊」，並討論了該隱喻會如何挑戰當代人關於教育本質的觀念。

# 第一節　《莊子》教育本質論的思想背景

對於任何一個思想家，我們總是需要先觀察其所處時代的思想背景，才能看出她／他承襲了什麼、創造了什麼、和誰對話、想解決什麼問題，等。為此，筆者收集了《論語》《孟子》《荀子》和《禮記》之〈學記〉〈大學〉兩篇中關於教育本質的隱喻並進行分類整理。這裡把《荀子》納入考慮的原因是：荀卿的生活時代雖在莊周之後，但考慮到《莊子》部分章節可能到戰國末年才成書，就實際成書年代而言與《荀子》仍屬相近。且《荀子》中收集的教育格言很可能也不是荀子自己撰寫，而是早已流行在社會上的說法。透過對這些隱喻的分析，我們發現在《莊子》的時代，儒家學者關於教育本質的隱喻主要有如下四種思路：

## 一、植物隱喻：教育是維持植物生長的條件

教育一般被視為人類成長的條件。不受教育的人類嬰孩只能成長為「狼孩」，完全無法在社會中生存。因此，人的成長可以比喻為植物的生長，而教育就是植物生長所需的陽光、雨露、土壤等要素。

> 富歲，子弟多賴；凶歲，子弟多暴，非天之降才爾殊也，其所以陷溺其心者然也。今夫麰麥，播種而耰之，其地同，樹之時又同，浡然而生，至於日至之時，皆熟矣。雖有不同，則地有肥磽，雨露之養，人事之不齊也。故凡同類者，舉相似也，何獨至於人而疑之？〔註5〕

---

〔註5〕見《孟子·告子上》。

　　儘管地力和雨露可能來自偶然機運，但除草深耕、灌溉施肥等「人事」也對作物生長起到極大的作用。因此，教育者正是要在人的成長過程中盡此「人事」，努力創造良好條件。不過，土壤裡撒下的如果不是種子而是石頭，再精耕細作也長不出任何東西來。同樣地，教師的努力之所以有可能成功，是因為她／他教的對象是人類而不是別的動物。學習者作為「人類」，已經預先具有一種與禽獸略有不同的潛質，這種潛質使人有可能透過教育而成長。正如大樹的基因已經預先寫在種子和幼苗中，人類成長的可能性也寫在人性中。這種可能性就是所謂的「四端」。《說文》認為「耑」字是植物剛長出來的苗頭，上半部像地面上長出的植物，下半部是埋在地裡的根系。〔註6〕「四端」之「端」就是「耑」的假借。有了「端」，只要加以擴充就可以成為一個偉大的人：

　　　　凡有四端於我者，知皆擴而充之矣，若火之始然，泉之始達。苟能
　　　　充之，足以保四海；苟不充之，不足以事父母。〔註7〕

　　植物在正常條件下自己就能成長，不需要人日日夜夜加以操心記掛，但一旦遇到破壞性的因素，如人為的砍伐、嚴寒等，就會失去生命力：

　　　　牛山之木嘗美矣，以其郊於大國也，斧斤伐之，可以為美乎？是其
　　　　日夜之所息，雨露之所潤，非無萌蘗之生焉，牛羊又從而牧之，是
　　　　以若彼濯濯也。人見其濯濯也，以為未嘗有材焉，此豈山之性也哉？
　　　　雖存乎人者，豈無仁義之心哉？其所以放其良心者，亦猶斧斤之於
　　　　木也，旦旦而伐之，可以為美乎？……故苟得其養，無物不長；苟
　　　　失其養，無物不消。〔註8〕

　　　　無或乎王之不智也，雖有天下易生之物也，一日暴之、十日寒之，
　　　　未有能生者也。吾見亦罕矣，吾退而寒之者至矣，吾如有萌焉何
　　　　哉？〔註9〕

　　同樣地，教育者相信學生在正常的條件下自己能夠成長，但他要確保學習者能得到養料，並使其遠離有害的因素——例如小人的影響。

　　但是植物生長隱喻也意味著，教育不是工業而是農業。學習者不是被教育者塑造出來的，教育者只能為其準備好成長所需的條件，然後「靜待花開」。

---

〔註6〕「物初生之題也，上象生形，下象其根也。」
〔註7〕見《孟子·公孫丑上》。
〔註8〕見《孟子·告子上》。
〔註9〕見《孟子·告子上》。

有的人過於急切地想要直接「製造出」教育效果，就會對植物造成傷害，即「揠苗助長」：

> 「敢問何謂浩然之氣？」曰：「……無若宋人然：宋人有閔其苗之不長而揠之者，芒芒然歸。謂其人曰：『今日病矣，予助苗長矣。』其子趨而往視之，苗則槁矣。天下之不助苗長者寡矣。以為無益而捨之者，不耘苗者也；助之長者，揠苗者也。非徒無益，而又害之。」〔註10〕

這種教育隱喻也有其局限性。俗話說「種瓜得瓜種豆得豆」，如果教育只是種植植物，那麼最好的結果也只是得到了和上一代差不多的一個人，即起到了社會的再生產和文化傳承的作用，卻難以在這個過程中實現社會的改變和人性的更新。

## 二、流水隱喻：教育是使水自然地流動

孟子在植物隱喻之外又提出流水隱喻，以說明人不僅天生有學習的可能，還天生有學習的動力。水無論在何方，都會自然地向下流動，誰也無法阻擋。有些人重視環境對人的影響力，他們說人會怎樣發展，完全取決於環境如何塑造人，就像水流一樣完全沿著河道流動。人把河道開鑿往什麼方向，水就一定往那裡流。告子就持這樣的觀點來與孟子辯論。但是孟子對流水隱喻進行了不同的詮釋：

> 水信無分於東西，無分於上下乎？人性之善也，猶水之就下也。人無有不善，水無有不下。今夫水，搏而躍之，可使過顙；激而行之，可使在山。是豈水之性哉？其勢則然也。人之可使為不善，其性亦猶是也。〔註11〕

對孟子而言，環境因素（如物質的匱乏、君主的命令）可以短暫地迫使人做出某種行為，但那不是人內心天性所喜愛和追求的。無論環境如何強迫人，人總還是保持著向善的本性，就像水保持著向下的本性一樣。為了說明這一隱喻的有效性，孟子需要在心理學上解釋人向善究竟是出於何種動機。孟子說：

> 口之於味也，有同耆焉；耳之於聲也，有同聽焉；目之於色也，有同美焉。至於心，獨無所同然乎？心之所同然者何也？謂理也，

---

〔註10〕見《孟子·公孫丑上》。
〔註11〕見《孟子·告子上》。

義也。聖人先得我心之所同然耳。故理義之悅我心，猶芻豢之悅
我口。〔註12〕

對孟子來說，「性善」並不意味著新生的嬰兒就被內置了什麼「天賦觀念」，可以給善下個定義。但人天生具有一種對好東西的欣賞或鑒賞力，就像天生就會覺得燒肉好吃一樣。人一旦目睹善言善行等值得效法的對象，就感到一種油然而生的美感和快樂。好的東西有一種吸引力，就像地心對於水有吸引力一樣。

孟子曰：「舜之居深山之中，與木石居，與鹿豕遊，其所以異於深山
之野人者幾希。及其聞一善言，見一善行，若決江河，沛然莫之能
禦也。」〔註13〕

這種美感和快樂帶給人向好人好事學習的強烈動力，就像長期以堤壩圍堵著的江河，某一天突然打開閘門，一定會傾斜而下。流水隱喻很好地解釋了學習者能主動學習的心向是怎麼來的。不過，這個隱喻基本不涉及教育者如何與受教育者互動，因此其功能局限於討論學習動力問題。

## 三、旅行隱喻：教育是引領人前往特定的目的地

在教育實踐中，儘管人生來有學習的可能，也有學習的動力，但完全奉行「教育即生長」的進步主義學校還是會引起不少疑慮與批評。人們擔心，完全靠學習者自身的能動性，是否能達成社會想要培養的教育目的。從隱喻的視點來說，「目的」是某個特定的空間位置，只有將箭射到這個地方（目的）或者人走到這個地方（目的地）才算成功。教育者也要引領學習者走到特定的地方，例如道德與知識的完善之境。如果學習者遇到一個心術不正或水平不佳的人引導，就會被引導到錯誤的地方，成長為一個壞人或小人。

以善先人者謂之教，以善和人者謂之順；以不善先人者謂之諂，以
不善和人者謂之諛。〔註14〕

因此，我們也可以把學習看成「人在空間中的移動」，而教育者則走在略為前面一點的地方為他引領方向。一開始學習者距離他必須達到的目標很遠，不過只要方向正確，即使天資愚鈍的人最終也能有所成就：

故不積跬步，無以致千里；不積小流，無以成江海。騏驥一躍，不

〔註12〕見《孟子・告子上》。
〔註13〕見《孟子・盡心上》。
〔註14〕見《荀子・修身》。

　　　能十步；駑馬十駕，功在不捨。〔註15〕

　　和前兩個隱喻相比，旅行隱喻給了我們更多空間來討論教育的方法問題。例如在向特定方向移動的過程中，一定會先經過某些地方，才會經過另一些地方。因此教育具有一定的階序性，在每一階段要學習適合那一階段的內容、以適合那一階段的方法來學習：

　　　幼者聽而弗問，學不躐等也。〔註16〕

　　而在這場旅途中，教師和學生的關係是引領的關係，強行拉著學生走是不可能的；學生走不動的時候就要加以勸勉鼓勵，而不是打擊其信心；要讓學生對目的地的美景有所憧憬，自己去追求，而不是代替學生前往目的地。孫悟空自己一個筋斗翻到西天就能取到經，但他不能代替唐僧取經，而必須護送唐僧一步一步走到西天，正是這個道理：

　　　故君子之教喻也，道而弗牽，強而弗抑，開而弗達。道而弗牽則和，
　　　強而弗抑則易，開而弗達則思；和易以思，可謂善喻矣。〔註17〕

　　在這樣的學習過程中，有的學生難免覺得目的地太遠、遙不可及，希望老師能允許自己偷懶。老師不可能強迫每個學生都走到那裡，他只能站在道路中央，讓有心學習的學生跟從自己，實在跟不上的也沒有辦法了：

　　　公孫丑曰：「道則高矣，美矣，宜若登天然，似不可及也。何不使
　　　彼為可幾及而日孳孳也？」孟子曰：「大匠不為拙工改廢繩墨，羿
　　　不為拙射變其彀率。君子引而不發，躍如也。中道而立，能者從
　　　之。」〔註18〕

　　在旅行隱喻中，學習者的自主性和能動性受到了一定限縮，儘管路要由學習者自己來走，但目的地則是按照社會的（或教師的）價值觀預先選定的，學習者不僅不能自己選定目的地，甚至也不能自己選定路線。

## 四、雕琢隱喻：教育是對原材料的加工

　　旅行隱喻強調老師不能強迫學生，當學生不願意繼續走或者偏離路線時，老師也無能為力。對於荀子這樣的思想家而言，似乎應當允許教育者有更強力的

〔註15〕見《荀子・勸學》。
〔註16〕見《禮記・學記》。
〔註17〕見《禮記・學記》。
〔註18〕見《孟子・盡心上》。

手段來塑造學習者，因此可以把教育比喻為手工業生產過程中對原材料的加工。

　　玉不琢，不成器；人不學，不知道。〔註19〕

　　相比於前面三個隱喻，雕琢隱喻對學習者的能動性發揮最少，對教育者的原材料需要符合一定的標準。若原材料實在太糟糕，即是最好的匠人也無可奈何：

　　朽木不可雕也，糞土之牆不可杇也。〔註20〕

　　但原材料與種子、流水的區別在於，它不僅不可能自發地成長為我們想要的產品，甚至也不具有想成為產品的願望或動力。教育要得以實現，需要人強迫原材料去服從一個人為提供的標準（繩墨）；在此過程中，需要運用一些人為塑造其形態的工具（檃栝）：

　　故檃栝之生，為枸木也；繩墨之起，為不直也；立君上，明禮義，
　　為性惡也。〔註21〕

　　荀子認為人能成為一個文明人，主要不是靠動物本能，而是靠社會文化的陶冶〔註22〕。由於人類生活在複雜的社會中，要成為一個「有用」的人，需要具有社會所需要的屬性，例如木材要「正直」、鐵工具要「鋒利」，等。這兩者似乎正是用來隱喻人的「道德」和「知識」兩大素養。人以其天然的動物性，不可能具備如此複雜的品質，一定是受教育的結果：

　　木直中繩，輮以為輪，其曲中規，雖有槁暴，不復挺者，輮使之然
　　也。故木受繩則直，金就礪則利，君子博學而日參省乎己，則智明
　　而行無過矣。〔註23〕

　　人所需要學習的道德和知識，都是人類創造的文明成果，屬於「偽」。這樣我們就可以把「性」理解為原材料，而「偽」是教育的影響，兩者結合才成為一個完善的人：

　　性者、本始材朴也；偽者、文理隆盛也。無性則偽之無所加，無

---

〔註19〕見《禮記・學記》。
〔註20〕見《論語・公冶長》。
〔註21〕見《荀子・性惡》。
〔註22〕如潘小慧所言：「荀子所謂的性只是生物生命的性，只是人的動物性。在這裡，只能看到『人之所以為動物』的自然生命之徵象，而不能像孟子言性般，見到『人之所以為人』的道德價值之內涵。……荀子以為正因人性為惡，所以必須仰賴『師法之化，禮義之道（導）』的救贖。」潘小慧：〈荀子言性惡，善如何可能？〉，《哲學與文化》10（2012）：3～21。
〔註23〕見《荀子・勸學》。

> 偽則性不能自美。性偽合，然後成聖人之名，一天下之功於是就
>
> 也。〔註24〕

不過，雕琢的結果是把原材料變成了人類想要的樣子。從人類的角度看原材料變得「美」了，但從原材料自身的角度來看，也許覺得天性受到了傷殘。因此，孟子才反對告子把人性說成杞柳。因為如果人性是杞柳，豈不是要傷害杞柳才能將它做成桮棬？這麼說，教育就是對人的傷害了！

> 子能順杞柳之性而以為桮棬乎？將戕賊杞柳而後以為桮棬也？如
>
> 將戕賊杞柳而以為桮棬，則亦將戕賊人以為仁義與？〔註25〕

對於《莊子》而言，人身上那種不過多思慮謀劃、「行事之情而忘其身」的本真性才是寶貴的，而任何雕琢總是使人過於複雜，使心智陷溺於狡詐和競爭中。因此，以上四種教育隱喻中，雕琢隱喻是《莊子》明確地反對的。對莊子來說，教育不僅不是雕琢，反而是讓學習者從雕琢的形態返回到一開始的原材料形態：

> 於事無與親，彫琢復朴，塊然獨以其形立。〔註26〕
>
> 既彫既琢，復歸於朴。〔註27〕

在雕琢隱喻中，學習者發揮能動性的空間也幾乎降到了零。因此莊子更推崇王駘那種「無形而心成」〔註28〕（不對學生進行形塑，卻造成了改變）的教育。

# 第二節　教育之為「化」學

在上述思想背景中，《莊子》找到一套全新的討論教育的語言。例如，在討論如何對衛君形成教育影響的「顏回之衛」故事中，孔子說顏回的做法「將執而不化」「胡可以及化」，而在提出自己的「心齋」論述後指出這是「萬物之化也」〔註29〕。在「南榮趎南見老子」的故事中，庚桑楚也對南榮趎說「今吾才小，不足以化子」〔註30〕，表示自己不適合教育南榮趎。《莊子》對教育

---

〔註24〕見《荀子·禮論》。
〔註25〕見《孟子·告子上》。
〔註26〕見〈應帝王〉。
〔註27〕見〈山木〉。
〔註28〕見〈德充符〉。
〔註29〕見〈人間世〉。
〔註30〕見〈庚桑楚〉。

本質論的獨特思考，就在於將教育視為人的「化」，而此「化」論又帶出極其豐富的隱喻意義及哲理展開。

「化」字，《說文》釋為「教行也」，《說文解字注》解釋說「教行於上則化成於下」，「从匕人，上匕之而下從匕謂之化」，可見「化」字自古就意味著使他人效法自己，是一個教育用語。筆者在中國哲學書電子化維基（ctext.org）搜尋，發現在基本成書於先秦時代的傳世文獻中，出現「化」字最多的就是《莊子》（見表5）。

**表5 先秦傳世文獻中的「化」字**

| 典　籍 | 「化」出現次數 |
|---|---|
| 莊子 | 91 |
| 管子 | 75 |
| 荀子 | 74 |
| 呂氏春秋 | 66 |
| 周易 | 27 |
| 禮記 | 22 |
| 韓非子 | 16 |
| 尚書 | 7 |
| 戰國策 | 6 |
| 孟子 | 5 |
| 墨子 | 5 |
| 道德經 | 3 |
| 春秋左傳 | 2 |
| 論語 | 0 |

**表6 《莊子》中「化」字的用法**

| 「化」的用法 | 計　數 |
|---|---|
| 事物的變化 | 18 |
| 一物化為另一物 | 16 |
| 受到教育影響 | 7 |
| 被他者所規範 | 6 |
| 與他者相調適 | 5 |
| 生育／孵化 | 5 |
| 身體的一部化為另一物 | 4 |
| 人的意識變化 | 4 |
| 造化／造物者 | 4 |
| 對「化」理論的總結 | 4 |
| 死 | 3 |
| 儒家的教化 | 3 |
| 使事物（自然地）變化 | 3 |
| 靈活地順應外物 | 3 |
| 一種思想方法 | 2 |
| 使他人受到教育影響 | 2 |
| 受外物牽累 | 1 |
| 生命的循環 | 1 |
| （總計） | 91 |

可以說「化」和「遊」「逍遙」一樣，也是《莊子》最有特色的概念之一。而《莊子》中「化」的意思又特別多樣。筆者將莊子中含「化」字的91個用例收集起來，逐一用現代文翻譯其中「化」字的字面意思，發現「化」至少有18

個不同的用法（表6），其中「人的意識變化」「受到教育影響」「使他人受到教育影響」「儒家的教化」四種用法（共涉及 16 處「化」字）直接與教育相關。

不僅如此，在《莊子》的某些篇章中，我們會看到作者在同一段落（或同一故事中）討論同一問題時多次用了「化」字，而其中每一次「化」的字面意義是不同的。例如：

> 丘得之矣。烏鵲孺，魚傅沫，細要者化，有弟而兄啼。久矣夫，丘不與化為人！不與化為人，安能化人！〔註31〕

在這一段中，孔子觀察了自然界中多種動物的生育／孵化方式後，指出他若不經常向「化」（指造化，或者說造物者）學習，就不可能對他人產生教育影響。這就暗示我們，在這一篇的作者看來，「生育／孵化」「造化／造物者」和「使他人受到教育影響」三個用法是有意義上的關聯的。筆者將類似這樣可以暗示多個用法之間相互關係的 13 個文段收集起來，以英文字母 A～O 加以編號，再同上述 18 種用法一起，按語義的遠近關係一起繪製成語義關係圖（圖2）。

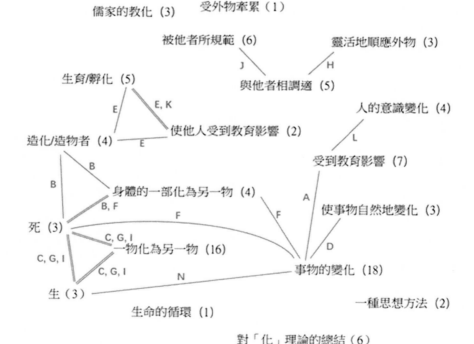

圖2 《莊子》中「化」概念各用法之間的關係

---

〔註31〕見〈天運〉。

　　從圖 2 可以看出，關於生死的各種「化」和關於事物的（物理、生物）變化的用法，藉著幾條關鍵的線索，與教育有所關聯。由於「化」這一動詞本身就具有多元的具象意義，如變化、孵化、變形、催化等，且兼具自動詞（自己發生變化）和他動詞（使別的東西變化）〔註 32〕的用法，從而將教育者、學習者的能動性都包含在其中。可以說，教育的學問，對於莊子來說，就是「化」的學問。

　　以下筆者循著這幾條線索，討論《莊子》如何運用「化」概念來思考教育的本質。

## 一、「物自化」：教育即允許事物自然地變化

　　先秦的「化」字有「變化」的意義，包含了事物從無到有、從有到無，以及增長、衰敗、性質改變等變化，大致相當於亞理斯多德《範疇篇》中的變化（κινήσεως）概念〔註 33〕。當「化」用作他動詞時，就意味著「使某物（自然地）發生變化」。如果將這裡的「物」替換成人，則這種意義上的「化」就和教育有密切關係了。事實上，《莊子》中經常以「物」這個字表示「他人」，如：

　　　彼為己，以其知得其心，以其心得其常心。物何為最之哉？〔註34〕

　　　物無道，正容以悟之，使人之意也消。〔註35〕

　　在這兩個例子中的「物」如果不讀為「他人」，整個句子就無法理解了。因此當我們在《莊子》中讀到「物」的時候，大多數時候應當認為是「包括人在內的各種事物」，而非「人以外的事物」。

　　如果一個人能讓「物」自然地發生變化，也就具有了使人發生變化的能

---

〔註32〕這裡借鑒了日文的文法概念，靈感來源於與臺灣大學佐藤將之教授的交流。佐藤教授在一次研討會提到《莊子》中「化」的兩方面意義，筆者提出是否類似於日文中自動詞「変わる」（某物自己變化）與他動詞「変える」（改變別的事物）的區別，得到佐藤教授的肯定。

〔註33〕亞理斯多德在《範疇篇》中指出：變化（change, κινήσεως）共有六種：生成（generation, γένεσις）、消亡（destruction, φθορά）、增進（increase, αὔξησις）、減退（diminution, μείωσις）、性質改變（alteration, ἀλλοίωσις）、位置移動（change of place, ἡ κατὰ τόπον μεταβολή）。John L Ackrill, *Categories and De Interpretatione*, Clarendon Aristotle Series (Oxford: Clarendon Press, 1963). 希臘文來自 Aristotle, *Aristotelis Categoriae Et Liber De Interpretatione*, Oxford Classical Texts (Oxford: Oxford University Press, 1949).

〔註34〕見〈德充符〉。

〔註35〕見〈田子方〉。

力。在著名的〈人間世〉顏回之衛的故事中，孔子和顏回一直在討論「化」衛君的方法，可以說是《莊子》全書中最重要的教育哲學文本。但是在結尾處，當孔子說出「心齋」的奧秘後，卻總結說「是萬物之化也」。顯然在此也是認為教育人的方法要從「使萬物變化」的方法中借鑒而來。

在《莊子》看來，要獲得使萬物「化」的能力，首先要向天和地學習，因為天地從不干涉具體事物，但他們為事物的變化提供了廣闊的空間，使一切變化成為可能。〈德充符〉說「天無不覆，地無不載」，〈大宗師〉說「天無私覆，地無私載」，都強調天地為萬物提供的是「空間」。更可貴的是，天和地在提供這種可能性的時候毫不偏心，將變化的可能性非常平等地提供給了萬物（無論是好還是壞）。所以說「天地雖大，其化均也」〔註36〕。如果人向天地學習，就能「化」萬物，即讓萬物都自然地處在其變化的正常過程中而不紊亂。

> 明王之治，功蓋天下而似不自己，化貸萬物而民弗恃，有莫舉名，使物自喜，立乎不測，而遊於無有者也。〔註37〕

> 天不產而萬物化，地不長而萬物育，帝王無為而天下功。〔註38〕

統治者學習天地的德性之後，就學會了不憑自己的喜好去強行改變事物，不以自己的偏好對萬物進行取捨，而是給事物以均等的機會，任其自由發展。這背後隱含著一個與《道德經》相似的想法，即萬物（包括人）有其自身的能動性，讓所有事物都發揮自己的能動性就可以「自化」「自生」：

> 汝徒處無為，而物自化。……無問其名，無闚其情，物故自生。〔註39〕

> 物之生也，若驟若馳，無動而不變，無時而不移。何為乎？何不為乎？夫固將自化。〔註40〕

## 二、「奔蜂不能化藿蠋」：教育是師生之間奇妙的因緣

「化」在《莊子》還可以指生物繁殖中的「受孕」「孵化」「養育」等過程，而出現了這一用法的兩個故事都與教育密切相關。讓我們先看其中一個：

---

〔註36〕見〈天地〉。
〔註37〕見〈應帝王〉。
〔註38〕見〈天道〉。
〔註39〕見〈在宥〉。
〔註40〕見〈秋水〉。

### 故事 6　南榮趎南見老子

　　南榮趎蹴然正坐曰：「若趎之年者已長矣，將惡乎託業以及此言
邪？」庚桑子曰：「全汝形，抱汝生，無使汝思慮營營。若此三年，
則可以及此言矣。」南榮趎曰：「目之與形，吾不知其異也，而盲者
不能自見；耳之與形，吾不知其異也，而聾者不能自聞；心之與形，
吾不知其異也，而狂者不能自得。形之與形亦辟矣，而物或閒之邪？
欲相求而不能相得。今謂趎曰：『全汝形，抱汝生，勿使汝思慮營
營。』趎勉聞道達耳矣。」庚桑子曰：「辭盡矣。曰：『奔蜂不能化
藿蠋，越雞不能伏鵠卵，魯雞固能矣。』雞之與雞，其德非不同也，
有能有不能者，其才固有巨小也。今吾才小，不足以化子，子胡不
南見老子？」〔註41〕

　　南榮趎向庚桑楚請教，庚桑楚給出了教導，但他的教導似乎沒法讓南榮趎
聽懂。這時，庚桑楚沒有勉強再繼續教育他，而是說：「能用語言描述的，我已
經描述完了。俗話說：『小蜂不能孵化大青蟲，小雞不能孵化鵠的卵，但大雞可
以。』雞和雞，在本性上沒有什麼不同，但有的能做到有的不能做到，因為才
能有大小的區別。我的才能小，孵化不了你這顆蛋。你何不去南方見老子呢？」

　　在此，雞和蛋分別指的是老師和學生。「孵化隱喻」和「植物隱喻」有些
類似，因為「蛋」和「種子」一樣，自身承載著成長的可能性，孵化者只是為
其創造了合適的條件而已。不過「孵化隱喻」比「植物隱喻」更強調教育者與
學習者之間的配合關係。一種生物的蛋，另一種生物無法孵化。類似地，如
果老師教不好一個學生，可能是老師和學生的相性〔註42〕不佳，只要換一個
老師，也許就能找到合適的方法來教同一個學生。在這個故事中，南榮趎果
然背上乾糧千里迢迢到南方去找老子，並在老子那裡有一場有趣的對話。故
事的後續內容與本章關係不大，待第四章再引用。

　　另一個故事則不止涉及「孵化」，而且涉及整個自然界生生不息的奇妙生
命旅途，將「孵化隱喻」進一步擴展為「生育隱喻」：

### 故事 7　久矣夫丘不與化為人

　　孔子謂老聃曰：「丘治《詩》、《書》、《禮》、《樂》、《易》、《春秋》六

---

〔註41〕見〈庚桑楚〉。
〔註42〕在此借用日文「相性」（あいしょう）一詞，以便描述兩個事物之間相互配合
　　　　的程度。

經，自以為久矣，孰知其故矣，以奸者七十二君，論先王之道而明
周、召之跡，一君無所鈞用。甚矣夫！人之難說也，道之難明邪！」
老子曰：「幸矣，子之不遇治世之君也！夫六經，先王之陳跡也，豈
其所以跡哉！今子之所言，猶跡也。夫跡，履之所出，而跡豈履哉！
夫白鵳之相視，眸子不運而風化；蟲，雄鳴於上風，雌應於下風而
風化。類自為雌雄，故風化。性不可易，命不可變，時不可止，道
不可壅。苟得其道，無自而不可；失焉者，無自而可。」孔子不出
三月，復見，曰：「丘得之矣。烏鵲孺，魚傳沫，細要者化，有弟而
兄啼。久矣夫，丘不與化為人！不與化為人，安能化人！」老子曰：
「可。丘得之矣。」〔註43〕

孔子對老聃說：「我自以為研究《詩》《書》《禮》《樂》《易》《春秋》六種
經典很久了，熟知其中的典故，以此遊說君主七十二人，對他們講論先王之
道、闡明周公、召公的事跡，但沒有一個君主願意採納我的主張。人是多麼
難說服啊、道是多麼難闡明啊！」看來整個故事是關於如何說服他人、闡明
真理的藝術，即教育之道。

老子說：「幸好沒有讓你遇到真正能治理當世的君主。六經這個東西，是
先王曾經走過的足跡。現在你所宣揚的，也是足跡。足跡這東西，是鞋踩出
來的，但足跡跟鞋能一樣嗎？白鵳只要互相凝視，目不轉睛，就能懷孕；蟲
子，雄的在上風方向鳴叫，雌的在下風方向應一聲，就懷孕了。『類』這種動
物，自身具有雌雄兩性，所以自己就懷孕了。本性不可更改、命運不可改變、
時勢不可阻擋、規律不可遏制。掌握了真理，沒有一件事行不通；偏離了真
理，沒有一件事行得通。」

老子的回答中列舉了當時人們所認識的一些奇特的動物生育現象。在這
裡他把受孕叫做「風化」，其中的「化」字看得出有「一物使另一物發生變化」
的本義，因此我們也可以看作是關於教育的隱喻——雄性意味著教育者，雌
性則是學習者，而使學習者受到感化的方式則多種多樣，應該根據學習者的
情況（性）而採取不同方式。有透過視覺傳達的（相視），有透過聽覺傳達的
（鳴〔註44〕），還有的時候學習者只要自己悟就可以學會，不需要老師教（自

---

〔註43〕見〈天運〉。
〔註44〕《莊子》中經常把人的語言表達，尤其是對信念的表達，稱為「鳴」。如〈人
間世〉「入則鳴，不入則止」。

為雌雄，故風化）。不同的教育對象會在不同的機緣下遇到能使其「化」的人或事件，回過頭看一開始孔子對自己的描述，就會明白他的問題在哪：他見到任何人都唸同一套經〔註 45〕，儘管這些經典對於他自己而言無限美好，卻未必適合其他人。用適合自己的方法去教育他人，就像用人的食物去養鳥，只會讓鳥「憂悲眩視，不敢飲食」。〔註 46〕

孔子聽了這些話，在家裡三個月不出門，然後又去見了老聃，說：「我想通了！烏鴉把卵產在喜鵲窩裡讓它孵化。魚透過口沫來受孕。螺蠃蜂不交不產而化育桑蟲為自己的孩子。弟弟一出生哥哥就哭起來。我太久沒有和自然造化當朋友。不和自然造化當朋友，又怎麼能學會感化他人呢？」老子說：「可以，你確實想通了。」

在這個故事中，孔子的收穫是學會了「化人」。對儒家而言，「化」包含了遊說君主、教化萬民、教授門徒三項重要的教育工作。因此可以說本段中孔子透過「與化為人」，向造化的奧妙學習，而掌握了教育的真諦。這個真諦到底是什麼呢？孔子說他「想通了」，但他所報告的內容，不過是在老子列舉的幾種奇特生育方式後面又列舉了幾種，且奇異程度進一步加強了。

「烏鵲孺」即巢寄生（brood parasite）現象，某些鳥類將卵產在其他鳥的巢中，由其他鳥（義親）代為孵化和育雛。「細要者化」指的是螺蠃蜂注射毒素到螟蛉蟲體內，使其麻痺，帶到自己的巢中當作幼蟲的養料，古人誤以為它純雄無雌，不能生育，所以領養別人的小孩。簡而言之，就是「讓人養自己的孩子」跟「把別人的孩子當自己的養」。「魚傳沫」是魚的體外交配，雄魚和雌魚同時將它們的生殖細胞排泄到水中。〔註 47〕

孔子能說出這些話，說明他開始主動運用老子提出的「生育隱喻」來理解教育，而且還能舉一反三，聞一知十。如果說「受孕」代表了受到教育影響，那麼「孩子」恐怕就是教育的成果。有時候，老師回答一個學生的提問，這個學生沒有聽懂，倒是旁邊的另一個學生受了啟發。有的時候學生向一位

---

〔註 45〕《莊子》中多處表達了對當時儒者見人就講經典文獻的厭煩。當孔子在老聃面前把自己編的十二本經典拿起來反復介紹時，老聃竟中途打斷他的話，說你講得太囉唆，請你說重點。見〈天道〉。

〔註 46〕《莊子》中有兩個版本的「魯侯養鳥」故事，寓意不盡相同。這裡指的是〈至樂〉的版本，這個版本談的就是儒家用同一種方法嘗試教化所有人，因此必然不適合某些學習者。

〔註 47〕此處的詮釋主要採取了方勇《莊子纂要》的觀點。

老師學習,這個老師沒有什麼能教給他的,但卻介紹了另外一位很有益的老師,或一些有幫助的學習資源給學生。還有的時候我們根本沒有老師,在同好之間切磋交流各抒己見的場合中就得到了教益,就像魚類的繁殖一樣。總而言之,教育是師生之間各種奇妙的因緣,只要人與人有了交往的空間,就會有各種意想不到的教育影響發生。

## 三、「行年六十而六十化」:教育是人對「故我」的否定

變化是萬物的本性,「萬化而未始有極也」〔註48〕。但是人與一般的物有一個區別,就是人會形成習慣、定勢、偏見和僵化的思維。儘管年幼的時候很容易受到新事物的影響,年長以後卻越來越難接受新事物。每個人最愛聽的歌都是自己十幾二十歲時聽的,見到時下年輕人的新偶像就搖頭,這是人之常情。但是一旦這種固化表現為道德或知識上的偏見,就容易使我們聽不進不同的觀點、無法嘗試新的方法、探索新的理論。用 Chris Fraser 的話來說,隨著我們學的東西越來越多,我們就不斷被固化在一系列既定的思考或動作模式上,這種固化損害了我們學習新技能的可能性〔註49〕。《莊子》想培養的能遊者應該終身保持學習的開放性,這就要求我們敢於自我更新,敢於否定過去形成的知識與習慣。

《莊子》中兩次讚賞人一生中不斷自我更新的學習行為,這裡看其中一處〔註50〕:

> 蘧伯玉行年六十而六十化,未嘗不始於是之而卒詘之以非也,未知今之所謂是之非五十九非也。萬物有乎生而莫見其根,有乎出而莫見其門。人皆尊其知之所知,而莫知恃其知之所不知而後知,可不謂大疑乎!已乎已乎!且無所逃。此所謂然與?然乎?〔註51〕

蘧伯玉六十歲了,他的思想認識也經歷了六十次變化,有很多次都否定了原先肯定過的觀點。也不知道現在所肯定的,會不會和過去五十九年中肯定過的觀點一樣,最終被否定。在此,不妨將這句話同《淮南子》中類似的一

---

〔註48〕見〈田子方〉。

〔註49〕Chris Fraser. "Zhuangzi, Xunzi, and the paradoxical nature of education." *Journal of Chinese Philosophy* 33(2006): 529～542.

〔註50〕另一處「行年六十而六十化」的主詞是孔子,見〈寓言〉。〈寓言〉的版本偏向於談利害的問題,故不在此處引用。不過這一主題的重複出現暗示了其重要性。

〔註51〕見〈則陽〉。

句話相比較：

> 故蘧伯玉年五十，而有四十九年非。何者？先者難為知，而後者易
> 為攻也。〔註52〕

這個版本跟《莊子》的版本比起來，明顯是單一視角的。作者很明確地認為第五十年的觀點是「是」，而前面四十九年的觀點為「非」，原因無非是一開始做研究的時候得到一點心得就已經不易，後來的觀點基於以前的觀點進行反思，自然比較容易接近真理。特別應注意《淮南子》說的是「四十九年非」而不是「四十九非」，即前面四十九年未必經歷過四十九次變化，甚至可能前面四十九年都是同一種觀點，只是五十歲的時候找到了真理。

《莊子》的說法卻是含有兩個視角的：一方面，我們以「今之所謂是」為依據，證明了過去五十九種觀點是錯的，為蘧伯玉感到高興，因為經歷過過去那麼多錯誤的觀點，現在終於找到了正確的觀點，雖然已經六十歲了，也不失為偉大的智者。另一方面，我們發現他過去每一年都曾真誠地相信自己當年的信念是對的，而最後卻被證明是錯的，那麼「今之所謂是」與過去所謂是恐怕並沒有本質區別，令人不禁懷疑：我們如何保證第六十次變化後的觀點不會像過去五十九種觀點一樣，最終又被否定呢？

既然如此，有可以肯定的觀點嗎？《莊子》接著說：人們都重視我們的知識所已經知道的，卻不懂得藉助我們所不知道的領域來獲得智慧。現在我所說的這些大概是對的吧？是對的嗎？結尾的這個雙向反問句〔註53〕，同時也是一種反身性語言（reflexive language）〔註54〕，說明作者不可能給出任何

---

〔註52〕見《淮南子·原道訓》。
〔註53〕林明照稱為「雙邊懸問」，指的是在《莊子》語言中，對於內容上相反的兩個問題（A/～A）均不予以明確的肯定或否定。參見林明照：〈觀看、反思與專凝——《莊子》哲學中的觀視性〉，《漢學研究》3（2012）：1～33。筆者將之稱為「雙向反問句」，一方面希望更容易被一般讀者理解，一方面是由於雙邊懸問只有在問題為反問句而非疑問句時才是有意義的。如果是純粹的疑問句，如「你吃飯了嗎？」，則實際語義同「你還沒吃飯嗎？」是相等的，故雙向的疑問句只是同義反復而已。只有當問題為反問句時，由於反問句的正常功能是指向其反面（如「不在我家吃飯嗎？」實際表示「在我家吃飯吧！」），將兩個相反的反問句並列才能起到奇特的效果。教師在教學中也經常運用這一問法，以維持問題的開放性，避免學生猜測老師所期待的答案是什麼。
〔註54〕反身性語言指的是言說者指稱自身的言說，如「吾謂汝夢，亦夢也」（〈齊物論〉）。參見林明照：〈觀看、反思與專凝——《莊子》哲學中的觀視性〉，《漢學研究》3（2012）：1～33。

固定的答案。如果我們再往深一層想，蘧伯玉過去曾經持有的觀點也許反而是對的，而現在被錯誤地否定了。所以《莊子》說：重要的不是我們「已經」知道的，而是在這種「不斷否定過去的信念」過程中，我們可以獲得一種智慧，即永遠不要把任何信念看作「可以安然地固定下來」的知識。只要生命還在繼續（「行」年六十），就要始終讓自己「行」走在不斷自我更新、否定故我的道路上。在本章第三節我們會看到，這一想法同「變化就是移動」的隱喻結合起來，成為了孔子與顏回之動情對話的思想基礎。

## 四、「化而為鳥」：教育是對「故」的超越

「化」一般指的是事物保持自身存在的前提下，外觀特點或某些屬性發生了變化。所以荀子說：

> 物有同狀而異所者，有異狀而同所者，可別也。狀同而為異所者，雖可合，謂之二實。狀變而實無別而為異者，謂之化。有化而無別，謂之一實。〔註55〕

荀子根據中原國家日常語言中約定俗成的用法〔註56〕來下定義，說「化」是在實體沒有變化的情況下，偶性發生了改變。因此，「化」之前和「化」之後還是同一個東西。可是，《莊子》中卻發展出「化」的一個充滿神秘意味的用法，即一種事物直接轉化為具有完全不同本質的另一種事物：

> 北冥有魚，其名為鯤。鯤之大，不知其幾千里也。化而為鳥，其名為鵬。鵬之背，不知其幾千里也；怒而飛，其翼若垂天之雲。是鳥也，海運則將徙於南冥。南冥者，天池也。〔註57〕

「南冥」是天池，「北冥」是什麼？文中沒有明說。但既然其中有魚，加上後文有「窮髮之北，有冥海者，天池也」，可以推測北冥也是一池。北冥是池，南冥也是池，鯤為什麼不直接游到南冥？顯然這兩池之間隔著陸地，沒有水體相接。正常情況下，魚不能脫離水，這是魚的本質規定性，故鯤只能永遠在北冥打轉。即使有位好心人把牠送到南冥去，牠也將困在南冥，不能再去其它水體。全世界的湖泊是相互隔絕的，而大氣卻相互聯繫，要獲得更廣闊的「移動」空間，就必須改寫自己的本質。在這個故事裡，鯤以其全部生

---

〔註55〕見《荀子・正名》。
〔註56〕「諸夏之成俗曲期」。
〔註57〕見〈逍遙遊〉。

命力躍出水面，徹底打破了這一銘寫在物種本質內的局限，透過跨物種的轉「化」，在鵬的形態下將自己的移動擴展到全新的領域，即空氣中。

那麼，這個寓言是否可能成為關於教育的隱喻？如果教育意味著人的變化，這種變化有可能是超越本質的變化嗎？雖然《莊子》大部分篇章中都強調「性」的不可改變，要求我們順應萬物的本性而不違逆，〔註58〕但我們在〈達生〉卻看到了一個極具特色的說法：

### 故事 8　孔子觀於呂梁

> 孔子觀於呂梁，縣水三十仞，流沫四十里，黿鼉魚鱉之所不能游也。見一丈夫游之，以為有苦而欲死也，使弟子並流而拯之。數百步而出，被髮行歌而游於塘下。孔子從而問焉，曰：「吾以子為鬼，察子則人也。請問蹈水有道乎？」曰：「亡，吾無道。吾始乎故，長乎性，成乎命。與齊俱入，與汨偕出，從水之道而不為私焉。此吾所以蹈之也。」孔子曰：「何謂始乎故，長乎性，成乎命？」曰：「吾生於陵而安於陵，故也；長於水而安於水，性也；不知吾所以然而然，命也。」

孔子在呂梁觀光，看到三十仞高的瀑布，瀑布下的泡沫一直流到四十里外都還沒有消散，連黿鼉魚鱉都沒有辦法在瀑布下游泳。突然他看到一個男人在水裡游，以為是過得太痛苦要尋死的人，趕快讓弟子沿著岸邊跟著他走，想找機會把他救上岸。這男人游了幾百步的距離，才從水裡出來，把頭髮披散開晾乾，一邊唱歌一邊沿著河堤歡快地走著。孔子跟過去問：「先生啊，我以為你是鬼，仔細一看才確定你是活人。請問，游泳有什麼深刻的道理嗎？」對方說：「沒有，我不懂得什麼深刻的道理。我能游泳，無非是以我的『故』為前提，在成長中培養成『性』，最後成了我的『命』。我隨著旋渦一同深潛，隨著上湧的波流一起上浮，順從水的自然流動而不憑個人意願來游。這就是我游泳的方法。」孔子說：「什麼叫以我的『故』為前提，在成長中培養成『性』，最後成了我的『命』？」對方回答說：「我出生在陸地上，本來是陸生動物，這是『故』。我在水裡長大，習慣於水中的生活，這是『性』。我現在能游水，卻不知道我是怎樣做到的，這是『命』。」

這個人從陸生動物，一變而為水生動物，與鯤化為鵬幾乎是同等規模的

---

〔註58〕這些說法強調的重點在於對他者的尊重，即不強求他者偏離本性，而並不是說我們一定要按照自己的本性去生活，不允許偏離自己的本性。

奇跡，而他竟將此描述為「命」。這個字在其他先秦諸子那裡（包括《莊子》的部分篇章在內），本是用在把生命中遭遇的困境、苦難與死亡，當作人生在世無可奈何的必然性接受下來。〔註59〕為何《莊子》會覺得這種超越本性的轉化又是人類本質中所固有呢？

要理解《莊子》這種複雜的人性論，不如先讀讀馬克思關於人的本質的看法：

> 動物同它的生命活動是同一的。動物並不將自己同自己的活動區別開來。它就是那個活動本身，沒有什麼別的了。但人把自己的生命活動變為他意志和意識的對象。人的生命活動是一種有意識的生命活動，所以並不是一種他完全沉浸於其中的固定的東西（a determinate thing）。……正因為此，人是一種物種性的是者（species-being）。換言之，人是一種有意識地「是」著的東西（is a conscious being），即，他自己的生命對他來說是一個對象，正因為他是一個物種性的是者。只有這樣他的活動才是自由的活動。〔註60〕

人與動物一樣，有自己的本質。但是動物的本質，即其生命活動本身（如魚沒於淵、鳥屬乎天），是一種「固定的東西」，即物種的生物本能。同一個物種，過去千百萬年是這樣生活的，將來還將這樣生活〔註61〕，並且「沉浸在」自己的本質裡。動物從未認識過自己的本質，更不可能以有意識的行動去改變本質。而人的本質就在於：人的本質是與萬物的本質不同的一種本質，它不是固定的，而是「自由的」，因為人可以有意識地認識和改變自己的生命活動方式。人本來生活在陸地上，卻具有了讓自己深入海洋、飛上天空甚至長年生活在外太空的能力。當然這種自由也不一定只帶來好處，例如人類也發明了過勞、剝削、虐待、大屠殺等動物所沒有的惡。

---

〔註59〕如《孟子·盡心下》：「口之於味也，目之於色也，耳之於聲也，鼻之於臭也，四肢之於安佚也，性也，有命焉，君子不謂性也。仁之於父子也，義之於君臣也，禮之於賓主也，智之於賢者也，聖人之於天道也，命也，有性焉，君子不謂命也。」

〔註60〕Karl Marx. *Marx: Early Political Writings*. trans. by Joseph O'Malley & Richard A. Davis. Cambridge: Cambridge University Press, 1994. p.75.引文由筆者自行譯自英譯本。原文為德文。

〔註61〕當然，在更大的地質歷史跨度上，物種也在不斷演化。不過演化也只是將一種固定的本質改為略有不同的另一種固定本質，就如同機器中編寫的程式代碼，無論如何更新升級，都不同於人類的智慧。

　　從上述討論來看，人既是「自然」的（在人類是大自然中一種物種的意義上），又是「不自然」的（在人類可以認識和改變自身生命活動方式的意義上）。這一想法在《莊子》中已經體現出來：

> 有人，天也；有天，亦天也。人之不能有天，性也，聖人晏然體逝而終矣。〔註62〕

　　人類有各種「人為」活動，這是自然現象；人身上也有不可改易的動物本能，這也是自然現象。人不可能完全「自然地」存在於世，這恰恰是人的本質〔註63〕。

　　回過頭來，我們就可以理解在先秦人性論的討論裡偶爾出現的「故」概念是什麼意思。人性有其本能的、難以改變的一面，即承襲自動物生命的一些特點，如必須呼吸空氣、吃飯喝水、保持體溫等，這些可以稱為「故」：

> 魚處水而生，人處水而死，故必相與異，其好惡故異也。故先聖不一其能，不同其事。名止於實，義設於適，是之謂條達而福持。〔註64〕

　　這裡第一處「故」指的是物種本能的生命活動方式。〈秋水〉說「無以故滅命」，〈知北遊〉說「不以故自持」，原本都由於缺乏語境而很難理解。但若按上述詮釋，就不難理解在這兩個句子中「故」都是負面的、貶義的，是人的局限性。

　　另一方面，人也有許多非自然的、自由的、在社會文化發展中創生出來的生命活動，例如語言、政治、愛情、思想等〔註65〕。這些，在「孔子觀於呂梁」的故事中，就稱為「性」。而一旦人對這些自由創生出來的生命活動達到了極為熟練和無需思考就能做到的程度時，就被稱為「命」〔註66〕。我們

---

〔註62〕見〈山木〉。

〔註63〕因此，嚴格地區分「自然」跟「人為」是很難的。〈人間世〉追問：「庸詎知吾所謂天之非人乎？所謂人之非天乎？」而〈庚桑楚〉則說：「唯蟲能蟲，唯蟲能天。全人惡天，惡人之天，而況吾天乎？人乎？」只有蟲能夠以蟲的方式完全自然地生活。全人又怎麼可能完全返歸自然呢？對人來說，「自然」又是什麼呢？我到底是自然的還是人為的呢？

〔註64〕見〈秋水〉。

〔註65〕也包括許多身體性的活動，如游泳、潛水等，因為人的身體結構本不是用於在水中生活的。

〔註66〕這是〈達生〉獨特的用法。《孟子·盡心下》說：「「口之於味也，目之於色也，耳之於聲也，鼻之於臭也，四肢之於安佚也，性也，有命焉，君子不謂性也。仁之於父子也，義之於君臣也，禮之於賓主也，智之於賢者也，聖人之於天道也，命也，有性焉，君子不謂命也。」〈盡心下〉與〈達生〉的「命」意義

對「命」的熟練程度，幾乎相當於我們的本能——善於游泳者碰到水自然就能游起來，就像嬰兒碰到母親的乳頭就自然能夠吮吸，唯一的不同是「故」是銘寫在基因中的本能活動，而「命」卻是人類自由創造出來的文化活動。這正是為何聖多瑪斯（St. Thomas Aquinas）將習性稱為人的第二天性。

　　對於人以外的事物來說，不存在「故」和「性」的差別，說魚之「性」或魚之「故」，都是指長期以來在魚身上觀察到的固定的生命活動特點。只有在人身上，兩者才可能有差別。所以孟子才特意指出當時學界談人性時，有將「性」與「故」混淆的誤區：

> 天下之言性也，則故而已矣。……天之高也，星辰之遠也，苟求其
> 故，千歲之日至，可坐而致也。〔註67〕

　　在孟子的時代，中國人已經明白：日月與恆星的運轉極其規律，其中並沒有什麼「自由」。只要掌握了運算方法，一千年以後的冬至日是（陰曆的）哪一天，都可以坐在房間裡推算出來。因此，日月星辰的本性可以用「故」來形容。「故」正是馬克思所說的「完全沉浸於其中的固定的東西」。由此看來，「鯤化為鵬」的奇跡就不只是個神話。在人身上，以「故」為基礎但又不受其局限，為自己創造全新的本質，並不是不可能的。在這個過程中，教育和學習必然要發揮重要的作用。

## 第三節　教育即「同遊」

　　隱喻的功能除了幫助我們理解事物的本質，最好還要有充分的靈活性，允許各種變式，並且能跟語言中其它隱喻系統相連接，以便於我們討論事物的變化和細節。所以《莊子》又用了一個更具體的隱喻來說明「化」，那就是把變化看作人在空間中的移動，把「化」比作一種「遊」，而教育者與學習者就是一同遊玩的旅伴——「同遊者」關係。

---

之所以不同，因為《孟子》哲學的基調是對人性的頌揚，所以孟子要將仁義禮智這些人類創造出來的文化活動故意叫做「性」（內在必然性），而將動物本能故意叫做「命」（外在必然性）。但孟子與莊子在此共享一個重要的洞見，即人的本質是複雜的，是同時包含了動物性和文化性的。

〔註67〕出自《孟子·離婁下》。省略處原有「故者以利為本。所惡於智者，為其鑿也。如智者若禹之行水也，則無惡於智矣。禹之行水也，行其所無事也。如智者亦行其所無事，則智亦大矣。」數句，這幾句話的真正意思，歷來的學者都難以說明白，也許這幾句話根本是錯誤地出現在此處。

## 一、人的變化就是在空間中移動

　　人的變化，尤其是思想意識上的變化，從外部來看難以察覺。因此，要談論這種變化如何發生，最好的辦法是把意識上的變化投影到空間中，把「和以前不同的想法」比作「和以前處於不同的位置」。這樣，人的意識變化（即受教育的過程）就可以看作是人在空間中明顯可見的移動。這一點，在〈田子方〉的一個關於師生關係的故事中展現得淋漓盡致。

### 故事 9　吾有不忘者存

　　顏淵問於仲尼曰：「夫子步亦步，夫子趨亦趨，夫子馳亦馳，夫子奔逸絕塵，而回瞠若乎後矣。」夫子曰：「回，何謂邪？」曰：「夫子步亦步者，夫子言亦言也。夫子趨亦趨者，夫子辯亦辯也。夫子馳亦馳者〔註68〕，夫子言道，回亦言道也。及奔逸絕塵，而回瞠若乎後者，夫子不言而信，不比而周，無器而民滔乎前，而不知所以然而已矣。」

　　孔子說話、辯論、討論真理，顏回就跟著做一樣的事情，這是顏回向老師學習的方式。投影在空間上的話，可以說顏回在這三點上都能夠「跟著老師的步子」，始終位於老師身後不遠處。可是一旦孔子進入「不言而信，不比而周，無器而民滔乎前」的境界，顏回覺得自己「跟不上」了。老師就解釋了其原因：

　　仲尼曰：「惡！可不察與！夫哀莫大於心死，而人死亦次之。日出東方而入於西極，萬物莫不比方。有目有趾者，待是而後成功，待晝而作。是出則存，是入則亡。萬物亦然，有待也而死，有待也而生。吾一受其成形，而不化以待盡，效物而動，日夜無隙，而不知其所終，薰然其成形，知命不能規乎其前，丘以是日徂。吾終身與汝交一臂而失之，可不哀與！女殆著乎吾所以著也。彼已盡矣，而女求之以為有，是求馬於唐肆也。吾服女也甚忘，女服吾也亦甚忘。雖然，女奚患焉！雖忘乎故吾，吾有不忘者存。」

　　孔子說：「哎，確實要仔細研究啊。世上最令人悲哀的莫過於心死，但人

〔註68〕此六句原為「夫子步亦步也，夫子言亦言也，夫子趨亦趨也，夫子辯亦辯也，夫子馳亦馳也，夫子言道，回亦言道也」，無法讀通。筆者認為第1、3、5個「也」應該替換為「者」，這樣就可以明白，顏回是在逐句解釋前面自己說過的話。

死也緊隨其後。太陽從東邊出來，而落入極遠的西方，萬物莫不以類似的方式存在。有眼睛、有腳的動物，都依靠它才能成就，到了白天才能行動。太陽出來動物才能生活，太陽落下就只能藏匿。其它的存在物也是如此，生存有一定的條件，死亡也有一定的條件。我受這些條件所賜，就成了人形，在我化為他物之前，就不斷地走向消亡。我效法萬物而行動，日夜不停地存在著，而不知道終點在哪裡。這一切自然而然發生，我知道我不能預先規劃我的命運，所以我每天都在向終點行進。這輩子我跟你一直失之交臂，我能不難過嗎？你大概是過於關注我走過的痕跡吧。那些痕跡已經消亡了，而你以為它們還存在，所以追求它們，就好像馬已經被騎走了，你還到過路亭去找馬。我雖然很想念你，但我不如忘卻你；你大概也很想念我，但你也不如忘卻我。雖然忘卻我，但你不要擔心，你忘卻的只會是過去曾經存在的我，而我仍有不會被忘記的東西永存。」

　　畢來德認為，孔子在《莊子》中扮演的角色是一個典範性的學習者。〔註69〕孔子自出生到死亡，每時每刻都在自我更新，〔註70〕用隱喻的語言來說就是每天都在「動」——「日徂」。而顏回一直到過世的那一刻，都始終沒有達到老師的思想境界，所以兩人「交一臂而失之」，此空間距離正代表了思想的距離。原因就在於顏回沒有明白：真正的儒者不能停留在固定的原則上，需要不斷地前進，如同乘坐快馬奔逸絕塵一樣。顏回想沿著足跡尋找孔子，卻始終沒能跟上。孔子雖然極想念這個學生，卻鼓勵顏回忘卻自己，因為單靠追蹤老師的「故吾」，學生永遠不會成為一個獨立的思想者。孔子要他記住的不是自己的思想、自己的言論、自己的方法，而只是「不忘者」，這個不忘者大概指的就是本段話中說明的這種終身移動、不斷更新的精神。當顏回帶著這種精神，走上他自己的旅途，發展出自己的思想，就真正學到了孔子的精神。

## 二、「遊」是人的精神之旅

　　既然人的變化就是在空間中移動，那麼，到底要「去哪」呢？應該以「哪裡」為終點？我們發現，在諸多表示移動的詞彙中，《莊子》最常使用的是「遊」，

---

〔註69〕畢來德，《莊子四講》，頁 19。
〔註70〕〈寓言〉說「孔子行年六十而六十化」。

而這恰恰是《莊子》哲學中最有特色的詞彙之一。〔註71〕

「遊」到底是一種怎樣的移動？如果要在現代中文裡找一個最接近「遊」的動詞，那大概是「逛」。「逛」有時根本沒有目的地，就是「隨便逛逛」；有時我們的逛是被某個地點的吸引力所牽動，所以去「逛逛商場」，可是也未必要去買特定的東西，也不一定要去固定的某個商場，只要是有趣的購物場所都可以去；還有的時候，我們說「逛去西門」，好像是為了到達一個特定的地點，可是當我們說「逛」去西門的時候，就意味著中間的過程才是重要的——我們享受這個一點一點走到西門並欣賞沿途事物的過程，因此我們絕不可能把坐捷運到達西門叫作「逛去西門」，那樣就違反本意了。

《莊子》中的「遊」也很類似。「遊」的這種無終點性，使「同遊」隱喻與本章第一節介紹的儒家「旅行隱喻」區別開來。「遊」不以「到達某處」為目的，而是為了「處在遊的狀態中」。《莊子》說「處乎無響，行乎無方」〔註72〕，「行不知所之，居不知所為」，「動不知所為，行不知所之」〔註73〕，都是在說「遊」是一種沒有終點、沒有固定路線的移動。

雖然「遊」不以到達為目的，但我們卻很可能說我們「在某處遊」，而這個地點往往是一個較有吸引力的地點，且絕不會是自己很熟悉的地方。一個家住在泰山上的人不會說自己在山上「遊」，只有遠處來的遊客才會這樣說。那麼當「遊」作為教育的隱喻使用時，「遊」的地點又意味著什麼呢？

筆者對《莊子》中 105 個「遊」字〔註74〕進行統計，發現有 30 個用例指的是實際上的行走或旅行（旅遊），而有 52 處是則是在隱喻的意義上使用，指的是精神性的旅途。這 52 處之中，又有 42 處以「遊於某處」或「遊乎某處」的文法，明確說明了「遊」的地點。筆者對這 42 個地點進行分析，分為五類（見表 7）：

---

〔註71〕劉笑敢指出：《莊子》中「逍遙」出現 6 次，而多數哲學古籍都不用這個詞；「遊」在《莊子》中出現 96 次，遠高於其它子書。在《莊子》中，遊不僅有交遊、遊玩的意思，也有精神逍遙自在的意思，這也和其它子書不同。因此他認為這兩個詞是《莊子》書中最有特色的詞彙。劉笑敢：《莊子哲學及其演變》，北京：中國人民大學出版社，2020，頁 37。

〔註72〕見〈在宥〉。

〔註73〕均出自〈庚桑楚〉。

〔註74〕筆者的計數同劉笑敢得出的數字不同，可能是因為統計口徑的區別。考慮到《莊子》中「遊」「游」互相假借現象不少，筆者將所有「遊」和「游」字全部統計在內，但去除了作為人名的「顏成子游」。

## 表 7 《莊子》中精神性「遊」的地點

| 地　　點 | 分　　類 |
|---|---|
| 世 | ①世俗世界、人間、社會 |
| 道德之間為 | |
| 六合之內 | |
| 世俗之間 | |
| 方之內 | |
| 四海之外 | ②人類社會之外的整個宇宙 |
| 天地 | |
| 方之外 | |
| 九州 | |
| 六合之外 | |
| 塵垢之外 | |
| 遙蕩、恣睢、轉徙之途 | ③某種精神境界或心態 |
| 鞅掌 | |
| 至樂 | |
| 霧 | |
| 淡 | |
| 物之初 | ④某種哲理概念或知識領域 |
| 無窮 | |
| 無朕 | |
| 無有 | |
| 物之所不得遯而皆存 | |
| 無有所將，無有所迎 | |
| 太虛 | |
| 德之和 | |
| 萬物之所終始 | |
| 無端 | |
| 天地之一氣 | |
| 襄城之野 | ⑤某個神話的或神秘的地域 |
| 大壑 | |
| 無極之野 | |
| 無人之野 | |
| 大莫之國 | |
| 逍遙之虛 | |
| 無何有之鄉 | |

　　分析此表，可以看出：第③類地點通常意味著學習某種精神境界或態度（如「淡漠」），而第④類地點則意味著研究或探索某種哲學概念。不過研究這些哲學概念的目的不是為了寫出論文或獲得學位，歸根結底還是為了在研究的過程中享受「遊」的心境，即本論文第二章第三節所說的，能遊者以精神上的探索為樂趣。在此基礎上看①，不難明白①類的地點實際上指的是人在社會生活中與他人調適共處所需的倫理、文化、心理等知識，以及傾聽、溝通的能力。而②則指的是整個宇宙尺度上的普遍真理，屬於〈齊物論〉所謂「六合之外」「存而不論」的領域。《莊子》不是以實證科學的眼光關注這些領域，而是透過研究這一尺度的真理來幫助我們意識到人世間死生利害的短暫和渺小〔註75〕。最後，第⑤類中這些地點，則需要在每一篇故事的脈絡中理解其各自的神話淵源或哲學意味，但往往仍是某種哲學概念或精神境界的隱喻罷了。

　　總的來說，對《莊子》而言，「遊」是一種移動，更是一種移動著的生活，隱喻著不帶功利目的的靈活自在的學習。「遊」的地點就是學習的內容或目標。學習一種新的態度或者研究一種新的學問，就被比喻為去一個新的地方遊玩〔註76〕。學習不同的思想流派，就被比喻為遊不同的地方〔註77〕。在申徒嘉對同學子產的發言中，說：「我跟你是在精神的領域遨遊」〔註78〕，背後反映的正是以學習為「遊」的觀念。

　　由於所「遊」之地總是某種「空間」，所以《莊子》又反覆談空間之「空」的有用性。

> 故足之於地也踐，雖踐，恃其所不蹍而後善博也；人之於知也少，
>
> 雖少，恃其所不知而後知天之所謂也。〔註79〕

〔註75〕例如當魏王準備發動戰爭的時候，戴晉人請他想像一下整個宇宙的無窮性，這時候回過頭來看，人類社會小得好像若有若無：「知遊心於無窮，而反在通達之國，若存若亡乎？」而其中的魏國與魏王就更微不足道。這一想像有效地打消了魏王的戰爭意志。見〈則陽〉。

〔註76〕例如〈大宗師〉中許由問：「汝將何以遊夫遙蕩、恣睢、轉徙之途乎？」，而意而子回答：「雖然，吾願遊於其藩。」意思就是他願意學習許由所講的道理。

〔註77〕例如〈大宗師〉中孔子說：「彼遊方之外者也，而丘游方之內者也。」

〔註78〕〈大宗師〉：「今子與我遊於形骸之內，而子索我於形骸之外，不亦過乎！」。按此句原為「形骸之外」，福永光司指出「內」和「外」應對調，〈大宗師〉有「修行無有，而外其形骸，臨尸而歌，顏色不變，無以命之」可作為證據。見福永光司著、王夢蕾譯：《莊子內篇讀本》，北京：北京聯合出版公司，2019，頁177。

〔註79〕見〈徐無鬼〉。

　　每個人踩在大地上，都只需要一小片空間。但是雙足所沒有踩著的那些地面並不是多餘無用的。正因為有廣闊的空間，人才能逍遙地「遊」。那些不知的（如宇宙的圖景）、不可確知的（如未來的變化）甚至不可知的（他者的心靈與死後的世界）事物，正構成我們心靈遊歷的美好去處。人不能只為了生存而活著，就像馬克思所說，異化勞動使人「將他的生命活動，他的是（being）本身，下降為僅僅是他生存（existence）的手段。〔註80〕」面向無用之域的探索恰恰是真正「人」的生活。因此，莊子大方地承認自己的哲學是「無用」的，就像那些從未被人們的足跡探索過的空間一樣：

> 惠子謂莊子曰：「子言無用。」莊子曰：「知無用而始可與言用矣。夫地非不廣且大也，人之所用容足耳。然則廁足而墊之，致黃泉，人尚有用乎？」惠子曰：「無用。」莊子曰：「然則無用之為用也亦明矣。」〔註81〕

## 三、移動方式的轉變與「遊」的獨特風格

　　如果說人的變化就是在空間中移動，那麼移動的方式也就是學習方式了。什麼樣的學習方式才接近於「遊」呢？前文已經說明，不是所有的移動都叫做「遊」，但「遊」一定要有所移動，所以「遊」一定和那種拒絕移動或被囚禁而無法移動的狀態相區別。但與此同時，過快的移動也不可能是「遊」。我們在旅遊時，步伐一定是輕鬆舒緩、走走停停的，看到景色就停下來觀賞，甚至不惜繞遠路或來回往復，我們把這種移動本身看作一種享受。因此，一個人要學會合適的「遊」，一方面要克服對移動的束縛，一方面則要克服急躁的衝動。

　　所謂對移動的束縛，在《莊子》的隱喻系統中一般以牢房或刑具來表達，因為兩者都是防止犯人移動的設施。例如：

### 故事 10　叔山無趾踵見仲尼

> 魯有兀者叔山無趾，踵見仲尼。仲尼曰：「子不謹，前既犯患若是矣。雖今來，何及矣？」無趾曰：「吾唯不知務而輕用吾身，吾是以亡足。今吾來也，猶有尊足者存，吾是以務全之也。夫天無不覆，地無不載，吾以夫子為天地，安知夫子之猶若是也！」孔子曰：「丘則陋矣。

---

〔註80〕Marx, Karl. *Marx: Early Political Writings*. Joseph O'Malley & Richard A. Davis. Cambridge: Cambridge University Press, 1994. p.75.
〔註81〕見〈外物〉。

夫子胡不入乎？請講以所聞！」無趾出。孔子曰：「弟子勉之！夫無
趾，兀者也，猶務學以復補前行之惡，而況全德之人乎！」無趾語
老聃曰：「孔丘之於至人，其未邪！彼何賓賓以學子為？彼且蘄以諔
詭幻怪之名聞，不知至人之以是為己桎梏邪？」老聃曰：「胡不直使
彼以死生為一條，以可不可為一貫者，解其桎梏，其可乎？」無趾
曰：「天刑之，安可解？」

　　叔山無趾的移動是「踵」行，即用腳跟行走。這是因為兀者受過刖刑，
刖刑實際是將人某一隻腳的腳板前半部切斷，只剩下腳跟，故只能以腳跟受
力而行走。孔子一開始對他表現出了明顯的歧視，後來雖然有所改正，但還
是對弟子說「而況全德之人」這樣的話——潛臺詞就是說，沒有受過刖刑的
人是「全德」的，受過的就不是了。根本上，他還是以人間的刑賞來作為標準
來判斷人的德性。孔子請無趾「講以所聞」，似乎這樣就能向無趾學習，其實
無趾真正值得學習的是他的移動方式——失去了腳趾卻依然不斷地行走，這
正是他的「尊足者」所在。而孔子卻不能加以領會。此後無趾同老子討論這
件事，並對於孔子頻繁向老子求教感到奇怪。之所以發此問，就是因為他感
到孔子的學習潛力有限，孔子被「刑」具所「桎梏」，缺乏移動的自由，即使
老子向他傳達「以死生為一條，以可不可為一貫」這類對世俗觀念的反思，
孔子也不可能真正摒棄原來的成見去考慮新觀點。既然如此，那為何還非要
來求教呢？

　　類似地，〈人間世〉說衛君住的地方是「樊」（籠子、牢房），因為衛君是
一個很難轉化的人，他的心靈被關在籠子裡很難移動。

　　與之相反，一個急躁、功利的人，移動必然是過於迅速的。他們並不把
移動看成「遊」，而是想快點到達目的地。由於缺乏價值與目的的反思，很多
時候他們自己也不明白為什麼要早點到達目的地，人生對他們來說成了一場
頭也不回的狂奔。《莊子》把這種狂奔狀態叫作「火馳」〔註 82〕或「坐馳」。
旅遊者見到迷人的景象一定會駐足觀賞，但「坐馳」的心靈即使在黑夜中看
到一間亮著溫暖光芒的小屋也不肯進去歇腳。〔註 83〕這樣的靈魂「與物相刃
相靡，其行盡如馳，而莫之能止，不亦悲乎！」〔註 84〕

〔註 82〕〈外物〉：「覆墜而不反，火馳而不顧」；〈天地〉：「方且尊知而火馳」。
〔註 83〕「瞻彼闋者，虛室生白，吉祥止止。夫且不止，是之謂坐馳。」見〈人間世〉。
〔註 84〕見〈齊物論〉。〈徐無鬼〉的「馳其形性，潛之萬物，終身不反」，也是描述類

真正的「遊」一定是舒緩的，就像《莊子》所描述的遠古黃金時代的人類：

> 故至德之世，其行填填，其視顛顛。〔註85〕

> 至德之世，不尚賢，不使能；上如標枝，民如野鹿。〔註86〕

至德之世的人民行動舒緩穩重，他們不需要跑得太快，是因為那時的社會還未因政治力而引入過多的競爭、機巧和詐偽。因此第二段引文中的「野鹿」，恐怕是指人類新開闢的土地上那些從未見過人類的動物。動物只有經過長期與人類協同進化，才會產生出怕人、見人迅速逃開的習性。在人類最早登上美洲、澳大利亞等土地時，當地的大型哺乳動物大多極其溫馴、易於捕獵。〔註87〕因此這些野鹿恐怕也是「其行填填，其視顛顛」的。

至於莊子中的一些大師們，則不僅以徐緩的步調旅遊，更發展出一套獨特的「遊」之風格：

> 雲將東遊，過扶搖之枝，而適遭鴻蒙。鴻蒙方將拊髀雀躍而遊。雲將見之，倘然止，贄然立，曰：「叟何人邪？叟何為此？」鴻蒙拊髀雀躍不輟，對雲將曰：「遊。」雲將曰：「朕願有問也。」鴻蒙仰而視雲將曰：「吁！」雲將曰：「天氣不合，地氣鬱結，六氣不調，四時不節。今我願合六氣之精，以育群生，為之奈何？」鴻蒙拊髀雀躍掉頭曰：「吾弗知，吾弗知。」雲將不得問。〔註88〕

鴻蒙一邊拍打著大腿，一邊像麻雀一樣跳著走。當雲將問他在幹嘛的時候，他卻只回答一個字：「遊」。鴻蒙沒有展現出任何專業技能或淵博學識，但雲將發現他有獨特的「遊」之風格，便立刻決定向他提問。看來雲將雖然有點笨，但至少知道大師們有自己獨特的「遊」法，眼前之人不可錯過。

經過學習，受教育者有時也發展出自己獨特的遊之風格。例如，向子桑雽求教後：

> 孔子曰：「敬聞命矣。」徐行翔佯而歸，絕學捐書，弟子無挹於前，其愛益加進。〔註89〕

---

似的狀態。
〔註85〕見〈馬蹄〉。
〔註86〕見〈天地〉。
〔註87〕賈雷德‧戴蒙德（Jared Diamond）：《第三種黑猩猩》，上海：上海譯文出版社，2012，頁342。
〔註88〕見〈在宥〉。
〔註89〕見〈山木〉。

　　經過這次求教，孔子的學習方式發生了變化，他不再「做學問」，也丟掉了書本。雖然我們無法確切知道孔子的新的學習方式是什麼，但從弟子與他關係更加親密來看，孔子一定更加重視從傾聽、從人與人的交談中學習。而他從子桑雽那裡離開後，《莊子》特意描寫他仿佛滑翔一樣徐緩彷徨的移動方法「徐行翔佯」（類似列子的「御風而行」），代表了孔子達到了更高的境界。

## 四、「遊」是與世界和他者的意料之外的交往

　　〈徐無鬼〉中有這樣一個故事：

**故事 11　黃帝將見大隗乎具茨之山**

> 黃帝將見大隗乎具茨之山，方明為御，昌寓驂乘，張若、譇朋前馬，昆閽、滑稽後車。至於襄城之野，七聖皆迷，無所問塗。適遇牧馬童子，問塗焉，曰：「若知具茨之山乎？」曰：「然。」「若知大隗之所存乎？」曰：「然。」黃帝曰：「異哉小童！非徒知具茨之山，又知大隗之所存。請問為天下。」

　　在這個故事中，黃帝象徵著一個學習者，他想要學習的是治理天下的辦法。他之所以想去某個特定的地方找「大隗」，大概他認為大隗是這方面的大師。但現在明明童子知道大隗在哪，黃帝卻沒有趕快讓他指個路，好趕到那裡，反而向這個孩子問起了治天下之道。讀者讀到這裡的時候恐怕非常詫異，因為一個孩子怎麼會知道怎樣治理天下呢？

　　通常，《莊子》裡的大師都不會呆在一個固定的地方。例如「雲將東遊，過扶搖之枝，而適遭鴻蒙」[註90]，「諄芒將東之大壑，適遇苑風於東海之濱」[註91]，「陽子居南之沛，老聃西遊於秦，邀於郊，至於梁而遇老子」[註92]等等。畢竟大師自己也在不斷學習、不斷出遊，因此要跟他們見面，只能半路偶遇。因此，對《莊子》來說教育正是人生旅途上和奇奇怪怪的人物建立起來的奇妙因緣。孔子說「三人行，必有我師焉」[註93]，他「入太廟，每事問」[註94]，聽到陌生人在自己的車邊唱起有趣的歌，他急忙下車想跟對

---

[註90]　見〈天地〉。
[註91]　見〈在宥〉。
[註92]　見〈寓言〉。
[註93]　見《論語·述而》。
[註94]　見《論語·鄉黨》。

方談話，〔註95〕這都是在旅途中向偶遇的人們學習。《莊子》在此真正承繼了孔子的精神。方以智點評此故事，說：「要須知此天師，不在山上。〔註96〕」在此「適遇」的牧馬童子，反而更有大師的氣象。

因此，在黃帝放棄去具茨之山見大隗，決定改向這個孩子提問的時候，也代表著背後的教育隱喻已經從有固定目的地的「旅行」轉向隨興的「遊」。對於黃帝的提問，童子果然是從「遊」的角度回答的：

夫為天下者，亦若此而已矣，又奚事焉？予少而自遊於六合之內，予適有瞀病，有長者教予曰：『若乘日之車，而遊於襄城之野。』今予病少痊，予又且復遊於六合之外。夫為天下，亦若此而已。予又奚事焉？〔註97〕

孩子對「為天下」這個問題非常不解，他覺得治理天下本不是很複雜的事情，只要「若此」就行。可是「此」到底是什麼呢？孩子反而開始講起了自己的「遊」歷。他幼年就能「自遊於六合之內」（學習了不少關於人類社會的文化知識），結果卻得了目眩的毛病。這讓我們想起了柏拉圖洞穴譬喻中，來自洞穴的人走上地面後，強烈的陽光使他頭暈目眩睜不開眼，因為他過去在洞穴中看到的只是理型世界的影子，只有在太陽（太陽隱喻著「善」）下才能看見真實的東西，即理型〔註98〕。柏拉圖又在《斐德若》篇這樣描述靈魂如何乘車飛升到天外，學習真正的知識：

當那些被稱作不朽者的靈魂抵達高天之巔，它們還要攀上天球之上〔註99〕，讓天球載著它們旋轉，在那裡觀照天外有天的景象。……天外之境（τὸν ὑπερουράνιον τόπον）的景色還未被我們塵世的詩人歌頌過，將來也不會有人好好地加以歌頌。但我下面要說的就是天

---

〔註95〕「楚狂接輿歌而過孔子曰：『鳳兮！鳳兮！何德之衰？往者不可諫，來者猶可追。已而，已而！今之從政者殆而！』孔子下，欲與之言。趨而辟之，不得與之言。」見《論語・微子》。

〔註96〕〔明〕方以智著，張永義、邢益海校點：《藥地炮莊》，北京：華夏出版社，2011，頁386。

〔註97〕見〈徐無鬼〉。

〔註98〕*Republic* 502C～521B. Plato. *Platonis Opera*. Oxford University Press, 1903.

〔註99〕西方古代世界觀中，所有的恒星都鑲嵌於天球，天球的轉動導致了我們視覺上看到一夜之中漫天恒星的旋轉。這個天球的下表面構成了我們抬頭所見的星空。這裡柏拉圖描繪的馬車可以開到天球的上表面，且其上表面之上復有一重天，其景色不是肉眼所能觀察，乃是理智所看的。

外之境的景象，既然我們的討論是為了獲得真理，那我就必須大膽把真理說出來。真正的「是」者，其「是」沒有顏色和形狀，不可觸摸，只有思想（νόος）這個靈魂的舵手才能對它進行觀照，而所有真正的知識就是關於它的知識。〔註100〕

《莊子》此處可能有相似的思考。小童得到一位不知哪冒出來的「長者」指點，以「襄城之野」這個地方作為過渡，乘坐「日之車」在此地遊玩一段時間之後，他目眩的毛病果然好了，而可以到天外去遊玩了。「襄城之野」作為一個神秘的地名，在此意味著六合之內與六合之外的過渡地帶，某種「地天通」的樞紐。說完這些，他重複了一遍一開始的話，可是這次多了個「予」字，變成「予又奚事焉」，似乎加入了一層微妙的抱怨：治天下本不需要費那麼多心神，況且更不該由我這樣一個小孩來思考了。黃帝近乎道歉似的說：

夫為天下者，則誠非吾子之事。雖然，請問為天下。

小童一再推辭，沒有辦法，只好盡量再把他的意思講清楚一點：

夫為天下者，亦奚以異乎牧馬者哉？亦去其害馬者而已矣。

聽完，黃帝兩次跪拜磕頭，稱對方為天師，然後才告退。從黃帝的反應來看，小童的教育很成功，黃帝已經有所領悟。但讀者大概一頭霧水：這一段經歷如何可能提供給黃帝一種關於治理天下的教育呢？

黃帝一開始執著於要去「具茨之山」尋找「大隗」，從隱喻思維來說，也就是要去學習一種能覆蓋並統治萬物的偉大的治理術。〔註101〕黃帝想要找的是「道路」（無所問塗），小童告訴他的卻不是道路，而是一種移動的方法，即「遊」。小童幼年也學了很多六合之內的治理術，所以黃帝問他大隗，他當然知道大隗，只是不屑一談。他想告訴黃帝的是：只有經過「襄城之野」的過渡，在思想中遊歷「六合之外」，才能以全新的方式重新理解人類社會的政治。正如柏拉圖為培養未來的哲人王所設計的課程表中，一定要包含與政治無關的算數、幾何、立體幾何、天文學、音律學，最後上升到辯證法的領域，這樣

〔註100〕Phaedrus 247B～247D.王曉朝譯《柏拉圖全集》第 2 卷之《斐德羅篇》，北京：商務印書館 2003 年版。筆者參照希臘文原文和 Fowler 英譯本做了一些修改。Plato. *Plato in Twelve Volumes*, Vol.9 translated by Harold N. Fowler. Cambridge, MA, Harvard University Press; London, William Heinemann Ltd. 1925.

〔註101〕呂惠卿注：「隗，高也。大而高者，無如道。覆被萬物，即具茨之義。」陳壽昌云：「具，備也；茨，聚也。」轉引自方勇：《莊子纂要》第 5 卷，北京：學苑出版社，2012，頁 167～171。

哲人王才能過上一種「真正的哲學生活」，從而成為一個「鄙視政治權力」的人，這種人只是由於擔心城邦被惡人統治會危及自己，才不得已地拿出生命中的一部分時間用來統治。〔註 102〕

為了把意思說得更明確，小童又提出了「害馬者」的概念。「害馬者」是什麼？第二章曾經引用的〈馬蹄〉篇「我善治馬」的故事，明確地指控了：害馬者就是伯樂——以求「有用」之心治馬，是對馬最大的傷害。類似地，對天下造成最大傷害的，正是出於治理的需要而展開的「名利社會」。由此來理解，則《莊子》中所談的「無為」之治，不一定是在當下已經是名利社會的世界上突然轉為「無為」，而更像一則政治歷史的寓言，意指如果從一開始就不把「治理」視為社會的主軸，以「治理」的邏輯去穿透社會，則本不會出現當代社會的各種症狀。因此，黃帝放棄去「具茨之山」（完備）尋找「大隗」（高大），從行動上接受了小童所示範的「遊」，他也就有可能放棄把「全世界」作為他「偉大」治理業績的對象，而改為採取「乘物以遊心，託不得已以養中」〔註 103〕的態度。

在這個教育故事中，「遊」作為一個舞臺，同時呈現了人與廣闊世界的交往（遊六合之內／外）和人與奇異他者的交往（長者、小童、黃帝、馬），兩條線索交織在一起（見圖 3），構成了一個獨特的教育場景。

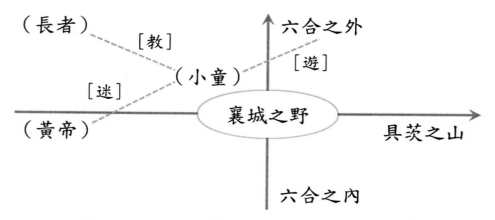

圖 3 「黃帝將見大隗乎具茨之山」故事中的人物、地域與移動

---

〔註 102〕Republic 521C～535A. 柏拉圖著、徐學庸譯注：《《理想國篇》譯注與詮釋》，合肥：安徽人民出版社，2013。
〔註 103〕見〈人間世〉。

最後應當指出的是，所有這一切教育，都是由於黃帝「迷路」才得以發生。如果黃帝過於聰明、完全不迷路，恐怕就不會遇到小童了。無怪乎在另一個故事裡，黃帝丟失了寶珠之後讓知識豐富的「知」去找，讓視力超群的「離朱」去找，讓聽力敏銳的「喫詬」去找，都找不到。最後讓整個人都迷迷糊糊的「象罔」去找，他卻找到了〔註104〕。也許象罔也是在迷路的時候才找到了它吧。人生中，我們讀過的許多與課業無關的「閒書」，經歷過的各種意外與驚奇，做過的許多看似無用的事情，最後反而成了寶貴的經驗，在未來的某個時候突然發揮了巨大的作用。

與《莊子》的「迷途」主題相比，來自拉丁文的「課程」（curriculum）一詞則展現出對教育本質的一種不同理解。Curriculum 原意為「跑道」，是人沿著一條事先規劃好的路線移動的過程。「課程」意在幫學習者規劃好所學的內容，卻忽略了很多時候「岔路」「迷途」「偶遇」與「轉軌」的重要性。在人類歷史上，許多大師都在學習的道路上經歷過迷惘、轉換和偶然機遇。如果文學青年柏拉圖沒有燒掉詩文追隨他所偶遇的蘇格拉底，數學教授伽利略沒有為了改善生計而偶然去試製望遠鏡，醫科學生魯迅沒有因為偶然看到的電影片而棄醫從文，那麼世界將失去多少偉大的思想和作品。教育中的各種「不經意間」「無心插柳」與「意料之外」，正是《莊子》希望我們去尋找的那顆寶珠。

## 五、師生是同遊者的關係

在《莊子》中，師生關係被明確地稱為同遊者，如〈達生〉說「吾子與祝腎游，亦何聞焉」，從田開之的回答可以看出他是祝腎的學生。〈德充符〉申徒嘉說自己已經師從伯昏无人很長時間，也說「吾與夫子遊十九年矣」。當然，這種說法有其歷史背景，因為先秦學者的門徒通常跟隨老師周遊列國。然而我們在其他先秦諸子的文本中卻很少見到用旅伴來形容師生關係，而是說某人是某人的「徒」〔註105〕，或某人「師」某人〔註106〕。《孟子》有「遊於聖人之門者」〔註107〕的說法，《墨子》有三處用「遊於子墨子之門者」〔註108〕

---

〔註104〕見〈天地〉。
〔註105〕《論語‧微子》：「是魯孔丘之徒與？」《孟子‧離婁下》：「予未得為孔子徒也，予私淑諸人也。」
〔註106〕《孟子‧萬章下》：「吾於子思，則師之矣」
〔註107〕見《孟子‧盡心上》。
〔註108〕見《墨子‧公孟》。

指墨子的學生。但「門」暗示了老師居住在一個固定的地點，這與《莊子》說老師與學生一起在廣闊的世界中「遊」是完全不同的概念。筆者認為「同遊者」的稱呼背後包含了教育本質論的思考。既然學習是人的精神之旅，那麼教師自然是旅程中的陪伴者，這樣，把師生關係說成「與某人遊」也就合情合理了。

不過，本章第一節介紹的儒家「旅行隱喻」中，教師也起到了旅程的規劃者與引領者作用。所以「同遊」隱喻中的師生關係和「旅行隱喻」有何區別呢？

第一，師生關係具有朋友式的平等性。

在其他先秦子書中，「與某人遊」本來指的是朋友關係〔註109〕。《莊子‧山木》也保留了這一用法的痕跡〔註110〕。把師生關係說成「與之遊」，實際上是把朋友當做了師生的隱喻，把師生關係看成是一種廣義的友愛。因此《莊子》更加欣賞平等的朋友式的師生關係。例如〈山木〉中孔子接受了子桑雽的教導，「徐行翔佯而歸，絕學捐書，弟子無挹於前，其愛益加進」。弟子在他面前無需再行揖拜之禮，但他們對孔子的愛卻增加了。

第二，師生關係是學習者自主選擇的結果。

既然師生只是某種朋友關係，那麼老師也就是學習者在學習的旅途中自主地選擇的旅伴。由於不同的老師適合不同的學習者，因此在選擇老師的過程中，勢必允許學習者能在不同老師之間比較。《莊子》中就經常有學習者向一位老師論及另一位老師的教法〔註111〕，或老師主動問起另一位老師怎樣教學〔註112〕的情節。此外，這也意味著學習是學習者主動發起的過程。《莊子》中的教師們對學習者想知道的「治天下」之類議題雖然了解，但自身絲毫不感興趣，因此只有學習者展現出強烈主動性和誠意的時候才不得已教授〔註113〕。因此有時候我們會讀到《莊子》中學習者對老師禮敬有加的動作，但這並不代表師生關係的權威化，因為這些禮節不是師門的統一規定，而是學習者表現誠意和虛心的一種自發的、獨特的動作，例如「士成綺雁行避影，履

〔註109〕《孟子‧離婁下》：「匡章，通國皆稱不孝焉。夫子與之遊」。
〔註110〕「辭其交遊，去其弟子，逃於大澤。」
〔註111〕如〈應帝王〉中列子對老師壺子說：「始吾以夫子之道為至矣，則又有至焉者矣。」
〔註112〕如〈大宗師〉「意而子見許由，許由曰：『堯何以資汝？』」。
〔註113〕例如〈應帝王〉中天根向無名人請教，或〈在宥〉中雲將向鴻蒙請教的故事。

行，遂進而問」〔註114〕，陽子居「進盥漱巾櫛，脫履戶外，膝行而前」〔註115〕等。

第三，師生關係具有靈活變化的可能。

既然師生關係是學習者的自主選擇，那麼也就會發生學習中途轉換師生關係的情況，如前面「黃帝將見大隗乎具茨之山」故事中，黃帝突然改為向小童請教。在這類「轉換師生關係」的故事中，會出現一個非常有趣的文學手法，即隨著對話的進行，當一個人意識到對方具有很強的人格魅力，想要向對方學習的時候，對對方的稱呼就隨之發生變化，甚至是由卑到尊的 180 度大轉彎。黃帝一開始稱牧馬童子為「若」（對晚輩或平輩使用的稱謂），中間改為「吾子」（表親切和敬重的稱謂），結尾稱「天師」而退。在〈德充符〉的「叔山無趾踵見仲尼」故事中，孔子一開始稱無趾為「子」，後來改為「夫子」。至於師生關係最戲劇性的變化，自然是老師反過來向學生學習，如〈大宗師〉中孔子發現顏回悟出了「坐忘」的道理，便說：「你確實是有智慧啊！老師我可以跟隨你學習嗎？」

第四，師生關係建立在教育者的吸引力之上。

在當代的體制化教育機構裡，老師個人無論是否有吸引力，總會有學生可以教。結果教師吸引力的問題沒有得到足夠的重視，反而發明了很多紀律手段來「治理」那些「不愛學習」的學生。其實，一旦老師具有吸引力，學生自然會受到教育影響。《莊子》描寫了許多這樣的典範，如〈德充符〉的王駘「立不教，坐不議，虛而往，實而歸」，哀駘它「和而不唱，知不出乎四域，且而雌雄合乎前」等。第五章會介紹浜村良久的觀點，即這些教育者的吸引力其實來自其傾聽的能力。

第五，師生關係只是人生中一段有限的陪伴。

《莊子》認為任何人際關係如果太過親密，背後一定有某種不良因素在起作用，例如兩條魚「相濡以沫」，看上去很感人，其實是因為泉水乾涸了，兩條魚互相用口水濕潤對方來勉強維持生存。〔註116〕所以「君子之交淡若水，小人之交甘若醴」〔註117〕。老師只是學生生命之旅中某一段的同遊者，不可

---

〔註114〕見〈天道〉。
〔註115〕見〈寓言〉。
〔註116〕見〈天運〉。
〔註117〕見〈山木〉。

能一生都陪伴學生，因此教師更要避免在教育中過多包辦代替。如果不給學生留下自主思考和自己實作的機會，一旦學生離開了老師就不可能獨立生存。師生關係的最高境界是沉浸在對真理的探索中而幾乎不意識到對方的存在，正如孔子對子貢所說的：

> 魚相造乎水，人相造乎道。相造乎水者，穿池而養給；相造乎道者，
> 無事而生定。故曰：魚相忘乎江湖，人相忘乎道術。〔註118〕

人和人既在真理之中相遇，又在真理之中相忘。

---

〔註118〕見〈大宗師〉。

# 第四章 《莊子》的教育心靈論

　　心靈論（Theory of mind），也稱為「哲學心理學」或「心靈哲學」，是從哲學的角度來研究人的心理、行為和行動的學科。「教育心靈論」取「心靈論」的涵義，主要在探討心靈教育的問題。〔註1〕人的心靈是一個充滿謎團的暗盒。但要對人進行教育，又必須了解人心靈的結構與功能，找到影響心靈的方法。

　　《莊子》對於心靈有深刻的研究，著眼於心、氣、神、形、官知等概念，用一些引人入勝的故事說明了外物、感官、意識、身體、認知與情緒之間複雜的互動關係。而對心靈疾患的療愈，實際上也就是心靈的教育。這一思考在馬里旦（Jacques Maritain, 1882～1973）那裡也有所迴響。馬里旦認為教育藝術可以和醫學藝術相比較，因為醫生對患者的影響以一種特殊的方式進行，醫生必須十分清楚生命機能的動力系統，在治療過程中模仿生命本身的活動方式，為生命機能提供適當的飲食和藥物，使生命恢復原有的平衡。教育者也是如此，她不能隨心所欲地塑造心靈，而必須首先研究心靈自然的運作方式，並維繫其和諧。〔註2〕因此，本章第一節先分別介紹《莊子》心靈哲學的重要概念，第二節說明心靈因哪些因素陷入不健康的狀態，第三節總結出《莊子》心靈療愈的三種方法，也是對心靈進行教育的方法。

　　教育是心與心的交往，教師要影響學生的心靈，首先要解救和保養自己的心靈。如林秀珍所言，當代教師身在高度競爭與現實功利的洪流中，需要透過學習莊子的心靈哲學，來化解成心的陷溺執著，以精神的崇高來回應現

---

〔註1〕梁福鎮：《教育哲學：辯證取向》，臺北：五南圖書出版公司，2006，頁289。
〔註2〕雅克・馬里坦著，魯燕萍譯：《面臨抉擇的教育》，臺北：桂冠，1994，頁33。

實，這是教師自救與救人的兩全之道〔註3〕。因此，本章介紹的《莊子》心靈哲學不僅應用在學生的教育，更應用於教師的自我修養。

# 第一節　心靈的結構〔註4〕

　　初讀《莊子》的人很容易感覺這本書在心靈哲學方面的觀點極為混亂。例如，有的時候批判「成心」，要求「無心」，有時候又讚譽一個人「無形而心成」〔註5〕；有的時候批判「知」，主張「無知」，有時候又希望大家知道一些道理，例如「唯達者知通為一」〔註6〕；有時候提醒大家身體健康的重要性，有時候又說「養形不足以存生」〔註7〕。筆者認為，出現這種狀況一方面確實是因為《莊子》包含了不同作者、不同觀點的作品，但另一方面也是因為我們未能以現代心理學為參考，對《莊子》的心靈哲學概念進行清晰的語言分析。透過語言分析釐清這些重要概念的意義後，我們不僅能解釋大部分觀點上的自相矛盾，也能大大提高《莊子》心靈哲學概念的解釋力。

## 一、「心」：空間與內容物

　　今天的人在感到煩悶時會說「心裡亂糟糟的」，形容一個人寬容大度時則說「她／他心裡什麼都裝得下」。在這些說法裡，心都被比作一個空間，其中有不同的內容物。在《莊子》中，「空間」是關於心的重要隱喻。

　　我們可以在《莊子》中看到不少將心視為建築物的說法。《莊子》以「靈臺」比喻心，而「靈臺」即古代的天文臺，是特別高大的方形建築物，以「靈臺丞」為首的天文官員每晚在此以肉眼和各種儀器觀測天象〔註8〕。在中國古代，觀測天象是被皇權壟斷的事業，對「天」之秘密的掌握和天人之間的神聖來往，是中國皇權重要的意識形態支柱。〔註9〕靈臺在人間的建築物中位居

---

〔註3〕林秀珍，《莊子哲學的教育詮釋》，頁77～80。
〔註4〕本節部分內容源自筆者在2019年10月26日在中國哲學會和輔仁大學哲學系共同舉辦的2019年「哲學跨領域：跨領域的對話與發展」國際學術研討會上發表的論文〈《莊子》「聽之以氣」的教育學蘊謂〉。
〔註5〕見〈德充符〉。
〔註6〕見〈齊物論〉。
〔註7〕見〈達生〉。
〔註8〕馮時：《天文學史話》，北京：社會科學文獻出版社，2011，頁191～196。
〔註9〕江曉原：《天學真原》，南京：鳳凰出版傳媒集團，譯林出版社，2011。

制高點，而靈臺代表的皇權也是世間的最高統治者。與此相似，心是人之中的「真宰」，其重要性大到莊子認為「心死」比「人死」更加可悲。

心不僅是建築物，而且是可以容納不同東西的建築物。如果不該容納的東西（利害與是非）被放到了這座建築物中——即，我們的意識被不該關注的事物所吸引，就無法展現出技藝或德性。反之，「百里奚爵祿不入於心，故飯牛而牛肥」，「有虞氏死生不入於心，故足以動人」〔註10〕，他們的成功都是因為把死生利害排除在了心的空間之外。

《莊子》也經常把心看作「府」，這個字的原義是用於收藏文書的倉庫〔註11〕。人在心的倉庫中放置了太多會牽動情緒的東西，如「死生存亡，窮達貧富，賢與不肖，毀譽、饑渴、寒暑」等。對於至人來說，這些東西都「不可入於靈府」〔註12〕。《莊子》勸人們不要在這座「府」中裝滿謀略和詭計〔註13〕，而是要平等地容納萬物〔註14〕。為了能容納萬物，心的空間就變得非常重要：

胞有重閬，心有天遊。室無空虛，則婦姑勃谿；心無天遊，則六鑿相攘。大林丘山之善於人也，亦神者不勝。〔註15〕

如果室內沒有足夠的空間，則婆婆和媳婦就容易吵架，這裡「室」依然是作為「心」的隱喻出現的。正像室有空虛一樣，若胸懷廣闊，心中有可供人遊覽的廣闊天地，就可以和他人建立良好的關係，就像大林丘山使人覺得舒適一樣。

正因為心中有可能「藏」著許多東西，所以我們除了可以把空的「空間」叫做心，也可以把其「內容物」叫做「心」。這就解釋了《莊子》中對心褒貶不一的問題。例如〈逍遙遊〉的「蓬之心」、〈齊物論〉的「成心」、〈人間世〉的「師心」「心知」、〈大宗師〉的「不以心捐道」，指的都是心的內容物，即大量關於道德是非或世俗利害的成見塞滿了心靈。而當莊子討論「用心」「遊心」「常心」「心養」的時候，則是強調心這一空間對於我們的重要性，希望我們保持它的空曠與開放。

〔註10〕見〈田子方〉。
〔註11〕《說文》：「府，文書藏也。」
〔註12〕見〈德充符〉。
〔註13〕〈德充符〉：「無為名尸，無為謀府」。
〔註14〕〈德充符〉：「夫子，聖人也。……而況官天地，府萬物，直寓六骸，象耳目，一知之所知，而心未嘗死者乎！彼且擇日而登假，人則從是也。」
〔註15〕見〈外物〉。

## 二、「神」：意識

不過，所謂的「入於心」與「不入於心」，在心理學上的實際意思到底是什麼？我們可以透過這個故事來了解：

### 故事 12　沒人未嘗見舟而便操之

顏淵問仲尼曰：「吾嘗濟乎觴深之淵，津人操舟若神。吾問焉，曰：『操舟可學邪？』曰：『可。善游者數能。若乃夫沒人，則未嘗見舟而便操之也。』吾問焉而不吾告，敢問何謂也？」仲尼曰：「善游者數能，忘水也。若乃夫沒人之未嘗見舟而便操之也，彼視淵若陵，視舟之覆猶其車卻也。覆卻萬方陳乎前而不得入其舍，惡往而不暇！以瓦注者巧，以鉤注者憚，以黃金注者殙。其巧一也，而有所矜，則重外也。凡外重者內拙。」〔註16〕

善於潛水的人完全不懼怕落水，所以不管眼前出現多麼危險的狀況，這些危險都「不得入其舍」。從心理學上說，這個人不可能「看不見」湍急的水流。這些視覺刺激一定被他的雙眼所接收到，並反饋給大腦。只不過，這些訊息完全沒有進入他的意識。現代心理學認為，「意識」監控著自己與外在環境，讓我們能夠覺察自身的感受、記憶和思考，控制自己的行為。意識能過濾某些刺激，聚焦於另外一些刺激。〔註17〕因此在這個故事裡「舍」精確地說是指操舟者的意識。也許由於這種對某些刺激的專注和對另外一些刺激的排除會帶來「疑於神」「若神」「猶鬼神」〔註18〕的效果，所以作為隱喻，《莊子》把人的這種能力稱為「神」〔註19〕。而由於意識具有控制行為（包括認知活動）之開始與結束的作用，《莊子》也把它叫作「志」。

為什麼我們需要排除對某些刺激的注意呢？《莊子》把刺激區分為有助於我們完成當下任務的（任務以「內」的）刺激，和無助於我們完成當下任務的（任務以「外」的）刺激。例如在賭博的時候（以打牌賭博為例），牌局中已經出過的牌有哪些，其他玩家手上有幾張牌，有什麼樣細微的表情與動作，

---

〔註16〕見〈達生〉。

〔註17〕Nolen-Hoeksema S., Fredrickson B., Loftus G. R., Wagenaar W 著，危芷芬、田意民、何明洲、高之梅編譯：《心理學導論》，臺北：聖智學習，2010，頁184～188。

〔註18〕均出自〈達生〉。

〔註19〕大部分時候，「精神」也表示相同的意思。不過，使用「精神」的時候，更強調個人的獨有意識與假想出來的宇宙的共同意識之間的相通。

對於完成當下任務是有幫助的；但「賭注有多大」「如果輸掉這一局會帶來多少損失」等資訊則對於完成當下任務沒有幫助，甚至有害。《莊子》將關注於利害、是非、毀譽的「神」稱為「外」〔註20〕，而將理想狀態的「神」視為「保」持或持「守」在「形」之內。〔註21〕因此在故事12的末尾，《莊子》才講了這樣一番道理：賭博時用瓦片當賭注的人，牌技十分靈巧；用衣帶鉤當賭注的人就比較緊張，以黃金為賭注的人就頭腦發昏。其實人的牌技是固定的，但賭注太大的時候就會過於珍惜賭注，他意識的重心放到了任務以外，而意識的重心一旦在外部，任務以內的心智操作就會變得拙劣。

在〈德充符〉申徒嘉的故事中，申徒嘉是一個因犯罪被砍掉一隻腳的腳板的人。在春秋的社會裡，這樣的人在受刑後還要終身服勞役，是社會最底層的賤民。然而申徒嘉跟隨老師伯昏无人學習了十九年，老師都沒有意識到他是個兀者（「吾與夫子遊十九年矣，而未嘗知吾兀者也」〔註22〕）。倒是他的同學子產，才一起上了幾天課，就對申徒嘉是兀者的身份極其介意，一臉嫌惡地要申徒嘉離他遠一點。申徒嘉表示：我跟你當同學，是在精神的領域遨遊，你卻總關注我身體的缺陷，不也太過分了嗎（「今子與我遊於形骸之內，

〔註20〕如〈德充符〉「外乎子之神，勞乎子之精」。

〔註21〕如〈在宥〉「無視無聽，抱神以靜……女神將守形，形乃長生」，〈天地〉「形體保神，各有儀則，謂之性」以及「明白入素，無為復朴，體性抱神」。

〔註22〕對於本句，諸注多解為申徒嘉不知自己是兀者，筆者以為不然。如果此處說申徒嘉向伯昏无人學習後，不再意識到自己是兀者，則應該強調此時間之短而非時間之長。例如「吾與夫子遊，三月而不知吾兀者也」。在《莊子》中，要強調時間短，一般說三日、三月、不以旬數，最多「期年」或「三年」；而「十九年」是一個固定用於表示時間長的數字。其數為19則別有深意。中國古代採取陰陽結合曆，為使太陽年與太陰月週期能夠配合，中國人找到了十九年七閏這一方法，十九年也就成為一個天文時間單位，稱作一「章」。採用了十九年七閏的四分曆自西元前427年（戰國初期）制定完成，隨後在諸國沿用，在莊子生活的時代肯定已經被人們熟知。十九年七閏很可能引起一些人的遐想，使19成為一個神秘數字，具有宇宙周而復始的循環中一個章節的意味。對於莊子而言，19這個循環數可以代表宇宙的一次輪迴與更新。因此庖丁說「臣之刀十九年矣」以強調他對刀保養得如此得好，用了這麼長時間都沒有折損；而申徒嘉已經跟老師學習了很長時間，每日出入居處，而老師竟然從未發現他是兀者，以此強調伯昏无人與弟子們「遊於形骸之外」。故事雖然沒有提到子產與申徒嘉同學多長時間，但可想而知：以子產的狂傲，若對申徒嘉有意見，不至於憋了多年才提出來。伯昏无人的「長時間沒發現」與子產的「短時間就發現」放在一起對比，正突出了老師的偉大心靈與子產的淺薄無聊。

而子索我於形骸之外〔註23〕，不亦過乎」）？這個故事中，老師伯昏无人和他的不成才的學生子產所展現出來的巨大差距，正在於意識的關注點的不同。老師也不是瞎子，學生在旁邊晃了十幾年，自然是看得見他有殘疾的，只是老師的精神高度專注於教育本身（形骸之內），對申徒嘉從無半點歧視或另眼相待，以至於申徒嘉覺得老師根本沒意識到這一點。

從現代心理學來說，「神」並不神妙，只是人正常的心理機制。只不過對於常人而言，那些攸關生存的事件（如飢餓、疼痛）在意識過程中原本特別突出，具有很高的優先級，以催促人盡快採取行動〔註24〕。要能把那些關乎生死、造成壓力的刺激排除在意識以外，而專注在有助於我們應對當下之任務（如操舟）的刺激上，就需要一定的認知作為前提。善於潛水的人是因為知道「我即使落水了也不會怎麼樣」，才做得到這一點。那麼在社會生活中操舟若神的「能遊者」又是因為「知」了什麼而能逍遙呢？

## 三、「知」：經驗之知與超越論之知

既然「心」中不應該充滿關於道德是非或世俗利害的「知」〔註25〕，為什麼《莊子》中又有很多關於「知」的正面論述呢？有些正面論述甚至很難用「書中文本來自不同學派、不同作者」這一點來解釋，因為正面論述與負面論述就交織在同一段文本中。例如「有大覺而後知此其大夢也，而愚者自以為覺，竊竊然知之」〔註26〕，前一「知」是正面意義的知，希望讀者知道自己在「大夢」中的處境；後一個卻是負面意義的，如果你以為自己「知道」自己醒著，你就是愚者。為說明這一問題，我們要區分《莊子》中的兩種「知」，即經驗之知與超越論之知。

類似「愚者自以為覺，竊竊然知之」這樣的「知」，是對於經驗不加以反思而形成的關於客觀規律或倫理判斷的信念，可稱為經驗之知。例如認為富

---

〔註23〕原為「子與我遊於形骸之內，而子索我於形骸之外」，據福永光司改。福永光司著，王夢鷗譯：《莊子內篇讀本》，北京：北京聯合出版公司，2019。

〔註24〕Nolen-Hoeksema S., Fredrickson B., Loftus G.R., Wagenaar W 著，危芷芬、田意民、何明洲、高之梅編譯：《心理學導論》，臺北：聖智學習，2010，頁184～188。

〔註25〕此處說的並非當代知識論的意義上的「知識」，而是在《莊子》知識批判的脈絡下，把被擁有者視為是「知」的想法都稱為「知」。

〔註26〕見「齊物論」。類似的還有「故知止其所不知，至矣。孰知不言之辯，不道之道？若有能知，此之謂天府。」其中「知」的意義顯然由負面轉為正面。

貴壽善是快樂的、貧賤夭惡是痛苦的，活著是好的、死去是不好的，堯、舜、伯夷、比干是好人，盜跖是壞人，等等。

「超越論的」這個形容詞是柄谷行人（Koujin Karatani, 1941～）對康德「先驗的」（transcendental）一詞的翻譯。不過，柄谷並不只是在討論康德哲學時使用這個詞。對他而言，任何思想家所提出的觀點，如果無法從經驗上證明，但有助於我們對經驗性意識的不言自明性進行懸置，對使其成立的諸種條件進行反思，就可以說是「超越論的」〔註27〕。例如，康德所發現的感性、知性、理性的運動，弗洛伊德（Sigmund Freud, 1856～1939）發現的本我、自我、超我，都是超越論的。我們可以把《莊子》中所提出的很多需要讀者「知」的東西，如「死生存亡之一體」〔註28〕「凡物無成與毀，復通為一」〔註29〕，同樣看作超越論之知。這些說法其實無法從經驗上證明，但有助於我們反思關於利害、死生、是非、有用無用、大小、貴賤等內容的經驗之知。

我們可以以「知死生存亡之一體」為例，來看看超越論之知如何起作用。在人們的經驗之知中，活著是好的，死是壞的。莊子並不打算主張活著和死了的體驗是一樣的，這是一種經驗性的主張，我們不可能加以證明，因為沒有人能告訴我們死後的體驗如何。但莊子發現「活著比死去好」這個經驗之知背後，有一個前提，即「我能分辨自己活著還是死了」。如果前提不成立，那麼「活著比死去好」就無法成立為知識。《莊子》以夢覺的關係來作為生死關係的隱喻〔註30〕，首先證明「我們無法從經驗上分辨現實與夢境」：

> 夢飲酒者，旦而哭泣；夢哭泣者，旦而田獵。方其夢也，不知其夢也。夢之中又占其夢焉，覺而後知其夢也。〔註31〕

夢中飲酒享樂的人，醒來之後或許會遇到傷心的事情而哭泣；夢中悲傷哭泣的人，第二天醒來後也許去打獵，開心得很。做夢的時候，他沒有意識到自己在做夢。在夢中醒來，還去找人占問自己的夢是吉是凶，等到醒來了才意識到剛才去占夢的情節發生在夢裡。現代已有心理學研究指出人確實有

---

〔註27〕柄谷行人：《トランスクリティーク——カントとマルクス》，東京都：岩波書店，2016，頁55，
〔註28〕見〈大宗師〉。
〔註29〕見〈齊物論〉。
〔註30〕這一點在《莊子》中有很多證據，最明顯的是〈大宗師〉中以「成然寐，蘧然覺」來寫來的死，把死亡看成睡去後又（作為一個新的生命）醒來的過程，亦可以說是進入夢中。
〔註31〕見〈齊物論〉。

可能在夢中又做夢。〔註32〕要證明「我們無法從經驗上分辨現實與夢境」，這一「在夢中又做夢」的現象是不可或缺的，因為有人會反駁說：我能記得剛才做了夢，就說明我現在醒著。但是，夢中做夢的那個人也記得剛才做了夢，還去找人占夢。等這一層夢又醒了，他才意識到連占夢的情節都發生在夢裡。這種步步後退的寫法不禁令人一身冷汗，如果占夢的情節都發生在夢裡，那麼現在這個「覺」有沒有可能還在夢中呢？

藉此，《莊子》要論述的道理是：

①「做夢」意味著我同時作為一個在現實中睡去的個體，和一個在夢境中「醒著」的個體而存在。

②我們在夢中「醒著」的經驗與真正「醒著」的經驗具有完全相同的真切性；

③夢中「醒著」的「我」和現實中正在睡眠的「我」可以是完全異質的，例如一個哭泣一個田獵；甚至可能是不同物種，如人和蝴蝶〔註33〕、人和魚或者鳥〔註34〕；

④根據①②，任何時候一個感到自己醒著的人都沒有辦法從經驗上判斷自己是 a.僅僅在現實中存在，或 b.同時作為一個在現實中睡去和一個在夢境中醒著的個體而存在；

⑤根據④，任何時候一個感到自己醒著的人都既有可能處在 a 狀態也有可能處在 b 狀態；

⑥根據①③，如果某個個體處於 b 狀態，那麼她／他同時既是自己，又是一個異質的個體。

⑦根據⑤⑥，任何時候一個認為自己醒著的個體都有可能和另一個異質的個體是同一個自我。

這樣就破除了「我可以辨別自己是否在夢中」的迷思。那麼，死生的關係是否可能與夢覺相似呢？死就像入睡，使人失去意識。但是入睡後人有可能重新恢復意識，並且作為一個完全不同的個體生活在一個完全不同的世界

---

〔註32〕Nolen-Hoeksema S., Fredrickson B., Loftus G. R., Wagenaar W 著，危芷芬、田意民、何明洲、高之梅編譯：《心理學導論》，臺北：聖智學習，2010，頁 188～190。

〔註33〕〈齊物論〉莊周夢蝶的例子。

〔註34〕〈大宗師〉：且汝夢為鳥而厲乎天，夢為魚而沒於淵，不識今之言者，其覺者乎，夢者乎？

裡，完全不記得入睡前的自己。〔註35〕那麼，人死之後是否可能重新在一個不同的生命體中獲得意識，並且完全不記得有一個過去的自己曾經活過？我們無法在經驗上排除這種可能。根據結論⑦，人也完全有可能跟另一個人或動物是同一個自我。只要死亡抹去了上一段生命的全部記憶（正如夢中的人忘了自己睡前的事情一樣），我們就沒有辦法從經驗上判斷我出生之前是不是曾經作為另一個個體存在過，也無法從經驗上預知我死後會不會又作為另一個個體而存在。這也就破除了「我們可以分辨自己活著還是死了」的想法，因為任何人的「活著」都可能同時是另一個人的「死後」。沿著這一想法再推一步，自然就無法說「活著一定比死了更好」，因為每個人當下的狀態都可能同時是活著和死了，在這個意義上死生存亡是「一體」，即同時存在於一個個體身上。

這一層道理是超越論的，因為在前面⑦的論證中，我們始終說的是「無法從經驗上否決這種可能」，但我們並未主張任何新的經驗知識。缺乏超越論反思的人，根據經驗認為自己肯定是醒著的，他對於自己處在夢境的可能毫無覺察，這樣的人處於「大夢」中。「知道」了這一可能性的，就叫做「大覺」：

且有大覺而後知此其大夢也，而愚者自以為覺，竊竊然知之。君乎，牧乎，固哉！丘也，與女皆夢也；予謂女夢，亦夢也。〔註36〕

為了提醒讀者超越論之知不同於經驗之知，《莊子》強調「我說你在做夢，這也是一場夢」，即不可把我的「說」視為比經驗具有更高優先級的真理，而只是同樣基於經驗而對經驗的反思罷了。超越論之知並不是基於什麼與經驗有所不同的客觀依據，而是在經驗中引入「對另一種可能的考慮」〔註37〕。《莊子》希望讀者「知」死生存亡之一體，不過是希望讀者有此一層考慮罷

〔註35〕如果記得，那麼夢中就無法開懷地飲酒，因為會繼續受到白天哭泣情緒的影響。
〔註36〕見〈齊物論〉。
〔註37〕因此這裡所說的對經驗知識的反思「不僅與『主觀的反思』有本質性的不同，同時也與『客觀的考察』有本質性的不同。超越論的反思終究是一種自我吟味，但同時這裡有『他人的視角』跑進來了。反過來說，這雖然是非人稱的（impersonal）的考察，但又是徹頭徹尾的自我吟味。」見柄谷行人：《トランスクリティーク──カントとマルクス》，東京都：岩波書店，2016，頁75～76（引文由筆者譯自日文）。《莊子》對這一點的認識，是透過關於「辯」的思考導入的，即辯論中「我與若與人俱不能相知」（〈齊物論〉），實際上就是既不能以任何一個「人稱的」觀點來做出絕對的判斷，也不可能找出一個真正「非人稱」的客觀視角。

了。而這種考慮無疑有助於我們消融經驗之知，使「心」的空間保持空虛。也正是這樣的「知」，起到了保持「神」的純粹，將利害死生等考慮隔絕在外的作用。

## 四、「氣」：情緒系統

以上說到的「神」與「知」都跟思考有關。但是，人不是純粹的思考機器。人從一出生就基於我們的動物本性而具有某些驅力和情緒，例如對危險的恐懼、對食物的渴望、受到攻擊時的憤怒等。這一系統的運作不完全受到意識的控制，例如我們有時「難以遏制自己的憤怒」。關於這一問題，《莊子》中主要以「氣」的學說來討論。心靈的思考總是受到情緒和驅力的影響，因此我們討論心的時候不能不同時討論「氣」。在此先介紹現代心理學對於情緒的生理基礎之研究，即自主神經系統與內分泌系統的工作原理。

自主神經系統（autonomic nervous system, ANS）的神經位於腦和脊髓之外，得此名稱是由於它所控制的活動可以自行調節，即使個人睡眠或失去意識時也繼續運作。自主神經系統主要由下視丘（hypothalamus，大陸學界譯為下丘腦）所控制。自主神經系統分為交感神經（sympathetic nervous system）和副交感（parasympathetic nervous system）神經，兩者的功能通常互相對抗：交感神經在強烈激發狀態時活化，而副交感神經則與休息有關。通常交感神經在緊急狀態時活化，動員身體應付危機（如攻擊或逃跑），此時人瞳孔放大、唾液分泌減少、呼吸加快、心跳加快等。副交感神經緊接在後，讓身體恢復常態，此時人瞳孔收縮、唾液分泌、呼吸、心跳恢復正常。〔註38〕

自主神經系統還可以調動內分泌系統共同調節人體的狀態。當壓力（恐懼、焦慮、疼痛、情緒事件等）出現時，下視丘的某些細胞會影響腦下腺（pituitary gland，大陸譯為「腦垂體」），促使它分泌腎上腺皮質激素（ACTH），它是身體的主要壓力荷爾蒙，它會影響腎上腺和其它器官，產生大約30種荷爾蒙，幫助身體適應危機情境。腎上腺會分泌腎上腺素和正腎上腺素（大陸譯為「去甲腎上腺素」），使身體準備應付危機狀態，例如使胃腸血管收縮、心跳加快、增加血糖濃度等。〔註39〕

---

〔註38〕Nolen-Hoeksema S., Fredrickson B., Loftus G.R., Wagenaar W 著，危芷芬、田意民、何明洲、高之梅編譯：《心理學導論》，臺北：聖智學習，2010，頁53～54。

〔註39〕Nolen-Hoeksema S., Fredrickson B., Loftus G.R., Wagenaar W 著，危芷芬、田意

　　由此我們不難理解這兩個系統的運作在傳統中國思想中為何被稱為「氣」或「血氣」，因為交感神經系統和腎上腺皮質激素最明顯可見的作用，就在於使人血液循環加快、呼吸加快。所以孔子說：「君子有三戒：少之時，血氣未定，戒之在色；及其壯也，血氣方剛，戒之在鬥；及其老也，血氣既衰，戒之在得。〔註40〕」可見當時人認為血氣的運動與人的各種情緒相關〔註41〕。

　　不過，呼吸、心跳等生理反應模式只是情緒的一部分。例如，同一種生理反應模式，既可能是驚奇、喜悅、恐懼，也可能是憤怒〔註42〕。當代心理學認為，情緒是由認知評估、主觀經驗、思考和行動傾向、生理反應、臉部表情和對情緒的反映六種成分組成的複雜系統。例如，逛「鬼屋」引發的生理反應，經過「這是一種娛樂」的認知評估，可以被體驗為喜悅的情緒；但若不知道是一間鬼屋，則遇到相同的情況可能會體驗到恐懼。其中的「生理反應」受一套自主的系統控制，最不容易被意識所管轄，表現為人心中一股獨立的力量，因此也最容易引起自古以來的思想家的重視。例如，柏拉圖的靈魂三分法中，除了理性（διάνοια）之外，血氣（θυμός）與嗜欲（ἐπιθυμία）被比作兩匹馬，〔註43〕而理性要盡力學會駕馭牠們。類似地，《莊子》哲學以情緒系統中的生理反應，即「氣」這一成分，作為解釋整個情緒系統的核心概念。雖然「氣」主要指的是情緒系統中的生理反應這部分，但《莊子》也非常明白任何情緒背後，都有一套認知評價體系在支撐。任何情緒都是一個「生理—認知」結合體。因此在對情緒進行化解的時候，認知重評是非常重要的技術（詳見本章第三節）。

　　其實，在壓力事件出現時加快心跳和呼吸，是高等動物在漫長的演化歷程中獲得的一種很有效的生存機制，使我們能快速調用體內能量，以「攻擊

民、何明洲、高之梅編譯：《心理學導論》，臺北：聖智學習，2010，頁53～55。
〔註40〕見《論語‧季氏》。
〔註41〕筆者認為「戒之在色」並不是對性慾的警告，《論語》中大部分「色」字都是指臉色，即表情。未成年人身體還不強壯，有情緒時一般不至於動手鬥毆造成惡果，但容易對人報以顏色，露出不敬的表情。
〔註42〕例如，最近的研究顯示：驚奇與喜悅、憤怒的生理反應模式都是呼吸週期縮短，RR間期縮短；悲傷的呼吸週期顯著長於恐懼和喜悅，悲傷的RR間期和每個呼吸週期的RR間期顯著長於憤怒、驚奇和恐懼，表明悲傷的呼吸速度減慢，心率減慢。但是驚奇、喜悅、恐懼和憤怒之間很難以生理反應相區別。參閱劉燁、王思睿、傅小蘭：〈5種基本情緒的心肺系統生理反應模式〉，《電腦研究與發展》3（2016）：716～725。
〔註43〕相關理論參閱柏拉圖《理想國》篇與《斐德羅》篇。

或逃跑」（fight or flight）的激烈行動來應對危險。但要成為一個不受名利社會、賞罰利害所控制的能遊者，要能自主地控制情緒（詳見本論文第二章第三節）。因此能遊者的「氣」往往是平穩、均勻、深沉、緩慢地在體內流動的：

> 古之真人，其寢不夢，其覺無憂，其食不甘，其息深深。真人之息以踵，眾人之息以喉。屈服者，其嗌言若哇。其耆欲深者，其天機淺。〔註44〕

真人的呼吸深至腳跟處，而大部分人的呼吸只用到喉嚨。受到壓抑的人，說話好像在吞嚥和吐出，實際上也是由心情經常恐懼與緊張，長期處於壓力狀態下，所以氣息短促。

以現代物理學來講，液體和氣體同為「流體」（fluid），自然有可以互相比擬的地方。而《莊子》中早已意識到液體和氣體具有某種相似性〔註45〕。我們在一些運用了「流體隱喻」的說法中也會看到情緒的影子：

> 故聖人，⋯⋯不言而飲人以和，與人並立而使人化父子之宜，彼其乎歸居，而一閒其所施。其於人心者，若是其遠也。〔註46〕

「飲人以和」的說法，把情緒上的和暢比作一杯可口的飲品，只要放在那裡自然有人喝下，不需要自己多說什麼。

類似地，在〈德充符〉申徒嘉的故事中，申徒嘉說：

> 人以其全足笑吾不全足者多矣。我怫然而怒，而適先生之所，則廢然而反。不知先生之洗我以善邪！

「洗我以善」與「飲人以和」文法相似，且又是基於「液體隱喻」，說出了老師的教育如春風化雨一般洗滌了他的心靈，使其受歧視的憤怒情緒得以化解。

## 第二節　心靈的疾患〔註47〕

《莊子》對醫學概念十分熟悉，所使用的概念也與醫家有相通之處。他

---

〔註44〕見〈大宗師〉。
〔註45〕在《莊子》中典型的如〈逍遙遊〉以水來類比空氣：「且夫水之積也不厚，則其負大舟也無力；覆杯水於坳堂之上，則芥為之舟；置杯焉則膠，水淺而舟大也。風之積也不厚，則其負大翼也無力。」
〔註46〕見〈則陽〉。
〔註47〕本節部分內容基於筆者於 2019 年 10 月 19 日在中央大學中國文學系舉辦的第廿六屆金聲中文研究生論文研討會上發表的論文〈從《莊子·達生》齊桓公見鬼故事看「氣」的精神分析面向〉。

對於人世間的各種惡有一種病理性的理解，即認為「惡」不是來源於對道德律令的無知或故意違抗，而是來源於人的一種病態，在這種病態中人不能正確地感知和理解世界：

> 人大喜邪，毗於陽。大怒邪，毗於陰。陰陽並毗，四時不至，寒暑之和不成，其反傷人之形乎！使人喜怒失位，居處無常，思慮不自得，中道不成章，於是乎天下始喬、詰、卓、鷙，而後有盜跖、曾、史之行。〔註48〕

人如果強烈地喜悅，就會在陽的方面過度；如果強烈地憤怒，就會在陰的方面過度。在陰陽兩方面過度，都會導致四季節律不能按時到來，寒暑冷熱之間不能按合理的比例調和，反過來就會損傷人體。這就使人的情緒失去應有的尺度、生活失去規律、不能順暢地思考、無法維持中道、無法保持條理。於是天下才開始有自高自大、怨天尤人、剛愎自用、尖刻暴躁等性格，繼而才有盜跖、曾參、史魚這類（極端利己主義或極端道德主義的）病態行為。

因此，如果說認為人天生有善端的孟子，把教育視為心的成長；認為人天生追求慾望的荀子，把教育視為對心的雕琢；那麼認為人容易陷入病態的莊子，就把教育視為對心靈的療愈。為此，莊子首先需要建立一套「心的病理學」，準確地分析惡的來源，即心靈的疾患所在。

## 一、「知」的繁雜與攪擾

如上所述，由於心靈是一個空間，常人最常出現的問題就是以多知為益，把各種經驗之知與世俗成見都堆積在心裡，佔據了心的空間：

### 故事13　大瓠之種

> 惠子謂莊子曰：「魏王貽我大瓠之種，我樹之，成，而實五石，以盛水漿，其堅不能自舉也。剖之以為瓢，則瓠落無所容。非不呺然大也，吾為其無用而掊之。」莊子曰：「夫子固拙於用大矣。宋人有善為不龜手之藥者，世世以洴澼絖為事。客聞之，請買其方百金。聚族而謀曰：『我世世為洴澼絖，不過數金；今一朝而鬻技百金，請與之。』客得之，以說吳王。越有難，吳王使之將。冬，與越人水戰，大敗越人，裂地而封之。能不龜手一也，或以封，或不免於洴澼絖，則所用之異也。今子有五石之瓠，何不慮以為大樽而浮乎江湖，而

---

〔註48〕見〈在宥〉。

憂其瓠落無所容？則夫子猶有蓬之心也夫！」〔註49〕

當惠子憤怒地把他的大葫蘆砸碎，說它一點用也沒有的時候，莊子哭笑不得地對他說：「現在你有容積五石的葫蘆，怎麼不考慮拿它當救生圈，綁在身上就可以在江湖裡浮游？你反倒在那裡擔憂它太大裝不了東西，那你的心真是被茅草塞住了啊！〔註50〕」在這個隱喻裡，「茅草」意味著什麼？在惠子的認知裡，葫蘆只能用於其常規的用途，即作為生產工具（當作瓢來舀水）或者生活用品（用它來盛飲料）。在這些常規的用法之外，惠子再也想不到能拿這個五石的大葫蘆來做什麼了。這正是已有的認知阻塞了新想法的進入。

有的時候，佔據了內心的則是關於道德是非的成見。例如在「南榮趎南見老子」故事的後續情節中，南榮趎見到老子，老子就問了他一個奇怪的問題：

## 故事6　南榮趎南見老子（後續）

> 南榮趎贏糧，七日七夜至老子之所。老子曰：「子自楚之所來乎？」南榮趎曰：「唯。」老子曰：「子何與人偕來之眾也？」南榮趎懼然顧其後。老子曰：「子不知吾所謂乎？」南榮趎俯而慚，仰而歎曰：「今者吾忘吾答，因失吾問。」老子曰：「何謂也？」南榮趎曰；「不知乎？人謂我朱愚。知乎？反愁我軀。不仁則害人，仁則反愁我身；不義則傷彼，義則反愁我已。我安逃此而可？此三言者，趎之所患也，願因楚而問之。」〔註51〕

老子說：「你怎麼跟這麼多人一起來呀？」南榮趎聽了脊背發涼，急忙轉頭往後看，卻一個人也看不見。其實老子這樣問並不只是為了製造幽默效果，更是在隱喻南榮趎內心之所以憂慮，是因「知」「仁」「義」三種「言」已經佔據了他的內心，仿佛三位煩人的朋友跟在他身後，嘰嘰喳喳地對他的生活評頭論足。他做事不計較私利，「知」就說他太蠢；做事過於計較私利，就受到「仁義」的譴責。南榮趎的決定總是被心裡這些聲音左右，而不能像小孩子一樣「動不知所為，行不知所之」。

在「顏回之衛」故事中，孔子對顏回的第一句批評，就是「夫道不欲雜，雜則多，多則擾，擾則憂，憂而不救」。孔子大概認為顏回在知識上的疾患也

---

〔註49〕見〈逍遙遊〉。

〔註50〕取林希逸的詮釋：「蓬心，猶茅塞其心也。」崔大華：《莊子岐解》，北京：中華書局，2012，頁32。

〔註51〕見〈庚桑楚〉。

在於此，即心中的「仁義繩墨之言」太多，不僅拿這些來規範自己，還要拿去規範他人。所以針對這一批評，顏回的第一種策略就是「端而虛，勉而一」。不過，內心的道從雜多到專一，還只是從疾患狀態向健康狀態回歸的第一步。因此孔子說「虛」「一」的顏回還不足以改變衛君。

## 二、「神」的專凝與疲勞

前面說過，神在運作的時候既可以僅關注「內」，即任務本身所需的資訊，又可以同時關注「外」，即對完成任務無幫助的資訊。我們可以將前一種專凝的工作模式稱為「凝神」，而後一種令人疲憊的模式稱為「勞神」。莊子批判惠子「外乎子之神，勞乎子之精」〔註52〕，正是意謂：哲學思考本來只需要關注真理本身（內），惠施卻過分關注辯論的勝敗及背後所關聯的名利地位（外），結果以勞神模式運行，白白損耗了上天賦予你的美好形體。

我們都有這樣的感受：讀了一本精彩的書或高度專注地完成一項任務（如娛樂性地打球、玩遊戲）後，我們的思維雖然經歷了一段時間的高速運作，但並不感到疲勞，反而感到一種滿足；反之，當我們經歷了一些高度牽動情緒的事件（如陪老闆和客戶交際、對別人撒謊等）後，卻覺得極其疲倦。這就是因為在「勞神」模式下，我們的意識實際是分散的，一方面要關注任務本身，一方面又忍不住思考成敗得失，而這些思緒又不免激發「氣」系統強烈的情緒反應。反之，「凝神」模式則在情緒輕微亢奮的同時保持了意識的高度專注。

因此，對於大部分人來說，「凝神」雖然不至於帶來「物不疵癘而年穀熟」〔註53〕那麼神奇的效果，但至少給我們流暢而愉悅的體驗，就像「孔子觀於呂梁」故事中的那個游泳者，在瀑布下游完泳，又輕鬆地走在岸邊，一邊唱歌，一邊讓風吹乾頭髮。

《莊子》又常把凝神的狀態比喻為一盆靜止的水。如林明照所說：「『止』同時也是一隱喻，乃是以水面的靜止來隱喻平靜、凝止而專注的實踐工夫及所達至的境界。〔註54〕」在平靜的水面上可以準確地照出萬事萬物的樣子，意味著神能夠準確地反映事物的本來面目：

> 水靜則明燭鬚眉，平中準，大匠取法焉。水靜猶明，而況精神！聖

---

〔註52〕見〈德充符〉。
〔註53〕見〈逍遙遊〉。
〔註54〕林明照：〈觀看、反思與專凝──《莊子》哲學中的觀視性〉，《漢學研究》3（2012）：1～33。

> 人之心靜乎，天地之鑑也，萬物之鏡也。〔註55〕

其實，我們之所以會對事物產生扭曲的認知（即幻象），通常是由於慾望或情緒的影響。例如，憤怒的時候將對方正常的語氣理解為挑釁，或過於喜愛一個人的時候便看不見其缺點。情緒（氣）就像風一樣吹動水面，導致水中的影像扭曲了。所以，梓慶削木為鐻之前要進行十五天的「齋戒」（這個齋戒大概也不是祭祀之齋，而是心齋），把賞罰非譽都忘掉，才能避免「耗氣」，從而達到「靜心」的效果。〔註56〕

反觀「勞神」模式，其特點就是「神」一直處在無法休息的運動中〔註57〕，且運動的原因就是「耗氣」（被情緒牽累）。例如，當我們一直費盡心思考慮怎樣投機取巧才能「減少成本、增加效益」的時候：

### 故事 14　子貢南遊於楚

> 子貢南遊於楚，反於晉，過漢陰，見一丈人方將為圃畦，鑿隧而入井，抱甕而出灌，搰搰然用力甚多而見功寡。子貢曰：「有械於此，一日浸百畦，用力甚寡而見功多，夫子不欲乎？」為圃者卬而視之曰：「奈何？」曰：「鑿木為機，後重前輕，挈水若抽，數如泆湯，其名為橰。」為圃者忿然作色而笑曰：「吾聞之吾師：『有機械者必有機事，有機事者必有機心。』機心存於胸中，則純白不備；純白不備，則神生不定；神生不定者，道之所不載也。吾非不知，羞而不為也。」子貢瞞然慚，俯而不對。〔註58〕

子貢到楚國去遊歷，回來時經過漢陰，看到一個老先生澆灌菜園。只見他一次次抱著瓦罐出來灌溉，一副費盡力氣的樣子，而效率又不高。子貢想起老師說過「事求可、功求成、用力少、見功多者，聖人之道」，就告訴老先生：「其實現在有一種機械，一天就可以灌溉一百個菜園，用力很少，效率又高，您不想要嗎？」然而老先生說：「我聽我師傅說過：『使用機械的人必定做的是需要機巧的事，做需要機巧的事就會產生謀求機巧的心。』懷著謀求機巧的心，就不能保持完整的純真；純真不再完整，則神性無法安定；神性無法安定，道就無所承載。我不是不知道這種機械，我是不好意思用。」

---

〔註55〕見〈天道〉。
〔註56〕「臣將為鐻，未嘗敢以耗氣也，必齊以靜心。」見〈達生〉。
〔註57〕「形勞而不休則弊，精用而不已則勞，勞則竭。」見〈刻意〉。
〔註58〕見〈天地〉。

　　今天我們不斷發明新技術，但新技術的發展方向不是讓人過上更有意義的生活，而是讓人「更快」地完成原本要完成的工作，而節約下來的時間並不能用於休息，而是要做更多的工作。在不斷趕時間、趕進度的壓力下，人的精神也越來越疲憊了。疲於奔命的精神，被《莊子》稱為「火馳」〔註59〕或「坐馳」。坐馳的心靈是沒有辦法接受教育影響的，他們即使在黑夜中看到一間亮著溫暖光芒的小屋，也不肯進去歇腳。〔註60〕這樣的人，是「胥易技係，勞形怵心者也」〔註61〕，不僅自己過得痛苦，還由於他們的「高效率」和「執行力強」而容易被利用，統治者正好把兵、刑、禮、樂、喪這樣一些需要「精神之運，心術之動」〔註62〕的下賤工作交給他們，就像狗恰恰因為能叼回獵物而被人馴化一樣。

## 三、「氣」的穩定與堵塞

　　在先秦的思想世界裡，「氣」的異常造成疾病的想法在《左傳》就可以看到。晉侯有疾，子產的分析是晉侯沒有按照一天中四個不同時段的正常節律來調整和通徹他身上的「氣」，以至於氣在某一處發生了鬱積堵塞。〔註63〕醫和對同一病例的分析則是從陰陽風雨晦明六氣去討論的，晉侯貪戀女色，女色引起的是陽氣和晦氣，因此他出現了與陽氣和晦氣的過剩相對應的症狀。〔註64〕類似地，《莊子》書中說子輿的病情是「陰陽之氣有沴」〔註65〕，把生病叫做「陰陽之患」〔註66〕。不過對於氣的病理學，說得最明白的還是這個故事：

### 故事15　齊桓公見鬼

　　桓公田於澤，管仲御，見鬼焉。公撫管仲之手，曰：「仲父何見？」

---

〔註59〕〈外物〉：「覆墜而不反，火馳而不顧」；〈天地〉：「方且尊知而火馳」。
〔註60〕「瞻彼闋者，虛室生白，吉祥止止。夫且不止，是之謂坐馳。」見〈人間世〉。
〔註61〕見〈應帝王〉及〈天地〉。
〔註62〕見〈天道〉。
〔註63〕「君子有四時，朝以聽政，晝以訪問，夕以脩令，夜以安身，於是乎節宣其氣，勿使有所壅閉湫底，以露其體，茲心不爽，而昏亂百度，今無乃壹之，則生疾矣。」見《左傳·昭公元年》。
〔註64〕「天有六氣，降生五味，發為五色，徵為五聲，淫生六疾。六氣曰陰，陽，風，雨，晦明也。分為四時，序為五節，過則為菑。陰淫寒疾，陽淫熱疾，風淫末疾，雨淫腹疾，晦淫惑疾，明淫心疾。女，陽物而晦時，淫則生內熱惑蠱之疾。今君不節不時能無及此乎？」同前引書。
〔註65〕見〈大宗師〉。
〔註66〕見〈人間世〉。

> 對曰：「臣無所見。」公反，誒詒為病，數日不出。齊士有皇子告敖
> 者，曰：「公則自傷，鬼惡能傷公！夫忿滀之氣，散而不反，則為不
> 足；上而不下，則使人善怒；下而不上，則使人善忘；不上不下，
> 中身當心，則為病。」

　　在先秦的「見鬼」故事中，一個人看到鬼並不一定就會得病。據筆者的
研究，〔註67〕齊桓公很可能認為自己看到的是被他殺死的親兄弟公子糾所化
成的鬼。鬼的出現激發了桓公強烈的情緒反應，包含對親兄弟之死的內疚和
悔恨，也包含對於他人質疑自己道德品質和繼位合法性的恐懼。所以皇子告
敖把齊桓公的病因稱為「忿滀之氣」。「忿」通「憤」，王叔岷釋為「滿」；而
「滀」通「蓄」，水體蓄積、未能有效疏導的意思〔註68〕。可見「見鬼」喚起
了齊桓公曾經殺死親人這一創傷事件，堵塞了「氣」的正常流動，使之如洪
水一樣積聚起來形成高壓。這些「氣」如果徹底消散，人就會失去能量，變得
冷淡無力（「不足」）；如果完全不受壓抑，就以遷怒於人的方式發洩出來（「善
怒」）；如果能徹底壓抑到潛意識中，則會導致對創傷經歷的遺忘（「善忘」）；
如果恰好不上不下，就是一種不成功的壓抑，「既不能洩之於怒，又不能與之
相忘」〔註69〕。

　　因此我們可以猜想：正常情況下，「氣」被認為是一種以平緩的、穩定的
節奏在身體中流動的流體，構成一個封閉的內循環，維持著恆定的壓力。情
緒是氣的波動，因此氣的疾患，就是其「異常流動」，例如受外物影響出現凌
亂的流動（沴）。一旦異常流動無法得到疏通，就會鬱積在某一部位（滀）造
成高壓，或徹底散失（散）。而至人之所以不受外部世界的情緒影響，則正是
因為「純氣之守」〔註70〕，其氣循環不受各種壓力事件的擾動。

## 四、「知—神—氣」的關係

　　以上從知、神、氣三方面說明了心靈可能出現的疾患。荀子著名的修養
工夫「大清明」，其實也是從知、神、氣三方面提出的：

> 人生而有知，知而有志；志也者，臧也；然而有所謂虛；不以所已

---

〔註67〕詳筆者的研討會論文：〈從《莊子·達生》齊桓公見鬼故事看「氣」的精神分
　　　　析面向〉，第廿六屆金聲中文研究生論文研討會，中央大學中國文學系，2019。
〔註68〕王叔岷：《莊子校詮》，北京：中華書局，2007，頁693～694。
〔註69〕劉鳳苞：《南華雪心編》，北京：中華書局，2013，頁433～435。
〔註70〕見〈達生〉。

臧害所將受謂之虛。心生而有知，知而有異；異也者，同時兼知之；
同時兼知之，兩也；然而有所謂一；不以夫一害此一謂之壹。心臥
則夢，偷則自行，使之則謀；故心未嘗不動也；然而有所謂靜；不
以夢劇亂知謂之靜。未得道而求道者，謂之虛壹而靜。〔註71〕

　　荀子的「虛」正是針對「知」對心的堵塞，避免心由於塞滿了已有的認
知，而無法接受新的思想。荀子的「壹」是針對「神」容易被攪擾的特點，要
求任何時候只專注在一個對象上，不讓關於一個對象的知識影響我們對於另
一個對象的認知。荀子的「靜」則是針對「氣」的異常流動，避免由於情緒而
破壞認知的客觀性。

　　知、神、氣三者的疾患又有互相影響的關係，實際上是同一症候群的三
個方面。當外部事物透過感官被我們所感知，如果原原本本地進入意識（徇
耳目內通而外於心知）〔註72〕，則不會引起任何情緒波動。但「知」的中介
作用就在於將外部刺激「轉譯」為「意義」，如把「富貴」轉譯為「好事」，把
「死亡」轉譯為「壞事」等，激起相應的情緒體驗，導致「氣」的波動。「知」
越複雜多樣，引起的情緒就越複雜，以至於難以疏解。「氣」的波動進而又引
起「神」的關注，使「神」在勞神模式下運行。而一開始之所以「知」會過多
地參與對外部刺激的轉譯，又是因為「神」未能有效地對知進行超越論的反
思，未能把不必要的考慮排除在外。三種疾患的關係見圖4。

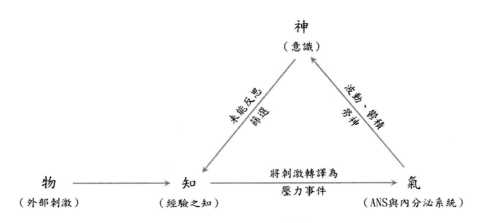

圖4　知、氣、神的致病循環

〔註71〕見〈荀子‧解蔽〉。
〔註72〕見〈人間世〉。

由於知、氣、神三者相互影響，人的心靈患病的過程，實際上就是三者之間的惡性循環。「知」越繁雜，「氣」就越容易被攪擾起來，而「氣」的波動或鬱積，又使「神」在勞神模式下運行。疲勞的「神」無法主動對「知」進行反思和批判，造成新一輪的循環。要挽救人的心，可以從養知、養氣、養神三管齊下，將惡性循環遏止住，甚至轉而開啟良性循環。三者之間循環模式的改變（化），既是教育的結果，又是進一步成長的前提。

## 第三節　心靈的療癒

在《莊子》看來，對那些天生具有健康心靈且從未陷入病態的人，心靈的教育似乎不一定是必要的，〔註73〕保持他們天性的本真即可。因此找到治療和避免心靈疾患的方法，其實就是心靈的「教育學」和「養成術」。

依據上一節揭示的心靈的病理學，心靈疾患的本質包含三方面：氣受外物牽動產生了不必要的運動，神的能動主導作用被削弱，而「知」在其中起到中介作用。要治療這個症候群，可先從中介作用入手，即首先對「知」形成反思，透過反思化解心靈中龐雜的經驗之知，避免「知」將刺激解釋為壓力事件，進而宣導「氣」的流動，保持「神」的專凝。《莊子》以下列修養工夫，逐步提升心靈中「神」的能動性，不僅避免「氣」對認知和行動的攪擾，甚至可以主動、靈活地運用「氣」。

### 一、養知：以超越論思考實現認知重評

養生、養形都是我們所習慣的說法，但《莊子》卻談「養知」〔註74〕，這一點頗為特別。按現代的知識隱喻，「知」像貨物一樣堆積在心靈的倉庫中，除了會因時間流逝而遺忘之外，倒沒有什麼必要特別去保養它。之所以《莊子》談養知，是因為「知」是心靈之健康不可或缺的環節。如前所述，心靈療愈的第一步，首先要對「知」進行反思，最終目的是維繫「氣」的穩定性。用心理學術語來說，就是尋找一種以認知來調節情緒的途徑。

---

〔註73〕「生而美者，人與之鑑，不告則不知其美於人也。……聖人之愛人也，人與之名，不告則不知其愛人也。若知之，若不知之，若聞之，若不聞之，其愛人也終無已，人之安之亦無已，性也。」見〈則陽〉。

〔註74〕如〈繕性〉：「古之治道者，以恬養知；知生而無以知為也，謂之以知養恬。知與恬交相養，而和理出其性。」

在當代心理學研究中,美國學者 James J. Gross 提出的情緒調節理論影響頗大。Gross 指出最常用和有價值的降低情緒反應的策略有兩種,即認知重評(cognitive reappraisal)和表達抑制(expression suppression)。認知重評即改變對情緒事件的理解,改變對情緒事件個人意義的認識,如安慰自己不要生氣、是小事情、無關緊要等。表達抑制是指抑制將要發生或正在發生的情緒表達行為,如假裝自己很好、強顏歡笑等。Gross 進一步發現:表達抑制會影響心理健康,為弗洛依德的精神壓抑學說提供了一定的支援;而認知重評會產生積極的情感和社會互動結果,不需要耗費許多認知資源,是一種有益的情緒調節方式。〔註 75〕

類似地,《莊子》主要教導我們採取認知重評的方式來調節情緒。《莊子》中大量超越論的思考實際上就是在改變我們對於死亡、疾病、貧窮等的認知。這一思路也出現在與莊子幾乎同時的孟子那裡。在《孟子‧告子上》著名的「知言養氣章」,有一個與莊子「心齋」一樣的「言—心—氣」三層結構〔註76〕,這暗示著莊子與孟子的氣理論很可能有相近的思想淵源。孟子的「氣」學同樣關注氣的平穩循環,並且強調了認知(志)對於氣的影響。孟子說:

> 夫志,氣之帥也;氣,體之充也。夫志至焉,氣次焉。故曰:「持其志,無暴其氣。」……志壹則動氣,氣壹則動志也。今夫蹶者趨者,是氣也,而反動其心。

對孟子來說,修養工夫主要是在以認知上的努力來避免情緒任意發展(無暴其氣),以及確保認知不要反過來受情緒牽動(反動其心)。《莊子》的思路則更加細緻,更明確地揭示了以認知調控情緒的機制:情緒的開端,即呼吸、心跳等變化,是自主神經系統控制的,並非我們的意識能夠控制,因此這些情緒表現無論如何都會出現。能遊者只是在這些情緒的苗頭出現以後,能以超越論的認知來迅速平復自己罷了。

例如,在本論文第三章引用過的「吾與子觀化而化及我」故事中,有這樣一個細節:滑介叔的左肘一開始長瘤的時候,他明明驚愕不安的樣子,露

---

〔註 75〕 王振宏、郭德俊:〈Gross 情緒調節過程與策略研究述評〉,《心理科學進展》6(2003):629～634。

〔註 76〕 《孟子‧公孫丑上》:「告子曰:『不得於言,勿求於心;不得於心,勿求於氣。』不得於心,勿求於氣,可;不得於言,勿求於心,不可。」對比《莊子‧人間世》:「无聽之以耳而聽之以心,无聽之以心而聽之以氣。耳止於聽,心止於符。氣也者,虛而待物者也。」

出嫌惡的表情。等到支離叔說：「你很厭惡它嗎？」的時候，他卻說：「沒有。」然後講出了一番道理。其實一開始的表情說明了他對於自己患病一定有驚訝、恐懼、厭惡的反應，但是很快就以認知重評化解了這些情緒。

類似地，莊子妻子剛去世的時候，莊子說「我獨何能無概然」。但是經過認知重評，他引入了妻子的視角來反觀自己：「人且偃然寢於巨室，而我嗷嗷然隨而哭之，自以為不通乎命，故止也。〔註77〕」由「止」這個字反推，莊子一開始其實是哭了的。如果說「情」包含了情緒的生理反應，那麼人是不可能完全「無情」的，聖人的「無情」不過是不把「好惡」這樣的認知評價加到情緒反應中罷了。〔註78〕情緒是生理反應和認知評價的綜合體，《莊子》對前者沒有任何批評，而是教導我們承認和接受這一現象的存在，絕不去壓抑或消滅「氣」（如〈達生〉「齊桓公見鬼」故事所言，一旦氣「散而不反」，人就失去了生命所需的能量），只就「氣」背後的「知」來進行調節。

認知重評需要在原有的「知」中再加進一些新知，從而「假至言以修心」〔註79〕。不過本章第一節已經說明，新加入的不能又是經驗之知，而應該是超越論之知，即對已有經驗之知的反思。而超越論之知，在語言上會表現為以「不知」（或「惡乎知」「庸詎知」）為謂詞的句式。例如：

> 予惡乎知說生之非惑邪！予惡乎知惡死之非弱喪而不知歸者邪！麗之姬，艾封人之子也。晉國之始得之也，涕泣沾襟；及其至於王所，與王同筐床，食芻豢，而後悔其泣也。予惡乎知夫死者不悔其始之蘄生乎！〔註80〕

因此所謂「養知」，說得更精確一些，就是「養其知之所不知」〔註81〕。正是那些處在個體感覺經驗之外的事物，那些我們所「不知」（不能確知）的東西，如大年小年、死後世界、他者的體驗等，構成超越論反思的內容，並且化解著我們平時自以為是的各種經驗之知（如「長壽比早夭好」「生比死好」「他者的體驗與我沒有什麼不同」等）。不過，超越論的反思總是建立在經驗之知基礎上，例如我們以「夢覺」的關係來類比「生死」的關係，這必須建立

---

〔註77〕見〈至樂〉。
〔註78〕「吾所謂無情者，言人之不以好惡內傷其身，常因自然而不益生也。」見〈德充符〉。
〔註79〕見〈田子方〉。
〔註80〕見〈齊物論〉。
〔註81〕見〈大宗師〉。

在人們對於「夢覺」有一定經驗的基礎上。因此,養「知之所不知」的養料,正是「知之所知」。這樣,我們就知道了〈大宗師〉所謂「知天─知人」中「知人」的部分意味著「理解了人類認知的局限性」:

> 知人之所為者,以其知之所知,以養其知之所不知,終其天年而不中道夭者,是知之盛也。

所謂「知人之所為」,就是用我們的知識所已知的部分,來維護涵養我們的知識所不知的部分。福永光司對此評論道:

> 雖極為簡短,但莊子在文中仍嘗試著對人類的知──認識能力──進行了批判。……他對人知的極限及其相對性進行了敏銳的反思。〔註82〕

正因為認知重評是以超越論思考來反思經驗之知,所以進行認知重評的時候,一定要注意不能否定當事人自身實實在在的體驗,拿「我的」經驗之知去「重評」你的經驗之知,而只能透過引入一個新的視角來模糊當事人同自身體驗之間的距離,改變其看待這種體驗的方式〔註83〕。例如,在勸導一位因考試成績失常而陷入低谷的學生時,如果說「其實你考得不差」或「這次考試不重要」,都是在強行壓抑對方切身的體驗。但如果這樣說:「想像一下五年以後,你已經考上大學,在跟別人聊起你的高中生活的時候,說到今天的事情,你的心情會是怎樣的?」這種認知重評就完全不否定對方當下的體驗,只是引入了「五年後的我」的視角。問者無意去判斷「現在的我」或「五年後的我」哪一個才是真理,但這一問卻使得當事人意識到今天的事情放在五年後可能只是輕鬆的小插曲,而對當下事件的評價便或多或少從「現在的我」的視角中游離開了。

## 二、養神:於心流體驗中強化凝神模式

心靈療愈的第一步,是在神的運作中,逐步增加「凝神」模式的比例,減少「勞神」的情況,逐漸將「凝神」變為心智運作的常態。這種「凝神」的體驗,在現代心理學中也就是「心流」。按照心理學家契克森米哈伊(Mihaly Csikszentmihalyi, 1934~)的研究,每個人在其最積極的體驗(即,獲得樂趣

---

〔註82〕福永光司著,王夢蕾譯:《莊子內篇讀本》,北京:北京聯合出版公司,2019,頁198。

〔註83〕具體的方法詳見本論文第五章第二節。

的體驗）中，一般都能回憶起以下元素中的至少一項：

> 首先，這種體驗出現在我們面臨一份可完成的工作時。其次，我們
> 必須能夠全神貫注於這件事情。第三和第四，這項任務有明確的目
> 標和即時的回饋。第五，我們能深入而毫不牽強地投入到行動之中，
> 日常生活的憂慮和沮喪都因此一掃而空。第六，充滿樂趣的體驗使
> 人覺得能自由控制自己的行動。第七，進入「忘我」狀態，但心流
> 體驗告一段落後，自我感覺又會變得強烈。第八，時間感會改變——
> ——幾小時猶如幾分鐘，幾分鐘也可能變得像幾小時那麼漫長。〔註84〕

契克森米哈伊把這樣的體驗叫做「心流」（flow），他認為心流體驗是人真正幸福的來源。在心流的要素中，第 2、5、7 項都指向《莊子》式的「用志不分」的體驗。《莊子》認為這種純粹、流暢的體驗正是養神的方法：

> 純粹而不雜，靜一而不變，惔而無為，動而以天行，此養神之道也。
> 〔註85〕

這裡要注意的是，《莊子》雖然講「無為」，但大部分篇章中「無為」並不是以「什麼都不做」的意思。《墨子》解釋「為」字，是「窮知而儳於欲」。從〈經說上〉的詮釋來看，「為」不是一般的「做事」，而是在「知」與「欲」相衝突的狀態下做事的意思。面對那些「利害未知」的事情，「知」充滿疑慮，不斷提醒我們不要去做，而慾望又在不斷衝擊自我，企圖忽略「知」的提醒。〔註86〕這意味著做事的時候充滿了利害是非的考慮，而以「勞神」模式運作。對《莊子》而言，「心流」八項要素的第 1、3、4、6 項並不意味著我們要在「事業」的操勞忙碌中才會快樂，而是說快樂一定出現在那些令人能專注於事情本身（而非其後果）的活動當中。而第 8 點「時間感的改變」，我們也在庖丁解牛的「視為止，行為遲，動刀甚微」〔註87〕中找到了最精彩的描寫。

那麼，我們能透過哪些活動來獲得凝神的體驗呢？《莊子》似乎找到了

---

〔註84〕契克森米哈賴著、張定綺譯：《心流：最優體驗心理學》，北京：中信出版集團，2017，頁 126～130。

〔註85〕見〈刻意〉。

〔註86〕「為：欲離其指，智不知其害，是智之罪也。若智之慎文也無遺，於其害也，而猶欲離之，則離之是猶食脯也。騷之利害，未知也，欲而騷，是不以所疑止所欲也。廧外之利害，未可知也，趨之而得力，則弗趨也，是以所疑止所欲也。觀『為，窮知而儳於欲』之理，離脯而非恕也，離指而非愚也，所為與不所與為相疑也，非謀也。」見《墨子·經說上》。

〔註87〕見〈養生主〉。

三種凝神的實踐，即遊於藝、遊於道和遊於友：

第一，透過技藝實踐來體會凝神模式（遊於藝）。

《莊子》中有許多「訣竅故事」（knack stories），其中大多用技藝精巧的工匠與她／他的材料或工具互動的過程來說明凝神的訣竅。其中最著名的一段是：

### 故事 16　庖丁解牛

庖丁為文惠君解牛，手之所觸，肩之所倚，足之所履，膝之所踦，砉然嚮然，奏刀騞然，莫不中音。合於《桑林》之舞，乃中《經首》之會。文惠君曰：「譆！善哉！技蓋至此乎？」庖丁釋刀對曰：「臣之所好者道也，進乎技矣。①始臣之解牛之時，所見无非牛者。三年之後，未嘗見全牛也。②方今之時，臣以神遇，而不以目視，官知止而神欲行。依乎天理，批大郤，導大窾，因其固然。技經肯綮之未嘗，而況大軱乎！良庖歲更刀，割也；族庖月更刀，折也。今臣之刀十九年矣，所解數千牛矣，而刀刃若新發於硎。彼節者有間，而刀刃者无厚，以无厚入有間，恢恢乎其於遊刃必有餘地矣，是以十九年而刀刃若新發於硎。③雖然，每至於族，吾見其難為，怵然為戒，視為止，行為遲。動刀甚微，謋然已解，如土委地。提刀而立，為之四顧，為之躊躇滿志，善刀而藏之。」文惠君曰：「善哉！吾聞庖丁之言，得養生焉。」

庖丁解牛的故事，學者們已經做了很多闡釋，在此要關注的是凝神所經歷的三個階段（在文中以數字標出）。

在第①個階段，我們對操作對象的結構都不熟悉，一開始只看到了事物的「外形」，在學習過程中才逐漸學會辨認具體的「部件」。例如一個從未修理過汽車的人只能看見整輛車，而有經驗的人則看得出一輛車「被改裝過」或「車燈有換過」等細節。在這一階段，我們的凝神狀態經常被打斷，因為對對象結構的不熟悉，我們可能不時遭遇挫折，挫折帶給我們一定的壓力和負面情緒，甚至使我們開始注意到一些任務以外的念頭，例如「我真的適合做這個嗎？」「到底要失敗多少次才能成功？」「失敗會造成什麼後果？」等等。因此，在這一階段我們不斷承擔著掉落回勞神模式的風險。有時候，由於我們長期沒能進步，在勞神模式下過於疲憊，就放棄了嘗試。

在第②階段，由於對操作對象的結構已經過於熟悉，我們閉著眼睛也能夠操作了。心理學上把這種起初需要意識注意，後來可以成為習慣的行為反

應，稱為自動化（automaticity）。《莊子》認為，達到這一境界的秘訣正是人與事物之間親密無間的融合：

> 工倕旋而蓋規矩，指與物化，而不以心稽，故其靈臺一而不桎。
> 〔註88〕

工倕用手指旋轉畫圓，就能合乎圓規所化的結果。他的手指與事物協同無間，而不以心智來預先籌劃。所以他的心靈專一而不受阻塞。

畢來德認為，《莊子》中這類文本描述的是「天」和「人」這兩種活動機制（régime）之間的轉換：「人」是故意的、有意識的活動機制，而「天」則是必然的、自發的活動：〔註89〕

> 在這一轉折的時刻，原來有意識地控制並調節活動的意識，突然被一
> 種渾整許多的「事物的運作」取代，而這一運作則解除了意識一大部
> 分的負累……這時我們所有的官能與潛力……都一同組合起來，往我們
> 期待的方向行動了，而其共同協作現在已具備了必然的特徵。這一轉
> 變乃是一切學習過程最終的目標，或至少是根本性的環節。〔註90〕

但筆者認為「庖丁解牛」中的第③階段更值得關注。如果我們永遠停留在對熟悉任務的「自動化」操作中，我們的生活就會變得極度無聊。如果自動化操作本身就能帶來快樂，那一個人不學習任何新知與新技能，每天自動化地完成起居作息洗臉刷牙等動作，豈不快哉？人之所以需要「遊」，就是因為人是一種會無聊的生物，而這與其說是人性的缺陷，不如說也是人類之偉大所在。因此，第③階段講的是我們如何在技藝的精進中創造新的凝神時刻。

在我們對事物的大體結構已經完全了解之後，我們的意識就從各種「基本操作」中解放出來，進而可以去關注其它內容了。筆者自己有一個體驗：第一年當教師的時候，上完一節課只是滿頭大汗地慶幸自己把內容講完了，卻難以想起學生對教學的反應好不好，因為課堂上並沒有多餘的注意力去關注學生是否在認真參與、是否真正理解，等等。第一年之後，由於對教學內容的熟悉，上課變成了一項可以自動完成的事情，嘴巴一邊講著該講的事情，眼睛還可以觀察學生的反應，進而課後可以反思：今天哪一個環節最吸引學生的興趣，哪一環節學生感到無聊，下次可以改進，等等。因此，在技藝的實

---

〔註88〕見〈達生〉。
〔註89〕畢來德，《莊子四講》，頁33。
〔註90〕畢來德，《莊子四講》，頁39。

踐中，我們的意識不斷地從「基本操作」中解放出來，進而可以去關注細節的完善，甚至實現藝術化。

對於庖丁來說，儘管整隻牛很容易就解開了，但是現在他可以把關注點放在「每至於族」的位置（這些地方其他的庖人可能只能隨便處理一下），把這些最難的部位也處理好。因此，雖然到了②階段他已經不再使用眼睛，但現在又「見」其難為，「視」為止，重新使用眼睛了。這不是一種倒退，而是在挑戰更高難度的任務。而且，在處理這些部位的時候，意識的作用使得時間被放慢，亦即可以更加細微精確地改變刀的走向。所以，在解決完這些最難的部位時，即使庖丁這樣的高手也躊躇滿志，感到一種解決了難題的快樂。至於說庖丁解牛的時候設計出了一套類似舞蹈的優美的身體姿態，動作還能符合樂舞的節奏，這大概也是他完全熟悉牛體之後感到無聊，才創編出來的新花樣吧。

第二，透過哲學活動來體會凝神模式（遊於道）。

在本論文第二章和第三章已經論證了，精神探索既是能遊者最大的樂趣所在，又是他們學習的重要方式。在此要補充的，就是精神探索同樣也提供了極佳的凝神體驗。心靈在思考數學、哲學、宇宙論這樣一些對世俗生活的利害毫無關聯的「無用」之學的時候，雖然同思考陰謀詭計、世俗人事一樣要運用精神，但卻不牽扯任何強烈的情緒，精神在「凝神」模式下運行。因此，《莊子》中六處使用了「遊心」這個說法〔註91〕，且其後多接一個哲學概念，如遊心於「德之和」「物之初」「無窮」等。對於《莊子》中的思考者而言，討論「萬物在起源處是什麼樣的」這樣的形上學問題，不僅僅是為了滿足人對「驚奇」的需要，更是「心」的一種娛樂。

由於精神正像《莊子》作者們所想像的宇宙那樣開放、無窮而充滿變化，《莊子》的某些篇章（主要在外雜篇）又進一步構想了一種宇宙的共同精神，它「四達並流，無所不極，上際於天，下蟠於地，化育萬物，不可為象」〔註92〕。因此，哲學活動就成了「獨與天地精神往來」的體驗。藉由這種想像，超越論的反思就不僅僅具有調節情緒的功用，而更成為一個在智識上已經高度成熟，不再迷信巫術與宗教的理性社會中，〔註93〕人與超越界相通的途徑。

〔註91〕並且其它傳世的先秦哲學文本中從未用過這個說法。

〔註92〕見〈刻意〉。

〔註93〕關於戰國時代思想上「巫祝祛魅、理智昌明」的狀況，參閱葛兆光：《中國思想史》（第二版），上海：復旦大學出版社，2013，頁118。

對於《莊子》作者來說，思考「物」與「化」的秘密，正是在和那個偉大的「造物者」交友。

第三，透過與友人莫逆於心的交往來體會凝神模式（遊於友）。

通常來講，社會生活中的交往是令心極度疲憊的。我們要爭取他人的認可，提防我們的競爭者，保守該保守的秘密，抓到機會抨擊別人的時候又要毫不留情。天天參與這種鬥爭，使我們的心接近於死去〔註94〕。但是，《莊子》又以動人的筆調寫出了人和朋友在一起的時候那種輕鬆和灑脫：

> 莊子送葬，過惠子之墓，顧謂從者曰：「郢人堊慢其鼻端若蠅翼，使匠石斲之。匠石運斤成風，聽而斲之，盡堊而鼻不傷，郢人立不失容。宋元君聞之，召匠石曰：『嘗試為寡人為之。』匠石曰：『臣則嘗能斲之。雖然，臣之質死久矣。』自夫子之死也，吾無以為質矣，吾無與言之矣。」

莊子為他人送葬，路上經過了惠子的墓。他轉過頭，對隨從的人說：「你聽過這個故事嗎？有個楚國人鼻子上沾到了一點白堊粉，薄得好像蒼蠅的翅膀那樣。他讓他的好朋友匠石幫他把這些髒東西削掉。匠石掄起斧頭來仿佛起了一陣風，按他的要求朝鼻子砍下去，正好把白堊粉都削掉，而鼻子完全沒有受傷。只見楚國人站在那裡隨便他砍，斧頭劃過而面容自若，一點受到驚嚇的神色都沒有。宋元君聽說了這件事，把匠石召來，說：『你跟楚人玩的那個把戲，能不能拿我試一試？』匠石說：『是的，我曾經能做到。雖然如此，我的合作夥伴已經死了很久了。』自從惠子死了，我也沒有合作夥伴了，沒有人能跟我討論了。」

這個故事看似還是個關於技藝的故事，其實仔細想想，最難得的倒不是匠石砍削的時候極度精確，而是楚人能夠「立不失容」。斧子的慣性極大，一旦確定運動軌跡就很難臨時調整，所以不管匠石動作多麼精確，如果楚人因為害怕稍稍抖動了一下，就會傷到鼻子，或根本無法削掉污物。之所以楚人毫不害怕，又是因為他對朋友的技巧高度信任。這正是為什麼我們同對自己高度認同和信任的朋友一起做一件事情的時候特別流暢的原因：在同他們合

---

〔註94〕「大知閑閑，小知間間；大言炎炎，小言詹詹。其寐也魂交，其覺也形開。與接為構，日以心鬥。縵者，窖者，密者。小恐惴惴，大恐縵縵。其發若機栝，其司是非之謂也；其留如詛盟，其守勝之謂也；其殺如秋冬，以言其日消也；其溺之所為之，不可使復之也；其厭也如緘，以言其老洫也；近死之心，莫使復陽也。」見〈齊物論〉。

作的時候，我們不需要費神去思考「如何給對方面子」「對方會不會配合好」「如何維繫關係」這些問題，而全神貫注於事情本身。

## 三、養氣：在真實假裝中靈活運用情緒

人不可能永遠生活在思想的世界中遊於六合之外，也不可能始終在一個人的技藝活動中滿足自我，總要出現在社會生活中，甚至需要對社會生活有所影響。葉公子高「其行可矣」，庖丁出現在了文惠君的面前，輪扁鼓起勇氣走到了堂上，正如柏拉圖洞喻中那個走出過洞穴的人最後又回到了洞穴中。那麼，回到社會中的人是否還能繼續保持凝神呢？《莊子》說：

> 古之真人，其狀義而不朋，若不足而不承，與乎其觚而不堅也，張乎其虛而不華也，邴邴乎其似喜乎！崔乎其不得已乎！滀乎進我色也，與乎止我德也！厲乎其似世乎，謷乎其未可制也！連乎其似好閉也，悗乎忘其言也。〔註95〕

在上述描述中，我們發現真人依然有喜怒等情緒，但他們的情緒並非被動地被外部事物引發，反而能根據情境的需要主動「表演」出一些情緒。他的喜只是「似」然，而他的嚴厲（崔）是「不得已」表現出來的。有時候看到他怒氣蓄積（滀），臉色越來越嚴厲，但實際上他充滿寬容，發怒以合理為限度。為什麼所謂的「真人」卻這麼「假」呢？

其實在社會生活中，情緒已經不再是個人化的事情了，而是在一定的情境中起到表達作用的符號。例如在葬禮這樣的場合，無論內心實際感受如何，如果要表達對死者的思念與尊重，都需要我們一定程度上表演儀式化的哀悼。孟孫才的解決方案就是「哭泣無涕，中心不慼，居喪不哀」〔註96〕，他假裝出這些情緒，並且不像儒家那樣把「假裝」作為一種方法，讓假裝者藉此逐漸進於「真誠」〔註97〕；反而是非常有意識地知道自己在假裝，目的只是配合這個情境的需要（孟孫氏特覺，人哭亦哭，是自其所以宜〔註98〕也）。又如

---

〔註95〕見〈大宗師〉。
〔註96〕見〈大宗師〉。
〔註97〕《孟子·盡心上》：「堯舜，性之也；湯武，身之也；五霸，假之也。久假而不歸，惡知其非有也。」
〔註98〕存世本多作「…自其所以乃。且也……」。林希逸所見數本，則以「乃」與「且」上下合為「宜」字。此處讀為「宜」字於義更長。參見方勇：《莊子纂要》（內篇），頁906。

在社會運動、政治協商、外交談判這樣的場合，我們有時需要表達出怒氣，有時又要實現寬容與和解。最好的辦法莫過於「假裝憤怒」：

出怒不怒，則怒出於不怒矣。〔註99〕

從邏輯上來說，如果這個句子中第1、2個「怒」意思完全一樣，就自相矛盾；若第2個與第4個「怒」意思完全一樣，則同義反覆。因此筆者的解讀是這樣的：

出怒（行為）不怒（認知），則怒（行為）出於不怒（情緒）矣。

表現出憤怒的表情動作，但內心並不認為自己憤怒，那麼憤怒的表現也就可以從不怒的情緒狀態中產生。《莊子》也把這種方法叫作「不得已」，即「假裝自己是被迫這樣做的」〔註100〕。因此，喜怒就像四季一樣，與外在情境的變化融為一體，但全部都是假裝出來的表現，這也就是〈大宗師〉開頭所說的「淒然似秋，煖然似春，喜怒通四時，與物有宜，而莫知其極」。用梅勒（Hans-Georg Moeller, 1964～）的話來說，這是一種真實假裝（genuine pretending），即扮演一個我們並不認同的角色：

這就代表，我們作為合格的學生、公民或配偶的同時，要將這些角色視為一種完全的偶然或自然的巧合（「為天使」，或「命」），而且這些所作所為與「真實」自我無關。〔註101〕

由於這些表演與自我無關，真人能夠用一種觀察、研究、娛樂、體驗的心態來參與社會生活，就使社會生活變成了如同技藝實踐或者精神探索一樣的「凝神」活動。這也就是所謂的「乘物以遊心，託不得已以養中」〔註102〕。

---

〔註99〕見〈庚桑楚〉。鐘振宇解釋說：「真人在權力符號世界是當怒則示現為怒，絕對不會失去其批判力量。這些示現也不會妨礙他最終的冥靜。」鐘振宇：〈莊子的氣化現象學〉，《中國文哲研究集刊》42（2013）：109～148。

〔註100〕《莊子》中「不得已」常有「假裝」的意味，如〈人世間〉「寓於不得已」及「托不得已以養中」，其要點不在強調事物在事實上「不得已」，而在於人藉「不得已」的思考方式理解事物。此種理解方式之運用本身卻是自主的和能動的，〈庚桑楚〉也說過：「動以不得已之謂德，動無非我之謂治，名相反而實相順也。」德性，就是一切行動都好像不得已；自主，就是一切行動都取決於我。這兩者名稱上好像相反，但實質卻是相協調的。所以，「不得已」與本論文所主張的「能遊者」的獨立性是不矛盾的。

〔註101〕漢斯—格奧爾格·梅勒、德安博著、郭鼎瑋譯：《遊心之路：《莊子》與現代西方哲學》，北京：北京聯合出版公司，2019，頁222。

〔註102〕見〈人間世〉。

# 第五章 《莊子》的教育方法論

　　隨著教育的科學化，教育方法似乎變成了教育科學的研究內容，與教育哲學關係越來越遠。不過，任何方法背後都有其對教育目的、教育本質、心靈結構等的哲學假設，因此教育哲學的討論能夠反思教育方法背後的哲學假設，為教師提供一套統整的教育信念，而非受制於單個的教育方法〔註1〕。

　　《莊子》中有大量的教學對話，所蘊含的教育方法極為豐富。筆者主要關注那些在其他先秦思想家那裡較少見到的教育方法，以及對當代教育而言最異端（exotic）、最有衝擊性的思想。按照這兩種標準，筆者選取傾聽教育法、故事教育法和觀察教育法作為本章的內容。在每一節的開頭，會首先討論該種教育法背後的哲學假設，然後提出在教育實踐中具體操作時需注意的哲學問題。

　　這三種教育方法又有層次遞進關係，與《莊子》的心靈結構學說一一對應。傾聽教育法適用於感化那些心靈疾患最深、距離理想人格最遠、以常規教育方法根本無效的教育對象，主要針對「氣」來進行教育，透過傾聽來疏通對方的情緒。故事教育法適用於雖有一定心靈疾患，但尚願意接受他者的影響，能擇善而從的普通大眾，主要針對「知」來進行教育，重在透過「視差之見」引發超越論的思考，以顛覆原本的經驗之知。觀察教育法適用於那些已有主動學習心向、渴望成為能遊者的學習者，主要針對「神」來進行教育，重在展示教育者的獨特生活風格，對學習者創造自己的生存美學起到啟發開悟的作用。

---

〔註1〕簡成熙：《教育哲學：理念、專題與實務》，臺北：高等教育文化事業有限公司，2004，頁85。

## 第一節 《莊子》中的傾聽教育法〔註2〕

### 一、傾聽教育法的功能

英文「教學」一詞（instruction）來自於拉丁文 instruere，字根包含 in-（加於其上）和 struere（堆積、建造），背後正是保羅·弗雷勒（Paulo Freire, 1921～1997）指出的「囤積隱喻」：教師製造一些學生必須耐著性子接受、記憶與重複的「存放物」，存放在學生心裡。〔註3〕大部分時候，語言正是運載這存放物的載體，所以教學是老師向學生的單向言說，即使偶爾對學生提問，也只是確認學生是否真的「獲得」了老師要教「授」的東西。在這一背景下，傾聽長期以來不被作為一種教育方法來思考，因為傾聽學習者的想法似乎不足以使知識從教育者這裡流向學習者。

但是，當我們以《莊子》的「化」概念來重新審視教育，那麼只要傾聽能帶來言說者的某些變化，那麼傾聽就不失為一種有效的「孵化」。孵化隱喻也很容易讓我們想起蘇格拉底的「精神助產術」。在精神助產術中蘇格拉底所做的只有傾聽和提問，似乎並不主動給出什麼見解，然而學習者卻不知不覺地發生了變化。〔註4〕然而蘇格拉底的助產術主要還是想把對方引到一個既定的結論上來，始終以蘇格拉底為談話的引導者，〔註5〕並不是以傾聽為主軸。

對《莊子》而言，既然心靈疾患的深層原因是「氣」的異常波動，要從此狀態中超脫就必須對鬱積為高壓狀態的「氣」進行引導和疏通。「氣」在什麼條件下能夠得到疏導呢？我們不妨看看「齊桓公見鬼」故事的後續情節：

#### 故事15 齊桓公見鬼（後續）

桓公曰：「然則有鬼乎？」曰：「有。沈有履。竈有髻。戶內之煩壤，雷霆處之；東北方之下者，倍阿鮭蠪躍之；西北方之下者，則泆陽

---

〔註2〕 本節部分內容基於筆者於 2019 年 10 月 19 日在中央大學中國文學系舉辦的第廿六屆金聲中文研究生論文研討會上發表的論文〈從《莊子·達生》齊桓公見鬼故事看「氣」的精神分析面向〉，以及筆者在 2019 年 10 月 26 日在中國哲學會和輔仁大學哲學系共同舉辦的 2019 年「哲學跨領域：跨領域的對話與發展」國際學術研討會上發表的論文〈《莊子》「聽之以氣」的教育學蘊謂〉。

〔註3〕 方志華：〈囤積〉，林逢祺、洪仁進編，《教育哲學：隱喻篇》，臺北：學富文化，2013，頁 131～144。

〔註4〕 柏拉圖在《米諾》篇給出了一個運用此法的實例。見 Meno 82B～85B.

〔註5〕 斯勒扎克著，程煒譯：《讀柏拉圖》，南京：譯林出版社，2009，頁 21～27。

處之。水有罔象，丘有峷，山有夔，野有彷徨，澤有委蛇……」公曰：「請問：委蛇之狀何如？」皇子曰：「委蛇，其大如轂，其長如轅，紫衣而朱冠。其為物也，惡聞雷車之聲，則捧其首而立。見之者殆乎霸。」桓公囅然而笑，曰：「此寡人之所見者也！」於是正衣冠與之坐，不終日而不知病之去也。〔註6〕

前面說過，皇子告敖用「氣」的運動給桓公解釋了他的病因。可是「與桓公談元不足以生其悟，與桓公說鬼乃足以釋其疑。〔註7〕」桓公對前面的「科學診斷」不予置評，卻忍不住問世界上到底有沒有鬼。告敖當然知道齊桓公想聽的是澤之鬼是什麼樣的，但是他卻假裝不知道，故意列舉了一大堆不相干的鬼。可以想像這個列表到委蛇還沒結束，告敖還打算（假裝）繼續往下講，桓公卻在此時打斷了他，因為桓公聽到了自己感興趣的部分。桓公這兩問，充分說明了他最在意的不是「目前的病是不是鬼造成的」。即使目前的病是「忿滀之氣」，但以後會不會真的就遇到了這個鬼呢？真正要解決的，還是桓公認為「我做了會招致鬼來復仇的事」這個心結。因此，告敖透過平時與桓公的交往和對人性的洞察，「聽」出了桓公內心始終介意公子糾之死的「氣」，因此描繪了一個與死前即將即位的子糾相似的形象（紫衣朱冠），採取了先秦人心目中死者以動物形象復仇時典型的「人立」形象〔註8〕（捧其首而立），果然猜中了了桓公所見之鬼。

當然，桓公不是傻子，他很快意識到這個「鬼」連管仲都看不到，告敖怎麼會猜得如此準確。再說，傳說系統裡本來就沒有「委蛇」這個鬼，這個詞反倒表示的是「虛設而生、應物變化」的意思〔註9〕，擺明了是捏造的名字。告敖無非要用這樣一種輕鬆搞笑、蜻蜓點水又不容易被外人猜透的方式讓他知道：你的大臣裡有這樣一個人，他猜到了你內心不可告人的秘密和壓抑太深的情緒，你的這些情緒和想法是可以被接納和理解的，你可以和我聊這些想法。正因為此，桓公並不是聽了此話立即好轉，而是「正衣冠與之坐，不終

---

〔註6〕 見〈達生〉。

〔註7〕 劉鳳苞：《南華雪心編》，頁434。

〔註8〕 如《史記·齊太公世家》：「冬十二月，襄公游姑棼，遂獵沛丘。見彘，從者曰：『彭生！』公怒，射之，彘人立而啼。」見司馬遷著，〔南朝宋〕裴駰集解：《宋刻十四行本史記》，南京：鳳凰出版社，2011，卷2，頁798～800。

〔註9〕 如〈應帝王〉：「吾與之虛而委蛇，不知其誰何，因以為弟靡，因以為波流，故逃也。」

日而不知病之去也」。這告訴我們：（1）桓公的痊癒是一個逐漸的過程，這個過程並不以聽到「委蛇」結尾，只是以「委蛇」為開端；（2）經由此事桓公和告敖建立了一個特殊的、信任的、親和的關係，以至於桓公和他又繼續說了一整天的話；〔註10〕（3）在這一天結束的時候，桓公甚至沒有意識到自己的病已經好了，顯然他和告敖的談話絕不是繼續糾纏於這個委蛇，而是涉及到桓公的其它經歷，以至於他徹底把見鬼這件事給忘懷了。

如果筆者對故事的詮釋方向無誤，那麼「正衣冠與之坐」才是使桓公的「氣」逐漸疏通、回歸正常流動的原因。由此看來，《莊子》的「氣」學並不神秘，談話就是使「氣」暢通的好辦法〔註11〕。但談話如果沒有合適的傾聽者，就只能變成自言自語，即齊桓公的症狀「誃詒」。高達美（Hans G. Gadamer, 1900〜2002）認為，傾聽內在於任何公共的言談之中，沒有傾聽的言說是無法實現的〔註12〕。因此，傾聽正是挽救心靈的第一步。

## 二、傾聽的基本素養：控制「說的衝動」

那麼，《莊子》的傾聽哲學到底是怎樣的呢？在〈人間世〉的「心齋」一章，我們看到了對傾聽之學最完整的敘述：

### 故事17　顏回之衛

顏回見仲尼，請行。曰：「奚之？」曰：「將之衛。」曰：「奚為焉？」曰：「回聞衛君，其年壯，其行獨，輕用其國，而不見其過。輕用民死，死者以國量乎澤若蕉，民其无如矣！回嘗聞之夫子曰：『治國去之，亂國就之，醫門多疾。』願以所聞思其則，庶幾其國有瘳乎！」

顏回知道衛君的問題在於「行獨」，他固執而不聽勸，想必是一個情緒暴躁多變、沒有能力跟人平心靜氣地溝通的人，久而久之周圍的人都對他表面附和（即下文「以陽為充孔揚，采色不定，常人之所不違，因案人之所感，以求容與其心」），他就越來越看不到自己的錯誤。可是顏回對此的解決方案是

---

〔註10〕這是基於文本做出的一個合理的推測，畢竟兩人不可能坐了一天卻什麼也不聊。成玄英：「於是整衣冠，共語論」，見郭慶藩：《莊子集釋》，頁654。

〔註11〕這與第四章第三節所說的以認知重評的方式治療「氣」並不矛盾，認知重評只有在當事人認知仍正常的情況下才能開展，而面對齊桓公或衛君這樣已經達到心理疾患程度的人，需要先行「急救」。

〔註12〕伽達默爾著、潘德榮譯：〈論傾聽〉，《安徽師範大學學報（人文社會科學版）》1（2001）：1〜4。

「思其則」，也就還是「以己出經式義度」〔註13〕的思路，拿自己想出來的道德原則去規範對方。對這一思路，孔子忍不住一下子說了一席話：

仲尼曰：「譆！若殆往而刑耳！

夫①道不欲雜，雜則多，多則擾，擾則憂，憂而不救。古之至人，先存諸己，而後存諸人。所存於己者未定，何暇至於暴人之所行！

且②若亦知夫德之所蕩，而知之所為出乎哉？德蕩乎名，知出乎爭。名也者，相軋也；知也者，爭之器也。二者凶器，非所以盡行也。

且③德厚信矼，未達人氣；名聞不爭，未達人心。而彊以仁義繩墨之言術暴人之前者，是以人惡有其美也，命之曰菑人。菑人者，人必反菑之，若殆為人菑夫！

且④苟為悅賢而惡不肖，惡用而求有以異？若唯无詔，王公必將乘人而鬬其捷。而目將熒之，而色將平之，口將營之，容將形之，心且成之。是以火救火，以水救水，名之曰益多，順始无窮。若殆以不信厚言，必死於暴人之前矣。

且⑤昔者桀殺關龍逢，紂殺王子比干，是皆脩其身以下傴拊人之民，以下拂其上者也，故其君因其脩以擠之。是好名者也。昔者堯攻叢枝、胥敖，禹攻有扈，國為虛厲，身為刑戮，其用兵不止，其求實无已。是皆求名、實者也，而獨不聞之乎？名、實者，聖人之所不能勝也，而況若乎！雖然，若必有以也，嘗以語我來！」

孔子所提出的五個論證中，②和⑤是從道德主義行動自身的局限性來談的，我們在第二章已經論述過，這裡不再重複。①講的是顏回自身都存在著經驗之知過於繁雜、堵塞了內心的問題，見第四章相關討論。這裡只就另外兩個論證進行討論。

筆者認為，論證③講的是言說與傾聽兩種策略。首先，顏回還是一介學子，在社會上沒有萬眾矚目的崇高地位。如果要以「心」的方法，即以言說的策略去壓服衛君，那麼顏回的名氣地位還不夠；若要以「氣」的方法，即傾聽衛君內心的情緒，顏回又做不到，因為他自己是個道德品質淳厚的人，難以理解一個壞人的心態是怎樣的。養虎的人要「時其飢飽，達其怒心」〔註14〕，

---

〔註13〕見〈應帝王〉。
〔註14〕見〈人間世〉。

更何況伴君如伴虎。聯繫下文來看，顏回「未達人氣」的問題就在於他將無法「聽之以氣」。幸而他是個學得很快的學生，受孔子啟發後很快悟出了要點。

至於論證④，則是進一步說明言說策略的危險。無論一個人的政治觀點為何，一旦被指責為不道德，就會盡量發明一套道理來跟你辯論，證明自己其實是正義的，或至少是值得同情的。而身為君主最可怕的一點就是身邊有一群溜鬚拍馬之徒，就算君主自己想不出一套意識形態來為自己辯護，也可以藉著別人（乘人）來做到。正因為此孟子才怒斥「長君之惡其罪小，逢君之惡其罪大」「今之君子，豈徒順之，又從為之辭」〔註15〕。如果對這種人進行道德指責，就恰恰激發了他對自己的行為進行正當化、合理化的欲求，結果「以火救火，以水救水」。

正因為很多時候傾聽比言說有更好的教育效果，我們在〈德充符〉中看到的幾位聖人，都具有「傾聽而不言說」的特點。

### 故事18　惡人哀駘它

> 魯哀公問於仲尼曰：「衛有惡人焉，曰哀駘它。丈夫與之處者，思而不能去也。婦人見之，請於父母曰『與為人妻，寧為夫子妾』者，十數而未止也。未嘗有聞其唱者也，常和而已矣。無君人之位以濟乎人之死，無聚祿以望人之腹。又以惡駭天下，和而不唱，知不出乎四域，且而雌雄合乎前。是必有異乎人者也。……」

在這段話中兩次提到他「和而不唱」。《墨子》有「唱而不和，是不學也」與「和而不唱，是不教也」〔註16〕，反過來讀即可以明白「唱」是（傳統意義上的）「教」，而「和」則是「學」。在一般的觀念中，「教」的主要動作正是言說，而「學」者則要虛心「聽」講。這樣一個只會「聽」和「學」的人為什麼吸引人呢？在這裡還使用了一個帶有性暗示的說法「且而雌雄合乎前」，如果聯繫第三章第二節說到的教育的「生育隱喻」，則這裡似乎在暗示人們在追隨他的過程中受到了教育。仲尼對這個人的注釋是「才全而德不形」：

> 哀公曰：「何謂才全？」仲尼曰：「死生存亡，窮達貧富，賢與不肖，毀譽、饑渴、寒暑，是事之變，命之行也；日夜相代乎前，而知不能規乎其始者也。故不足以滑和，不可入於靈府。使之和豫通，而

---

不失於兌，使日夜無郤而與物為春，是接而生時於心者也。是之謂才全。」「何謂德不形？」曰：「平者，水停之盛也。其可以為法也，內保之而外不蕩也。德者，成和之修也。德不形者，物不能離也。」〔註17〕

浜村良久認為：「才全」講的是「和而不唱」的「和」之方面，即以平穩的心氣加以傾聽，從對方的角度去嘗試理解對方，緩和對方內心的痛苦（使之和豫），透過接納對方，在對方內心引發療愈性的變化（接而生時於心）；「德不形」則講的是「和而不唱」的「不唱」之方面，即努力控制自己，不對對方的話進行任何評判（內保之而外不蕩）〔註18〕。「德」正是這樣一種「成和之修」，即為了有效地傾聽而把控自己的修養。〔註19〕浜村認為，這種「具有傾聽能力」的特質，是《莊子》內篇「聖人」所共有的，例如王駘的「立不教坐不議」「無形而心成」也是透過傾聽來實現的。〔註20〕

長期從事心理諮商的浜村良久從諮商的經驗中發現：在談話的剛開始，傾聽還是容易的。但隨著談話的進行，傾聽者一邊聽一邊就忍不住冒出這樣那樣的想法：「你說得不對」啊，「我也有我的苦衷」啊，「你也理解理解我」啊，「我教你怎麼做」啊，「我也這麼想」啊……一旦這些想法說出口，無論是異見還是同感，都會將對方剛打開的話頭中途腰斬。對方不僅會陷入沉默，還會有一種「怕我說的不夠有意思」「不是你想聽的」的恐慌，進而開始思考「這種時候我該說的是什麼」（而非說自己真正想表達的東西）〔註21〕。用第四章的概念來說，這種傾聽會把言說者從「凝神模式」打回到「勞神模式」，談話的流暢感蕩然無存。

---

〔註17〕見〈德充符〉。

〔註18〕這句話可以結合〈人間世〉「德蕩乎名」的說法來理解，兩者都運用了「以容器盛裝液體」的隱喻。正常情況下，道德品質是一個人的內在修養，不是用來表現給人看的，可是道德主義者卻喜歡「飾知以驚愚，修身以明汙，昭昭乎若揭日月而行」（〈達生〉）。在《莊子》看來，他們的「德」之所以像水一樣蕩出來，是被求名的心所攪動。由此，「德不形」也就意味著不去展現自己的道德，不要在聽到「不道德」的想法時就忍不住要批判一番。

〔註19〕浜村良久：〈『莊子』德充符篇の「和而不唱」について——莊周は「傾聽」について語ったのではないか？〉，《中国古典研究》51（2006）：32～48。

〔註20〕浜村良久.『莊子』內篇における「聖人」について[J].中国古典研究，2007（52）：25～39.

〔註21〕浜村良久：〈『莊子』德充符篇の「立不教坐不議」について〉，《比較文化研究》77（2007）：23～31。

## 三、傾聽的三種境界：從「聽之以心」到「聽之以氣」

那麼，傾聽應該怎樣進行？讓我們看看〈人間世〉「顏回之衛」故事的後續情節中，孔子給出的教導是什麼：

### 故事 17　顏回之衛（後續）

……顏回曰：「吾无以進矣，敢問其方。」仲尼曰：「齋，吾將語若！有心〔註22〕而為之，其易邪？易之者，皞天不宜。」顏回曰：「回之家貧，唯不飲酒、不茹葷者數月矣。若此，則可以為齋乎？」曰：「是祭祀之齋，非心齋也。」回曰：「敢問心齋。」仲尼曰：「若一志，无聽之以耳而聽之以心，无聽之以心而聽之以氣。耳止於聽〔註23〕，心止於符。氣也者，虛而待物者也。唯道集虛。虛者，心齋也。」

顏回曰：「回之未始得使，實自回也；得使之也，未始有回也。可謂虛乎？」夫子曰：「盡矣。吾語若！①若能入遊其樊而无感其名，入則鳴，不入則止。无門无毒，一宅而寓於不得已，則幾矣。②絕迹易，无行地難。為人使，易以偽；為天使，難以偽。聞以有翼飛者矣，未聞以无翼飛者也；聞以有知知者矣，未聞以无知知者也。③瞻彼闋者，虛室生白，吉祥止止。夫且不止，是之謂坐馳。夫徇耳目內通而外於心知，鬼神將來舍，而況人乎！是萬物之化也，禹、舜之所紐也，伏戲、几蘧之所行終，而況散焉者乎！」

在這個著名的段落中，孔子提出了「心齋」的方法。浜村良久認為，「心齋」並不是「將自己的心不斷虛化」之類實際上不可能達到的空想境地。如果將心齋的要義都歸結在一個「虛」字，那麼不久前顏回提出「端而虛」為何被孔子反駁呢？莊子把剛被斥責的「虛」馬上又端出來當作最重要的東西來說，似乎不太可能。過去的研究將重點只放在「虛」上面，卻輕視了「聽」。《莊子》在此論述的不是「虛」的形上學，而是透過傾聽來感化暴君的具體方法。〔註24〕

筆者認為，可以將「聽之以耳」「聽之以心」和「聽之以氣」視為傾聽的三個層次，以下分別論述：

傾聽的第一個層次是「聽之以耳」。在前面引用過的「南榮趎南見老子」

---

〔註22〕據方勇《莊子纂要》引陳景元所見張君房本，補此「心」字。
〔註23〕原為「聽止於耳」，據方勇《莊子纂要》改。
〔註24〕浜村良久：〈『莊子』の「心齋」は傾聽の方法ではないか？〉，《比較文化研究》86（2009）：17～28。

故事中，南榮趎抱怨說自己聽不懂老師庚桑楚的話，這時他無意中說出了一段頗有哲理的話：「眼睛和身體，我不知道有什麼不相通的地方，但視障者（不僅看不見外物，甚至也）看不見自己的樣子；耳朵和身體，我不知道有什麼不相通的地方，但聽障者（不僅聽不見外物，甚至也）聽不見自己的聲音；心和身體，我不知道有什麼不相通的地方，但精神障礙者（不僅不能理解別人的心智狀態，甚至也）不能體會自己的心智狀態。人和人的生理結構也算很相似了，但我想理解他人，卻無法做到，難道有什麼事物阻隔在中間嗎？剛才老師對我說：『保全你的身體、守護你的生命，不要陷於營營苟苟的思慮之中。』我努力去理解，但這些話只到達了我的耳朵。」

南榮趎在此注意到的是「形」對人心的阻隔作用。人和人再相似，內心體驗都無法相通，還必須藉助「言」來傳達，而語言又不足以傳達實情〔註25〕。因此，南榮趎對於老師說過的話，只能完整無誤地背下來，卻停留在「耳」的層次，即語言符號的字面解讀層次，卻不能真正理解其意思。

傾聽的第二個層次是「聽之以心」。顏回這樣的人，心中充滿了「仁義繩墨之言」，即各種道德教條。若用這樣的心去聽，則：

> 人們對與自己相同的意見，或者與自己相似的體驗，在聽到的時候感到「能理解」，對於與自己異質的意見或者自己沒有體驗過的事情，就會感到「理解不了」。如果我們覺得對方的思考是異質的、難以理解的，反過來對方大概也會覺得我們這邊的思考方式是異質的、難以理解的吧。互相都以自己為基準來解釋對方，不容許對方自己的愛好和思考，要求對方以自己能理解的方式來說明自己，若這樣做，則理解對方的努力就只能以理解失敗而告終。〔註26〕

從仲尼對「聽之以心」的解釋「心止於符」來看，「聽之以心」也很類似加拿大學者 Brent Davis 提出的「評價性傾聽」（evaluative listening）。Davis 認為，評價性傾聽的目的是根據一個預定的標準對聽到的內容加以評判。評價

---

〔註25〕「世之所貴道者，書也，書不過語，語有貴也。語之所貴者，意也，意有所隨。意之所隨者，不可以言傳也，而世因貴言傳書。世雖貴之，我猶不足貴也，為其貴非其貴也。故視而可見者，形與色也；聽而可聞者，名與聲也。悲夫！世人以形色名聲為足以得彼之情！夫形色名聲果不足以得彼之情，則知者不言，言者不知，而世豈識之哉！」見〈天道〉。

〔註26〕浜村良久：〈『莊子』の「心齋」は傾聽の方法ではないか？〉，《比較文化研究》86（2009）：17～28。

性傾聽者事實上對對方說了什麼是漠不關心的，只是關心說得對不對，因此也很少根據對方的所說來改變自己的想法和做法。在和一個評價性傾聽者交談時，我們經常覺得自己的價值很小。我們的所說所做對對方毫無影響；我們經常覺得他們事實上充耳不聞。這麼想其實有點過分——他們是在聽的，只不過是在一個微不足道的層面上聽。〔註27〕

因此，「聽之以心」指的是以「心」的認知層面〔註28〕去理解對方的言談，對方的任何觀點只有與自己的世界觀和價值體系相契時才能得到承認（「心止於符」），否則就視為無意義的。對方在這種傾聽中，只會感受到傾聽者的自我中「心」與漠不關「心」，因此只能把自己封閉起來，講一些能服人之口的大道理，或者乾脆中止交流、訴諸暴力。

傾聽的第三個層次是「聽之以氣」。在言說的過程中，由於害怕別人的評價，大部分人都會不自覺地將自己最深層的動機和情感隱藏在一套可被一般人所接受的話語體系下。因此傾聽者如果單就字面意思去「聽之以耳」，再「聽之以心」地就對方表面上的論理去進行反駁，很可能不會有效果。傾聽者需要去感受的是言說者的情緒，〔註29〕找到真正能讓對方卸下心防、打開心門的鑰匙。就像在「齊桓公見鬼」的故事裡，告敖如果堅持跟桓公說「你太多疑」「你見到的不是鬼」「你只是生病了」「世界上根本沒有鬼」等，都不會起作用。告敖正是一個「聽之以氣」的人，因此才能將國君從精神病的邊緣挽救回來，對國民和天下都是一件好事。

說出來的語言總是承載著複雜的情緒的，所以「言者，風波也」，而且「風波易以動」〔註30〕。周禮中有對嫌犯的五種訊問方法「辭聽、色聽、氣聽、耳聽、目聽」〔註31〕，其中「氣聽」從犯人談話時的呼吸節奏來判斷犯人是否撒謊，實際上也是在「聽」情緒的生理反應。因此「聽之以氣」的「氣」很可能

---

〔註27〕 Brent Davis. "Listening for Differences: An Evolving Conception of Mathematics Teaching." *Journal for Research in Mathematics Education* 28(1997): 355～376.

〔註28〕 結合本論文第四章第一節關於「心」的討論，可說「聽之以心」的「心」是「內容物」意義上，而非「容器」意義上的「心」。

〔註29〕 聽者要努力感受對方的情緒，這並不是 Levinas 的他者倫理學所反對的那種對他者性的化約。因為情緒完全可以是無理由、無意義、無價值的，「聽之以心」的人對於不能說明其理由、意義、價值的情緒就視為無謂的、不需要尊重的東西，而「聽之以氣」的人則需要尊重和接納這樣的情緒。

〔註30〕 見〈人間世〉。

〔註31〕 見《周禮‧秋官司寇》及《漢書‧刑法志》。

依然指的是情緒，但意思不是「帶著自己的情緒去聽」，而是「體會到每個人都有情緒這一事實，進而從言談中感受對方的情緒」。這兩點之間又是緊密聯繫的，如果我們自己帶有很大的情緒，就很難正確理解他人的情緒，例如盛怒中的人容易將原本中立的說法聽成是反對自己的。高達美曾談到那種總是「漏聽」或「錯聽」的人，他們的耳中「好像總是充滿了他經常對自己說的話，因為他總是在追逐自己的欲望和興趣，以致不能傾聽對方的話。」〔註32〕這形容是何等貼切，又與莊子的說法不謀而合：這種人未能做到「心齋」和「虛以待物」，心中充滿了自己的「氣」，這時不要說「聽之以氣」了，有時連「聽之以耳」都做不到。

　　浜村良久對〈莊子〉內篇所談的「聖人」進行的分析顯示：內篇的「聖人」實際意思就是「善於傾聽的人」〔註33〕。不過，浜村的討論中僅僅強調聖人「自己不帶情緒去聽」，卻相對忽略了「感受他人的情緒」的面向。林明照則主張《莊子》的「聽之以氣」「達人氣」強調對他人情緒的感受力，可以補浜村論述之不足。〔註34〕從〈心齋〉原文來看，之所以當前的顏回不足以完成改造衛君的任務，正是由於他自己是一個沒有太多情緒創傷和鬱積的人。他光明正大而樸實仁厚，這樣的人很難想像暴君內心的情緒世界——如孔子所說，衛君以剛猛之性充滿於內而彰揚於外，他內心的喜怒與外在的表情沒有固定的對應關係，一般人不敢違抗他。他藉此壓抑住他人的真情實感，以此來使自己的想法得到認可。用現代的話來說，這樣一個衛君無異於「情緒勒索大師」，「未達人氣」的顏回怎可能在他面前輕易站穩腳跟？

　　如果我們將對他人情緒的感受視為聖人「善於傾聽」的重要面向，那麼

---

〔註32〕伽達默爾著，洪漢鼎譯：〈無談話能力（1972）〉，《詮釋學 II：真理與方法》（修訂譯本），北京：商務印書館，2007。

〔註33〕浜村良久：〈『莊子』內篇における「聖人」について〉，《中国古典研究》52（2007）：25～39。

〔註34〕林明照認為：「達人心」與「達人氣」指能夠「達至」他人的情緒與情感好惡，也就是能夠感知、感受到他人的思維脈絡和情感狀態。筆者關於「達人心」的解釋與此稍有不同。仲尼說顏回「德厚信矼，未達人氣；名聞不爭，未達人心」，這兩句是對顏回的讚譽，但也指出其局限性，正反兩面是密切相關的。顏回品質醇厚、誠意厚實，身上沒有暴君所特有的暴虐情緒，這是好事，但也就導致他很難理解暴君的一言一行背後都有幽深的戾氣；顏回自己不認為名利得失有多重要，但這就導致他很難意識到這些東西在他人的心目中有多重要。因此，儘管「達人氣」談的確實是對他人情緒的想像力，「達人心」談的則是對他人情緒背後的認知脈絡的覺解力。林明照：〈《莊子》他者倫理中的情感性〉，《哲學論集》49（2018）：61～79。

「唯道集虛」就意味著只有這樣的人才能創造一個無批判的傾聽的氛圍，而唯有這樣的氛圍才能吸引他者展開言談。以上關係可以用圖5來表現。

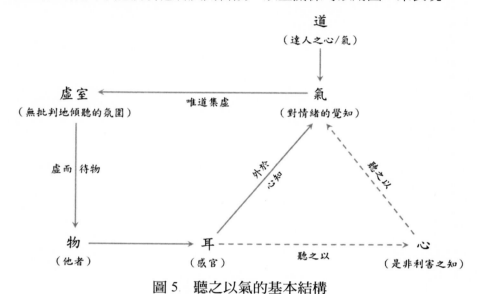

圖5　聽之以氣的基本結構

〈齊物論〉篇的「人籟、地籟、天籟」，歷來有很多詮釋的空間。但從講完這三者就開始講心靈的情緒體驗（喜怒哀樂，慮嘆變熱，姚佚啟態）來看，三籟恐怕和情緒的關係很大。既然「籟」是聲音，亦即聽的對象，那麼把三種傾聽對象同傾聽的三個層次對照起來看不無益處（見表8）：

表8　傾聽的三個層次與人籟、地籟、天籟的關係

| 傾聽層次 | 傾聽對象 | 說　明 |
|---|---|---|
| 聽之以耳<br>（耳止於聽） | 人籟<br>（則比竹是已） | 「比竹」即人為的符號，聽之以耳起到正確解讀語言符號的作用。 |
| 聽之以心<br>（心止於符） | 地籟<br>（則眾竅是已） | 「眾竅」比喻不同人的心知，各種孔洞形狀不同，隱喻人的心知各有成見。聽之以心即以個人觀點為基準，看他人的觀點是否符合。 |
| 聽之以氣<br>（氣也者，虛<br>而待物者也。<br>唯道集虛。） | 天籟<br>（夫吹萬不同，<br>而使其自己也，<br>咸其自取，怒者<br>其誰邪？） | 「吹萬不同而使其自己」，即意識到由於不同人的心知不同，同一事件（風）吹過引發了不同的情緒反應（怒），這些反應都是從各人的「己」中產生的。聽之以氣即不受情緒影響、無批判地傾聽他人，並從他人的言談中聽出對方的情緒。為此首先要排除「己」即自身心知的影響，以接納的態度去等待對方的言說。 |

在三籟中，人籟是一種特定的聲音，但地籟和天籟卻並不是兩種不同的聲音，而是對同一種聲音的兩個不同層次的理解。按字面解釋，如果「地籟」是孔竅，那麼孔竅本身其實不是一種可被聽見的聲音。而「天籟」卻又沒有被解釋為「風吹孔竅的聲音」，反而是「吹萬不同而使其自己也咸其自取怒者其誰邪」這 19 個字組成的長句。如果認為「地籟」代表人心，而「風」代表情緒事件（氣的流動），那麼這個奇特的關係就能得到解釋：人心自己是無法發出聲音被聽見的，就像無風的時候孔竅在地上安靜地存在著。風自身也是沒有聲音的。但是當大風吹起，情緒事件（如死生利害毀譽等）在不同人心中激起了不同的反應，有的人已經以超越論之知化解了經驗之知的局限，因此只激起輕微和緩的聲響；有的人因其心知，把這些事件解讀為巨大的危機或喜事，結果在其言說（即聲音）中表現出來。透過風聲的不同，聽者才間接知道了每一個孔竅有什麼不同。正如前面所說的，「聽之以心」其實恰恰是不可能聽出對方真「心」的一種聽法，就像孔竅本身不會發出聲音一樣。只有「聽之以氣」才能從「氣」中聽出「心」的作用，正如大風吹過才讓人明白了「使其自己」的道理。

## 四、聽之以氣的難點：「就不欲入，和不欲出」

高達美指出：

> 聽者必須在傾聽中理解，言說是在傾聽的無聲回答中被接受。這並不意味著，在這樣一種相互理解中人們必須永遠統一起來。更多的則是，事實上這種傾聽與理解的關係是在他者的視域中自由開放的。〔註35〕

但是這種「自由開放」說起來容易做起來難。實踐中，人們難免擔心傾聽的過程中，如果對我所不讚同的都沉默不表態，會不會令不道德的行為受到縱容，讓對方以為自己也默認了這些行為，甚至反過來影響了我的內心，最後竟與對方同流合污呢？當然，如果過於堅持自我，又容易陷入「聽之以心」，導致對方的不悅。在《莊子》的語言裡，這一兩難被描述為「就不欲入，和不欲出」：

### 故事 19　顏闔將傅

> 顏闔將傅衛靈公大子，而問於蘧伯玉曰：「有人於此，其德天殺。與

---

〔註35〕伽達默爾著、潘德榮譯：〈論傾聽〉，《安徽師範大學學報（人文社會科學版）》1（2001）：1～4。

之為無方，則危吾國；與之為有方，則危吾身。其知適足以知人之
過，而不知其所以過。若然者，吾奈之何？」

蘧伯玉曰：「善哉問乎！戒之慎之，正汝身也哉！形莫若就，心莫若
和。雖然，之二者有患。就不欲入，和不欲出。形就而入，且為顛
為滅，為崩為蹶。心和而出，且為聲為名，為妖為孽。彼且為嬰兒，
亦與之為嬰兒；彼且為無町畦，亦與之為無町畦；彼且為無崖，亦
與之為無崖。達之，入於無疵。汝不知夫螳螂乎？怒其臂以當車轍，
不知其不勝任也，是其才之美者也。戒之慎之！積伐而美者以犯之，
幾矣。汝不知夫養虎者乎？不敢以生物與之，為其殺之之怒也；不
敢以全物與之，為其決之之怒也。時其飢飽，達其怒心。虎之與人
異類而媚養己者，順也；故其殺者，逆也。夫愛馬者，以筐盛矢，
以蜄盛溺。適有蚉虻僕緣，而拊之不時，則缺銜、毀首、碎胸。意
有所至，而愛有所亡，可不慎邪！」

這個故事的結構非常工整，整個故事都是圍繞「順隨對方」與「堅持自
我」這兩個方向的難點來敘述，直到最後才給出了一個比較成熟的方案。筆
者以表格的形式將文本整理如下：

表 9 「顏闔將傳」故事的結構

| 順隨對方 | 中　道 | 堅持自我 |
|---|---|---|
| 與之為無方，則危吾國 | 彼且為嬰兒，亦與之為嬰兒；彼且為無町畦，亦與之為無町畦；彼且為無崖，亦與之為無崖。達之，入於無疵。 | 與之為有方，則危吾身 |
| 形莫若就 | | 心莫若和 |
| 就不欲入 | | 和不欲出 |
| 形就而入，且為顛為滅，為崩為蹶 | | 心和而出，且為聲為名，為妖為孽 |
| 夫愛馬者，以筐盛矢，以蜄盛溺。適有蚉虻僕緣，而拊之不時，則缺銜、毀首、碎胸。意有所至，而愛有所亡，可不慎邪！ | 汝不知夫養虎者乎？不敢以生物與之，為其殺之之怒也；不敢以全物與之，為其決之之怒也。時其飢飽，達其怒心。虎之與人異類而媚養己者，順也；故其殺者，逆也。 | 汝不知夫螳螂乎？怒其臂以當車轍，不知其不勝任也，是其才之美者也。戒之慎之！積伐而美者以犯之，幾矣。 |

衛靈公太子和衛君一樣是個暴虐的人。顏闔對於眼前的任務感到兩難。但
是蘧伯玉給出的方案絕不是隨波逐流、縱容太子的錯誤。在故事中，「愛馬者」

恰恰是縱容者的隱喻，雖然他們忙著「拍馬屁」，但馬的脾氣倒越來越大、越來越不好伺候了。最後只要有一點照顧不周，就被踢到一邊。當然，也不能像螳螂那樣以為可以憑自身道德高潔所帶來的論辯力度就擋住權力的車輪。

那麼，若「內直而外曲」，把外在的行動和內心割裂開來，外表上謙恭順隨，內心盡量加以調和誘導，這樣可以嗎？這時的危險就是「就不欲入，和不欲出」。謙恭順隨可能使「我」被「他」所改造，調和誘導就可能顯得「我」在控制「他」。如果被他改造了，就會與他一同做一些癲狂的事情，最後導致滅亡；如果顯得在控制他，他就會覺得我是為了聲名才這麼做，最後也將招致禍患。

浜村良久對接下來的幾句話是這樣理解的：

> 「彼且為嬰兒，亦與之為嬰兒」並不是精明狡猾的處世之法，而是「如果智慧不足的太子對幼稚的東西抱有興趣，你就一起去關心那樣東西」。這是任何人在戀愛中都會做的事情。〔註36〕……顏闔若遵守蘧伯玉的教誨，太子就會覺得顏闔是能夠貼近自己、理解自己心情的十分重要的人，就會對顏闔產生傾慕與信賴，可能就會想要成為顏闔那樣的人。〔註37〕

由此可見，能夠「與之為嬰兒」實際上是傾聽的結果。太子也許第一次發現，在那麼多為了求名而批判自己，或為求利而逢迎自己的人中間，只有顏闔是真正對於「我本身是什麼樣的人」感興趣的。透過傾聽，顏闔對太子的了解達到了不會出錯的地步（達之，入於無疵）。

那麼，在贏得太子的信任後，需要做的是什麼呢？在三個動物寓言裡，真正值得學習的就是養虎者了。與愛馬者相反，養虎的人使虎的脾氣越來越平和，顯然這是「情緒治療」的隱喻，說明教育起到了所期望的效果。養虎者「達其怒心」，理解了老虎情緒的由來，並且想辦法訓練老虎以平和的情緒處事（不敢以生物與之）。虎和人不是一個物種，卻順從、親近飼養者，這是由於人類順著其性情來飼養。如果老虎還是咬死了人，這是由於飼養者違逆它的性情。當然，在人和動物的關係裡，人對動物的控制關係太強，因此這個

---

〔註36〕莊子在本章的最後以「愛情中的追求者」來收尾。「愛情達到了極致，愛卻成了無，要慎重呀！」

〔註37〕浜村良久：〈『莊子』人間世篇「螳螂の斧」の心理学的研究〉，《防衛大学校紀要人文科学分冊》94（2007）：1～20。

隱喻並不能完完全全視為對人際關係的指引。對於人來說，情緒可以透過傾聽、對話來紓解，而非只能靠食物來訓練。

## 五、聽之以氣的三個步驟：主動進入、陪伴轉化、被動等待

為了解決「就不欲入，和不欲出」的問題，人間世中的人需要更精微的工夫與技藝，即一種「傾聽的方法」。傾聽絕不是靜止的被動接受，而是一系列主動的、可見的動作。加拿大教育學者 Brent Davis 如此傳神地寫出了傾聽時的各種「動」態：

> 傾聽有一個非常特別的身體性的方面，那就是聽者會將注意力指向所聽對話的主題，這是看得出來的。例如，當兩個人交談時，外人可以看出他們是在互相傾聽的，因為他們的肢體動作會變成一種肢體互動。他們時而側身傾向對方，時而伸手指指點點，儘管彼此接近、肢體接觸和眉來眼去在西方文化中屬於禁忌，交談的參與者卻總是不經意間違反這些禁忌。他們高度專注，似乎忘卻了周圍的一切塵囂。他們如此沉浸於每一個詞、每一個動作。彷彿在這場對話開始前，心間不曾有任何攪擾；對話結束後，兩人也全無要務纏身。即使無意間聲量過大、動作誇張，兩人也一無所知。〔註38〕

如果說傾聽的意義僅僅在於接收資訊，那麼上述動作則全無必要——靜靜地藏在角落裡的一隻竊聽器也同樣可以很好地接收資訊。之所以傾聽需要大量的動作，正是因為傾聽深刻地參與到說的過程中。我們會因為聽者的皺眉而閉嘴，或將原本激烈的言辭改得和緩；我們也會因為聽者的專注和熱情而變得激動，以至於說出一些我們本不會說的話。無論傾聽和言說都是至少兩個人的行為，而且這兩個人還不能處於皮亞傑所謂的「集體獨白」（collective monologue）狀態：

> 相互對話（Miteinandersprechen）主要不是互相爭論（sichmiteinander Aneinandersetzen）。……相互對話（Miteinanderreden）也不是各談各的（Aneinandervorbeireden）。毋寧說在相互對話中構造了話題的共同視角。〔註39〕

---

〔註38〕 Brent Davis. "Listening for Differences: An Evolving Conception of Mathematics Teaching." *Journal for Research in Mathematics Education* 28(1997): 355～376.

〔註39〕 伽達默爾著，洪漢鼎譯：〈語言與理解（1970）〉，《詮釋學 II：真理與方法》（修訂譯本），北京：商務印書館，2007。

因此，高達美認為談話的重要規定，就是「為了能夠談話，就必須能夠傾聽」〔註40〕。而談話又是使人獲得教育影響的重要渠道，「凡一場成功的談話總給我們留下某些東西，而且在我們心中留下了改變我們的某些東西。」〔註41〕那麼，《莊子》關於傾聽，究竟給了我們哪些具體的技術指導呢？

不妨再回看「顏回之衛」故事的最後一段裡，孔子給顏回的行動指南。

整個「心齋」功夫最終期待的成果，是「鬼神將來舍，而況人乎」。在《莊子》中，「舍」作為動詞通常指的是旅行途中在旅館（逆旅）或他人家中借住，〔註42〕作為名詞時指的就是逆旅或借住的房子。〔註43〕顏回並不是真的要邀請衛君來自己家，反而自己正要到衛君的朝廷去，因此這裡的「舍」不是實指，而是一個隱喻。顏回的目的是要改變衛君，而仲尼的建議也不僅是幫助顏回保住自己的命，更重要的是達到「化」的效果。這種對他人的轉化，若以隱喻表達，則是他人「來舍」。這背後的隱喻思維便是「轉化他人就是請他人來（自己的房子裡）共處」。這個隱喻與「學習就是移動」的隱喻可以聯繫起來看：別人移動到我家來，也就是成了與我的價值觀或道德品質類似的人。

那麼，怎樣邀請衛君來我家呢？孔子以三階段論描述這一過程：①如果你能去他心靈的牢籠中遊玩，但不影響他的名譽，能聽進去的時候就說，聽不進去的時候就停下來。不要想著他的房子有沒有門或牆洞〔註44〕可以逃走，專一地住在那裡，把你和他的相處看成必須經歷的過程，就差不多了。②走完一段路把腳印擦掉不難，走路腳不著地就不容易了。代表他人的立場，你就容易露出太多人為的痕跡；代表宇宙的立場，才能避免人為做作。我聽說過用翅膀來飛的，沒聽說過能不用翅膀飛的。我聽過藉助認知心來理解的，

---

〔註40〕伽達默爾著，洪漢鼎譯：〈無談話能力（1972）〉，《詮釋學 II：真理與方法》（修訂譯本），北京：商務印書館，2007。

〔註41〕同前引書。

〔註42〕例如「夫子出於山，舍於故人之家」（〈山木〉），「溫伯雪子適齊，舍於魯」（〈田子方〉），「孔子之楚，舍於蟻丘之漿」（〈則陽〉）。

〔註43〕例如「南榮趎請入就舍」（〈庚桑楚〉），「至舍，進盥漱巾櫛」（〈寓言〉）。

〔註44〕王叔岷認為「無門無毒」之「毒」即「竇」，見王叔岷：《莊子校詮》，北京：中華書局，2007，頁133。「竇」即牆上的孔洞，或挖地而形成的連通牆內與牆外的隧道。先秦文本中，「室」「門」「竇」是常一起出現的一組概念，室是一個空間範圍，一旦把「門」關閉，人就被囚禁在其中，這時「竇」可以起到緊急出入口的作用。例如齊桓公因四子作亂被圍困在室內時，「有一婦人，遂從竇入，得至公所」，見《管子·小稱》。而《左傳·哀公十七年》有縣辭曰「闔門塞竇，乃自後踰」，寓意為衛君無法逃脫滅亡的命運。

沒聽過不藉助認知心來理解的。③看！黑暗中有一座房子，室中空闊，隱約透出白光，吉祥的徵兆來到這裡都會停下不走。如果有人看到這樣的地方卻不願意進去休息，那他的心就算坐著的時候都在奔馳吧！

在這三個階段中發生了兩次移動。

第一次移動出現在①的開頭，但並不是衛君來顏回家，反而是顏回去衛君家。衛君當然住在奢華的宮殿裡，但這裡卻說去他的「籠子」裡住，顯然是隱喻衛君的心由於創傷性的經歷和長期的壓抑，已經被綁得緊緊的，令他難以移動（即難以受到教育影響）〔註45〕。顏回不僅要主動進入他的籠子裡住，還不能像過客一樣短期住，要有長期住下來的決意，才能得到對方的信任。由於隱喻思維中「向衛君移動」意味著「變得像衛君一樣」，所以這一階段也就對應顏闔故事中「與之為嬰兒」的階段。在任何溝通行為中，如果最終結論只能有一個，那溝通行為就失去了意義。就好像父母已經交錢幫孩子報名學鋼琴，再和孩子「討論」要不要學鋼琴，這種做法一定會讓孩子極度反感。因此在傾聽的一開始，傾聽者一定要真誠地體現出一種願意被對方改變（用隱喻的語言來說，就是願意去對方家裡）、願意認可對方的態度。表現出這種態度，並不等於真的被對方改變，只是避免了那種「我可以聽你說，但你絕對別想改變我」的高傲感。在現實的政治社會中，很多時候溝通的雙方最終未能取得任何共識，但協商過程中傾聽者如果能表現出「我非常認真地考慮你的觀點」「你很可能很有道理」的態度，對於言說者而言，本身就是一種強有力的治療和肯認。在人們熟知的「井底之蛙」故事中，有一個有趣的細節。當青蛙向東海之鱉描述了井底生活的快樂，邀請牠下來玩時，東海之鱉真的嘗試進到井裡！只不過「左足未入，而右膝已縶矣。於是逡巡而卻，告之海曰：……」〔註46〕在此，雖然因為井太小而鱉的身體太大，牠無法真的下到井裡，但看得出牠作為傾聽者，真誠地考慮了青蛙的話，並且很願意親身到井底去體驗。而在「心齋」的例子裡，孔子所要求的也是顏回主動走進衛君的樊籠中並做好長期留駐的覺悟，這是傾聽的第一階段所不可或缺的態度。

第二次移動則用整個第②階段來描寫。我們在文本中只看到了各種移動隱喻，卻看不出是誰在向哪移動。不過，從結果反推，既然衛君最後來到了

---

〔註45〕〈庚桑楚〉亦有「心靈捆綁」的隱喻：「夫外韄者不可繁而捉，將內揵；內韄者不可繆而捉，將外揵。外、內韄者，道德不能持，而況放道而行者乎！」

〔註46〕見〈秋水〉。

顏回家，那麼②顯然在寫衛君怎樣離開自己家，向顏回家的方向移動。顏回在此過程中想必陪伴著衛君在行動。不過，移動的難點是怎樣顯得不移動。之所以腳不能著地，不能用翅膀飛，意思都是不能讓衛君意識到自己在變化。這是因為這種變化過程對於尚未完全療愈的衛君而言，很容易以為顏回在控制自己、剿滅自己的「自我」而帶到他人選擇的道路上。簡而言之，就是為了防止「和不欲出」。為此，顏回要注意兩個要點（在此，隱喻和實指總是交織著書寫的）。首先，不要自命為那些被衛君傷害的民眾的「民意代表」，站在對立面上去評價衛君；當然也不可站在衛君個人視角上而無視他者；顏回需要嘗試站在一個有所解離的（detached）視角上，去看待衛君之行為的倫理後果。其次，他不能把「知」牽扯進來，用各種既有的道德典範從外部去規範衛君。這兩點都是道德主義者容易出現的問題。其實，衛君的根本問題就在於他無法與他的臣民建立合乎人性的關係，在治療他的過程中如果不首先把他作為一個人（而非統治者）來看待，就不可能起作用。

　　在第③階段，在衛君旅程的終點，我們看到了顏回的家，那是一座溫暖的小屋，吸引著衛君進去坐。「虛室生白」的隱喻，同「鬼神將來舍」和「虛而待物」構成了一個系列。在這幾個隱喻中，「等待」是共通的主題。教育者不是強行將教育對象帶到要去的地方，甚至也不採取邀請或指引這樣的動作，純粹把一個充滿吸引力的空間擺在對方面前，然後耐心地等待對方主動邁出關鍵一步。浜村良久作為有經驗的諮商師，深知在傾聽的時候，只有「等待」的態度才能創造出一個充滿安全感的心理空間，使對方願意說得更多更深：

> 在對方想說又不知道該不該說的困惑時刻，就會陷入躊躇的沈默。
> 在對方決定不再壓抑痛苦的體驗、決定將其說出之前，這些體驗一
> 定會在內心不斷反芻、浸潤、整理、消化，這時候一定會陷入沈
> 默。……若不能耐心等待對方的沈默，由傾聽者主動切入打開別的
> 話頭，那麼正在「真的很希望得到理解」的念頭附近逡巡的對方，
> 思緒很容易就被拉回現實，從而錯失傾訴的契機。這時，對方「想
> 要得到理解」的心情就會被打薄，會感覺到傾聽者對自己想說的東
> 西並不那麼感興趣，於是就把話題轉到別的事情上去了。〔註47〕

---

〔註47〕浜村良久：〈『莊子』の「心齋」は傾聴の方法ではないか？〉，《比較文化研究》86（2009）：17～28。

類似地，研究傾聽哲學的勒溫（D.M. Levin）也談到「空間」的形成：

> 當傾聽真實地反響並回應對方的話，當它使溝通在溝通者之間激盪，並創造出一個免於壓力和限制的空間時，聽就積極地為主體之間新意義的構造作出了貢獻（聽的貢獻與說的貢獻完全不同），這種新意義實際上是在兩者的身體間（intercorporeality）生成的，從而保證了互相理解的達成——即使未能達成共識。〔註48〕

在衛君走進小屋的那一刻，他第一次發現心靈可以是潔白通透、溫暖光明的，與他過去住的逼仄黑暗的牢籠比起來，一下子讓他意識到了新的心靈狀態與人間關係的美好。這正是傾聽教育法的目標。

# 第二節　《莊子》中的故事教育法

## 一、故事與「寓言」

在此，首先要界定《莊子》中的故事是什麼，及其與「寓言」的關係。

《莊子》與柏拉圖哲學有一共通之處，那就是吸引讀者讚歎和思考的不僅是其內容，也包括其書寫的形式。此外，《莊子》和柏拉圖都有對自身書寫形式的反省，在柏拉圖即為《斐德羅》篇末關於哲學書寫的談話，〔註49〕在《莊子》即為〈寓言〉篇的開頭：

> 寓言十九，重言十七，卮言日出，和以天倪。寓言十九，藉外論之。
>
> 親父不為其子媒。親父譽之，不若非其父者也。非吾罪也，人之罪也。
>
> 與己同則應，不與己同則反，同於己為是之，異於己為非之。〔註50〕

在現代的中文文學研究中，寓言一般被認為是具有故事性和寄託性兩大要素的文學形式，換而言之就是一個別有寄託的故事。〔註51〕可是《莊子》

---

〔註48〕 D. M. Levin. *The Listening Self*. London: Routledge, 1989. p.181 轉引自：Brent Davis. "Mathematics Teaching: Moving from Telling to Listening." Journal of Curriculum and Supervision 9(1994): 267～283.

〔註49〕 Phaedrus 274B～278E.

〔註50〕 見〈寓言〉。

〔註51〕 陳蘊清：《中國古代寓言史》，長沙：湖南教育出版社，1996，頁1～2。部分學者主張寓言可以沒有故事性，但他們所舉出的無故事性的寓言，只是字面上沒有故事情節，實際上透過人物的刻畫也足以使讀者想像出一定的情節。因此筆者以為現代意義上的寓言總體上應視為故事的一種。如白本松：《先秦寓言史》，開封：河南大學出版社，2001，頁3～5。

的〈寓言〉篇所定義的「寓言」只包含寄託性這一個要素，實際上和現代人所講的寓言不是同一個概念。為了加以區別，本文以帶引號的「寓言」指《莊子》意義上的「寓言」，而以不帶引號的寓言一詞指現代中文語境下的「寓言」〔註52〕。

其實，《莊子》的「寓言」定義為「藉外論之」，從實際情況來看是正確的。純粹藉情節來展現哲理的故事，在《莊子》中只有一小部分，例如〈養生主〉中「澤雉十步一啄百步一飲」的故事。大部分時候，《莊子》是「藉作者以外的人物來發言」與「藉故事來說明哲理」這兩種「藉外」兼用。我們可以把前者稱為「說理性寓言」，後者稱為「故事性寓言」。兩者又是緊密交織在一起的。例如，〈齊物論〉開頭兩千五百多字的哲理論述似乎都屬於「南郭子綦與顏成子游」這個故事，〈秋水〉開頭兩千字左右的論述都屬於「河伯與北海若」的故事，甚至動植物故事中都可以鑲嵌直接的哲理表達，例如〈德充符〉的社樹在匠石夢中出現時所說的話，或〈秋水〉中蛇對風說的話。反過來，故事又經常是鑲嵌在大段的哲理論述中間的，比如〈齊物論〉中「麗之姬」的故事是長梧子對瞿鵲子之發言的一部分。當然，《莊子》中也有全無半點故事性的純粹「說理性寓言」，例如〈天地〉篇的「夫子問於老聃」，純屬問答體的哲學書寫罷了。也只有把「說理性寓言」與「故事性寓言」合併起來算，〈寓言〉說的「寓言十九」或《史記》所說的「大抵率寓言也」在統計上才是成立的。

但是，故事具有與純粹的「說理性寓言」不同的教育魅力。因此本節才叫做「故事教育法」而非「寓言教育法」。我們所關注的「故事」指的是《莊

---

〔註52〕 在西方語境下，同寓言相關的概念有 fable、parable 和 allegory，三者之間的界限並不清晰。fable 是一種虛構故事，這種故事把抽象的觀念寄託在具體的形象中，以容易理解的方式描寫出來，典型的如《伊索寓言》。parable 在《聖經》中由耶穌大量使用，是通過打比方來講道理，雖然有時候也極其形象，但若獨立出來當做一個故事的話顯得好像沒有完結的樣子。allegory 是不把抽象概念原原本本地表達出來，而用其它具體的意象來表現的文學形式，但它往往比前兩者篇幅更長，藉動物的樣子深刻地寫出了人間萬象。（以上定義摘自船戶英夫、山室靜等：《日本大百科全書》，東京都：小學館，1994，https://japanknowledge.com/library/）陳蘊清認為，上述三個概念所對應的作品在中文中都可以稱為「寓言」，故「寓言」一詞當和英文的 allegoric tales 對等。陳蘊清：《中國古代寓言史》，長沙：湖南教育出版社，1996，頁3。有趣的是，allegory 來自希臘文 ἀλληγορία，其字根 ἄλλος（「其他的」）與 ἀγορεύειν（「演講、論說」）組合起來恰恰是「藉外論之」的意思。

子》中所有具有故事性的寓言，包括「河伯與北海若」這樣以對話為主、情節為輔的故事，但不包括純粹的「說理性寓言」。

## 二、故事教育法的優點

故事教育法，顧名思義就是以故事為載體，令聽者或讀者受到教育。因此，故事教育法不同於一般意義上以故事來表達一個道理的做法。例如，我們聽了「愚公移山」的故事，都能接收到故事要傳達的道理，但我們未必聽完就認同這個道理，即便認同了也不一定隨即開始為一個遠大的目標而每日積累。因此故事教育法的核心不是故事對道理的表達是否生動或有力，而是故事在其接受者那裡產生的真實的、長遠流傳的變化。

《莊子》為什麼要大量使用故事來影響讀者呢？

第一，故事作為「寓言」，規避了「作者」的存在對文本解讀的影響。

〈寓言〉篇指出，當一個文本（子）同它的作者（父）有密切聯繫的時候，「作者」的存在嚴重影響了人們對文本的解讀。首先，人們由於對作者的懷疑而對文本產生懷疑（異於己為非之），或者由於對作者的認同而對文本產生盲從（同於己為是之）。〈寓言〉認為，這種情況的出現其實不是作者的錯，是讀者不良的理解習慣造成的（非吾罪也，人之罪也）。但為了規避此現象，作者只好採取一種將自己隱藏起來，藉助其他人物來發言的手法（親父不為其子媒）。

第二，故事作為「重言」，促進了對文化和歷史傳統的反思。

《莊子》中不少故事使用了歷史或傳說中〔註53〕的人物作為角色，如堯、舜、黃帝、孔子、顏回、子貢、子產、齊桓公、盜跖等。這類故事可稱為「真名假事」的敘事。〔註54〕在〈寓言〉篇的思考中，這類故事與「重言」對應，即由「年代久遠的人」（耆艾）來發言。不過，並不是每一個年代久遠的人都可以發揮這個作用，那些沒有被廣泛稱道、沒有成為社會文化之一部分（無人道、無以先人）的人只能叫作「陳人」，這類人放在故事裡也派不上用場。「重言」用的歷史人物，一定有自己廣為流傳的故事，讀者對他們的個人生

〔註53〕對歷史與傳說二者，我們無需進行嚴格的區分，在一個社會中廣為傳播的傳說，在效果上與歷史並沒有區別。儘管堯舜不一定是歷史上實際存在的人，但《莊子》以堯舜作為故事的角色時，作者和當時的讀者都清楚地知道這一名字喚起的是什麼樣的記憶。

〔註54〕李隆獻，《先秦兩漢歷史敘事隅論》，臺北市：臺大出版中心，2017，頁13。

平（本末）和社會關係（經緯）有充分的了解。這樣，當《莊子》使用這些人物來編寫故事的時候，就很方便地將讀者放在自身與大眾文化的關係之間去進行批判性的思考。例如，當讀者讀到堯「往見四子，藐姑射之山，汾水之陽，窅然喪其天下焉」的時候，無疑為他們所熟悉的堯舜禪讓敘事增加了一個新的視角，即從「四子」這樣的人來看，得天下也無所謂有利，讓天下也無所謂偉大。結果，雖然這個故事本身並不涉及堯舜禪讓的傳統，卻無疑對這個傳統投下了反思，而這個反思又是留給每個讀者自己去進行的。這種對傳統觀念的反思，就被稱為「已言」。當然，《莊子》使用這些角色的時候，絕非服務於歷史學的興趣，不是為了撼動正史的權威性。〔註 55〕他反而要在傳承這些傳統的同時，〔註 56〕透過反思傳統來創造新的文化。因此，與柏拉圖對歷史人物的使用相似，「對話情景與對話人物的『歷史性』（Historizität）是在一種至高之詩的許可下被削弱的歷史性。每一個對話參與者的目標是掙脫個體的束縛，導向應該永存的真理，這與讀者的目標乃是一律。〔註 57〕」這也就是為什麼我們常在《莊子》中看到一些明顯不可能發生的故事（典型的如：說盜跖是柳下惠的弟弟，而孔子往見之），《莊子》只是借用這些人物在流行文化中的符號意義來談哲學，而不打算將自己所編寫的故事再編織到人們對於客觀「歷史」的認識中去。

第三，故事作為「卮言」，避免了說理的語言陷入陳述句的陷阱。

《莊子》故事中除了情節，也不乏各種各樣的說理。這些說理為什麼不能像當代的哲學課本一樣直接陳述，而是要放在故事中，由故事中的人物在交談中說出來呢？說理往往藉助各種陳述句來表達，但莊子和高達美一樣看到了「陳述句」的局限性——〔註 58〕無論近代科學還是先秦的儒墨之爭，都將陳述句視為真理的載體，只研究陳述句的邏輯。這一點在科學的範疇內毫無問題，但一旦進入倫理和政治領域，人們就往往忽略了任何陳述背後總是隱藏著某種動機，「陳述從來不在自身中完全包括它的含義內容」，因此「把

〔註 55〕這一點可與《竹書紀年》的歷史敘事比較。
〔註 56〕「春秋經世，先王之志，聖人議而不辯。」見〈齊物論〉。
〔註 57〕斯勒扎克著、程煒譯：《讀柏拉圖》，南京：譯林出版社，2009，頁 25～26。
〔註 58〕莊子以「是非」來指陳述句。這和亞理斯多德在《範疇篇》中的用詞是一樣的，亞氏稱陳述句為「肯定或否定」（κατάφασις ἤ ἀπόφασις）。*Categoriae* 2a. Aristotle, *Aristotelis Categoriae Et Liber De Interpretatione*, Oxford: Oxford University Press, 1949.

陳述孤立起來，把陳述和一切動機聯繫相分離的做法是大有疑問的」。〔註 59〕為了引導讀者對說出來的陳述總是再加以反思，《莊子》使用了卮言，即「意義起伏波動，在永恆生成的談話之流中不斷自我修正的日常語言」〔註 60〕。當陳述句進入故事中，無疑增加了自我修正的可能。例如〈知北遊〉篇的開頭，「知」北遊見到了無為謂、狂屈和黃帝，向他們問「道」。無為謂表示自己不知，狂屈雖然知道，要說的時候卻又忘了自己想說什麼，黃帝卻非常流利地回答上了「知」的問題。那麼，這三位回答者誰更高明呢？黃帝說：「彼無為謂真是也，狂屈似之，我與汝終不近也。」故事講到這裡，「知者不言，言者不知」的哲理已經點出，如果讀者滿足於這個道理，故事也就可以結束了。然而故事結尾筆鋒一轉，突然說狂屈「聞之，以黃帝為知言」，而故事就在此戛然而止。最後這句話原則上否定了剛才的論述，因為黃帝是這個故事中講了最多話的人，他是「言者」，所以他「不知」。但黃帝以語言的形式總結出了「知者不言，言者不知」這樣一種對語言的反思，這不就說明他有一種關於語言的「知」嗎？而跳出語言去反思語言是不可能的，「一切關於語言的思維早已再次落進語言的窠臼。我們只能在語言中進行思維，我們的思維只能寓於語言之中正是語言給思想提出的深奧之謎。」〔註 61〕因此黃帝雖然有「言」，也許也不妨礙他有「知」；但一旦承認黃帝既有言又有知，那麼黃帝原先總結出來的「知者不言，言者不知」之真確性就受到挑戰了。這種語言之間的自我修正和自我顛覆，只有藉助巧妙設計的故事才可能帶出。

第四、故事的開放性避免哲學從思考的過程簡化為思考的結果。

Simon Blackburn 在談到柏拉圖寫作特點的時候指出：柏拉圖感到，哲學是一種探究活動，而不是吸收或記住一堆靜止不動的信條。重點在於過程，而非產物。讀者需要主動參與到對話中，將自己投入思想的迷宮。寫出來的信條很容易淪為背誦或崇拜的對象，進而成為某種原教旨主義信仰的經文。〔註 62〕可以說《莊子》中的故事也有類似的效果。《莊子》故事並非

〔註 59〕伽達默爾著，洪漢鼎 譯：〈語言和理解（1970）〉，《詮釋學 II：真理與方法》（修訂譯本），北京：商務印書館，2007。

〔註 60〕A.C. Graham. Chuang-Tzu: *The inner chapters*. Indianapolis, IN: Hackett Publishing, 1989, p.26.

〔註 61〕伽達默爾著，洪漢鼎譯：〈人和語言（1966）〉，《詮釋學 II：真理與方法》（修訂譯本），北京：商務印書館，2007。

〔註 62〕Simon Blackburn, *Plato's Republic: A Biography* (Atlantic: Grove Press, 2008), p.5～15.

沒有一定的結論或寓意，但故事無法被簡化為僅僅是結論的載體。死去的渾沌的面龐始終在讀者的心靈中停留，所激發的思考遠多於「要寬容異類」的信條。

第五，故事緩解了讀者「被說服」時的負面情緒。

本章第一節提到過，在顏回陪伴衛君向正面心態轉變的過程中，需要謹慎地消除「正在移動」的感覺，因為人有一種對「被控制」的抗拒。在作者直接面向讀者言說的時候，讀者毫無疑問地必須在堅持己見或受作者影響之間選擇。然而故事卻起到了一個保護殼的作用，道理是故事中的一個人講給另一人聽的，發生轉變的也是故事裡的人（如故事中河伯或子產的巨大變化），而非讀者。讀者的自尊被保護在故事下，即使發生任何轉變，也是讀者自己從故事中受啟發，而非被作者所說服。因此，Annette Simmons 用了與《莊子》極其相似的空間隱喻和移動隱喻來描述故事帶給人的影響：

> 假設你的聽眾高高地站在他的觀點的階梯之上，那麼，故事可以一階一階地哄他下來，讓他走到你的階梯邊，然後，再一階一階地順著你的階梯爬上去，站在你站的地方觀察事物。〔註63〕

第六，故事使讀者有可能在多種視角之間形成「視差之見」。

故事具有一種特殊的性質，故事既不是無視角的，也不是單一視角的。故事中一般有多於一個角色，因此讀者可以代入不同的角色去理解同一個故事。例如對於「大鵬」和「斥鷃」，讀者就各有所好。而《莊子》故事的最大特點在於，讀者閱讀時甚至難以停留在同一個視角上，而被迫在視角之間跳動，形成一種「視差之見」，而超越論的思考往往在視角「之間」產生。以下詳細闡論之。

## 三、何謂視差之見

儘管《莊子》中大量運用故事，但較早或同時代的其它著作中也不乏用故事教導人的傳統。《莊子》之特殊之處在於在許多故事中運用了「視差之見」的寫作手法。

視差（parallax，來自古希臘文 παράλλαξις）是指從兩個不同位置觀察同一個物體時，此物體在視野中的位置變化與差異。在天文學上，地球由於繞太陽公轉，每年夏季和冬季就處在宇宙中不同的位置上。天文學家透過在夏

---

〔註63〕Annette Simmons：《故事思維》，南昌：後浪｜江西人民出版社，2017。

季和冬季分別觀察同一恆星的位置變化，可以藉以估計該恆星距離地球的遠近，因為較近者視差也就更大〔註64〕。不過，恆星視差的存在也為「我們的地球在繞日運動」這一觀點提供了有力的證據，因為若地球靜止不動，則無論恆星距離地球遠近，都不該觀察到週年視差。由此，視差就具有了一種有趣的性質：當觀察者在視角之間移動的時候，不僅對觀察對象形成了更深一層的認識，甚至改變了關於「自身」的理解。柄谷行人和紀傑克（Slavoj Žižek, 1949～）將「視差」這一自然科學概念引用到了哲學中。紀傑克這樣解釋「視差之見」：

> 所觀察到的差異並非僅僅是「主觀的」，並不是從兩種不同的立場或觀點看「在那裡」的同一個對象所導致的，而是用黑格爾的話來說，主體和對象都是內在地「被中介的」，所以觀察者視角中的「知識論的」轉變，一定反映了對象自身當中的「本體論的」轉變〔註65〕。

之所以在視角之間遊移導致了對對象的新理解，正是因為主體參與了對象的建構。我們在任何視角下看到的現象，都是「視角」與「對象」共同決定的。不存在不被任何視角所框限的「物自身」，換而言之，沒有哪個視角具有認識上的特權：

> 我們在此遇到的正是視差的純粹結果：兩個版本之間的落差是無法被化約的，這一落差正是兩者的「真相」，是兩者圍繞而轉的那個創傷性的內核，沒有任何辦法解決這一張力，找到什麼「恰當」的解決方案。〔註66〕

所以，我們的任務不是找到「最佳」視角，而是承認差異的存在，並且從中對我們自己的認識能力發問，亦即形成超越論的反思。以《莊子》中的用法為例：

> 適莽蒼者，三湌而反，腹猶果然；適百里者，宿舂糧；適千里者，三月聚糧。之二蟲，又何知！小知不及大知，小年不及大年。奚以知其然也？朝菌不知晦朔，蟪蛄不知春秋，此小年也。楚之南有冥靈者，以五百歲為春，五百歲為秋；上古有大椿者，以八千歲為春，八千歲為秋，〔此大年也〕。而彭祖乃今以久特聞，眾人匹之，不亦悲乎？

---

〔註64〕受測量精度限制，這一方法只能用於距離地球較近的恆星。
〔註65〕Žižek, Slavoj. *The parallax view*. Cambridge, MA: MIT Press, 2006. p.17.
〔註66〕Žižek, Slavoj. *The parallax view*. Cambridge, MA: MIT Press, 2006. p.19.

　　關於小大之辯，有些人說莊子崇尚大，有些人說莊子在此強調小大之間的平等。從「視差之見」去解釋這個故事，[註67] 則思考恰恰在視角之間發生。不過，如果只是要在「小年」與「大年」兩個視角之間對比，只需要寫朝菌蟪蛄即可。而人類自己就可以充當大年的代表，即從「蟪蛄不可能理解季節變化」和「我們人類能理解季節變化」看出「小年不及大年」。問題就在於，這樣容易淪為一個「視角故事」而不是視差故事，讀者可能會認為故事告訴我們「大年」才是世界的真實，而「小年」則是有限的，並為我們人類屬於「大年」而慶幸。為了幫助讀者在視角之間跳躍，作者特意加入了冥靈、大椿，並在結尾強調人類的最長壽者並不能與之相比，其目的就是把對比的兩個視角變成「和蟪蛄相比的我」與「和大椿相比的我」。以下詳細說明。

　　首先，小大之辨可以從時間尺度（小年大年）或空間尺度（小鳥大鳥）兩個維度來談，而《莊子》這裡選擇談時間尺度，因為時間尺度可以直觀地以死亡來衡量。人一開始莫不對朝菌、蟪蛄的死亡感到觸目驚心，因為人不願接受自己那樣短暫就死亡了——中國人對「夭」的恐懼即是此種感情。仔細思考之後，我們被迫理解：朝菌、蟪蛄從自身的時間尺度來說，大概也過完了完整的一生，他們大概不會覺得自己早夭，也絕不會對自己沒能體驗月相或時令的變化而遺憾，因為他們不可能想像這些變化的存在。所以，透過「和蟪蛄相比的我」的視角，我們意識到：一種存在物有可能以為自己過了漫長的完滿的一生，但卻對比自己更大尺度的存在物的體驗一無所知。

　　《莊子》接下來又把人類和冥靈、大椿相比。之所以說「為春」「為秋」，都是用人類的時間感去嘗試猜測大椿的時間感。換而言之，大椿也不會覺得生命太過漫長、極度無聊，對他來說度過八千歲就像人類度過一個季節那樣罷了。「不亦悲乎」的「亦」，即說人類「亦」如蟪蛄一樣可悲，不能理解比自己更大的尺度。也許大椿能經歷更大尺度的時間變化（如每兩三千年北極星的改變等），而人類曾長期以為北極星是固定不變的同一顆星。透過「和大椿相比的我」的視角，我們意識到人類在大椿眼裡就像蟪蛄在人類眼裡一樣渺小。

---

〔註67〕雖然這段話中好像沒有情節，但鳥類出行居然還要背著糧食，而朝菌本沒有認識能力，竟然討論它能不能理解晦朔，實際上還是把這些動植物擬人化了，而讀者可以由此想像出一定的情節，例如讓蟪蛄描述牠的世界觀時，牠會以為世界上的天氣永遠不會變化，也不會有季節的概念，等等。所以，筆者認為這段話還是起到了近似於故事的作用，而非單純的譬喻。

　　於是，視差之見就從上述兩個視角的並列中若隱若現：沒錯，人類永遠不會知道大椿的時間感是怎樣的，可是這樣看來人類還是比眾生物智慧的，因為人類（或至少人類中的某些思想者）具有一種想像的能力，即文中「奚以知其然也」的「知」所指的能力。人類至少可透過朝菌、蟪蛄和自己的差異，來類比地想像自己同冥靈、大椿的差異。因此眾生物都被自己的尺度所局限，只有人類透過這兩個視角的對比，幡然醒悟這一局限性。儘管醒悟這一局限性不能令我們克服這個局限性（我們依然對大椿的時間感一無所知），但醒悟後的我們似乎比之前成長了一些，即我們不再認為從我們這個尺度看去的現象就直接是事物的「真相」。這實際上也就是一種超越論的思考了。

## 四、視差故事的寫作

　　教育者如要讓故事真正起到「視差之見」的作用，必須在故事中製造至少兩個可供讀者代入的視角，而且在寫作上需要避免讀者過度認同其中一個視角。我們在很多故事裡可以看到這個痕跡，例如「鯤鵬」故事中反覆強調大鵬要等待風才能起飛，還要三月聚糧；「罔兩問景」中的景所待的不是「蛇」「蜩」而是「蛇蚹蜩翼」；「濠梁之辯」中莊子的狡辯等。又如兩處「魯侯養鳥」的故事，讀起來好像都是魯侯的錯，即沒有按鳥的需求來養鳥，而鳥很令人同情。可是向上退出一層來看，兩個故事分別鑲嵌在「道德主義者勸諫君主」（〈至樂〉的版本，顏回勸諫齊侯）和「得道者教導迷失者」（〈達生〉的版本，子扁慶子教導孫休）的更大規模的故事裡，實際上「鳥」指的都是水平太差的人。因此究竟魯侯該不該遷就鳥，還有再思的餘地。

　　此外，故事一般要找到一個一開始讀者特別容易代入的視角，卻又在情節推移過程中對這個視角製造威脅，迫使讀者跳出這個視角。由於讀者一開始代入了這個視角，在被迫跳出的時候，才能在這個視角中看到「自己」的處境，進而對自身形成質疑。最典型的當是「莊周遊乎雕陵之樊」的故事：

### 故事 20　莊周遊乎雕陵之樊

　　莊周遊乎雕陵之樊，睹一異鵲自南方來者，翼廣七尺，目大運寸，感周之顙而集於栗林。莊周曰：「此何鳥哉？翼殷不逝，目大不覩。」蹇裳躩步，執彈而留之。睹一蟬方得美蔭而忘其身；螳螂執翳而搏之，見得而忘其形；異鵲從而利之，見利而忘其真。莊周怵然曰：「噫！物固相累，二類相召也。」捐彈而反走，虞人逐而誶之。莊

周反入，三日〔註68〕不庭。藺且從而問之：「夫子何為頃間甚不庭乎？」莊周曰：「吾守形而忘身，觀於濁水而迷於清淵。且吾聞諸夫子曰：『入其俗，從其俗。』今吾遊於雕陵而忘吾身，異鵲感吾顙，遊於栗林而忘真，栗林虞人以吾為戮，吾所以不庭也。」〔註69〕

　　一開始，莊周似乎代替讀者作為一個觀察者去觀察「螳螂捕蟬黃雀在後」的現象，讀者也安然沉浸在莊周的視角裡。因此當栗林的管理員衝過來抓莊周的時候，讀者嚇了一跳，仿佛感到自己身後也跑過來一個人。為了避免被管理員抓住，讀者猛地跳出莊周的視角。在這一刻，讀者不僅意識到：莊周對這一現象的觀察本身又在自己身上構成了同一現象（忘真），還發現自己剛才過於沉浸在莊周的故事裡，也忘記了自己的真。這個故事的核心正是質疑任何絕對視角的存在，同「予謂女夢，亦夢也」〔註70〕或「不識今之言者，其覺者乎，夢者乎」〔註71〕起到類似的作用。〔註72〕

## 五、視差故事的解讀

　　對於視差故事來說，解讀的技藝幾乎與寫作一樣重要。「萬世之後，一遇大聖，知其解者」〔註73〕，故事才能充分發揮其教育意義。在此，筆者嘗試以《莊子》中一個較複雜的視差故事為例，與讀者一起「遊」於視差的解讀。

### 故事21　壺子四示

鄭有神巫曰季咸，知人之死生存亡，禍福壽夭，期以歲月旬日，若神。鄭人見之，皆棄而走。(A)列子見之而心醉，歸以告壺子，曰：「始吾以夫子之道為至矣，則又有至焉者矣。」(B)壺子曰：「吾與汝既其文，未既其實，而固得道與？眾雌而無雄，而又奚卵焉！而以道與世亢必信，夫故使人得而相女。嘗試與來，以予示之。」

①明日，列子與之見壺子。出而謂列子曰：「嘻！子之先生死矣，弗活矣，不以旬數矣！吾見怪焉，見濕灰焉。」列子入，泣涕沾襟，

---

〔註68〕「日」原為「月」，據方勇改。方勇：《莊子纂要》（外篇），頁1014。
〔註69〕見〈山木〉。
〔註70〕見〈齊物論〉。
〔註71〕見〈大宗師〉。
〔註72〕對這個故事的分析，受益於林明照：〈觀看、反思與專凝——《莊子》哲學中的觀視性〉，《漢學研究》3（2012）：1～33。
〔註73〕見〈齊物論〉。

以告壺子。壺子曰：「鄉吾示之以地文，萌乎不震不正。是殆見吾杜德機也。嘗又與來。」

②明日，又與之見壺子。出而謂列子曰：「幸矣！子之先生遇我也。有瘳矣，全然有生矣。吾見其杜權矣。」列子入，以告壺子。壺子曰：「鄉吾示之以天壤，名實不入，而機發於踵。是殆見吾善者機也。嘗又與來。」

③明日，又與之見壺子。出而謂列子曰：「子之先生不齊，吾無得而相焉。試齊，且復相之。」列子入，以告壺子。壺子曰：「吾鄉示之以太沖莫勝。是殆見吾衡氣機也。鯢桓之審為淵，止水之審為淵，流水之審為淵。淵有九名，此處三焉。嘗又與來。」

④明日，又與之見壺子。立未定，自失而走。壺子曰：「追之！」列子追之不及，反以報壺子，曰：「已滅矣，已失矣，吾弗及也。」壺子曰：「鄉吾示之以未始出吾宗。吾與之虛而委蛇，不知其誰何，因以為弟靡，因以為波流，故逃也。」

然後(A')列子自以為未始學而歸，三年不出。為其妻爨，食豕如食人。於事無與親，彫琢復朴，塊然獨以其形立。紛而封哉，一以是終。

　　列子是一個可愛的學生，雖然直到最後一段才說他「雕琢復朴」，不過他一開始似乎也已經很樸實了。在街上碰到一個能預言生死的巫者，別人避之不及，他卻「心醉」了，甚至跑回來對老師說：老師我以前覺得你很厲害，現在感覺你也不怎麼樣，還有更厲害的。

　　為什麼季咸給壺子以外的人看相都能看得准？當人長期觀察一種現象，基於這種現象來預測，並得到準確反饋時，對現象就會有越來越準確的直覺。〔註 74〕壺子是巫，某種意義上也是醫者。有經驗的醫者根據人的外觀推測其健康狀況並預言死期，恐怕並不奇怪。最重要的是，每個人並非有一個客觀的「死期」可被壺子看到。一個人什麼時候死，同他自己的行為和認知也有密切關係。悲劇《伊底帕斯王》（Oedipus）中，伊底帕斯若不是為

〔註74〕筆者有次例行健康檢查中，一位有多年經驗的眼科醫師發現筆者的雙眼杯盤比異常。杯盤比大於正常值是青光眼診斷的依據之一，但醫師說：「我覺得應該不是青光眼，看起來不像。但是也說不出為什麼。」保險起見，還是做了眼壓、視野等一系列複雜的儀器檢查，結果果然一切正常。回想起醫師一開始的話，這種僅憑視覺觀察就做出判斷的能力，並非不可能。

了規避自己殺父娶母的命運，就不會殺父娶母。類似地，被相面的人由於對生死高度恐懼（鄭國人見之而走，說明對他所預言的死期是很恐懼的），一旦被預言一個較近的死期，自己內心疑懼痛苦，很容易加劇病情，結果反而就在所預言的短時間內死去了。

所以，列子去跟壺子說季咸很厲害，本意是說：「他能預言未來，老師你能嗎？」如果壺子說：「他沒什麼厲害的，我也能。」然後跟季咸比賽相面，發現壺子相得更準。那麼這故事要傳達的就是一種「經驗之知」了，即壺子掌握了人的死期與其面相之間的更加精確、更加科學的對應關係。沒想到，壺子是叫季咸來相自己，進而揭示其相面的局限性，可見老師的意圖是超越論的而不是經驗的。老師不是要揭示關於人之生死的某個比季咸更「真」的真相，而是要揭示「真相」是怎樣在主體和對象「之間」形成的，而最終的目的是要展示主體的「自我技術」的可能性。因此壺子才說「以我作為對象來演示給你看」（以予示之）。

在壺子的「示」中，列子會觀察到什麼呢？壺子當然有很多可以演示的，但他卻不是隨意安排這四次演示的順序。我們發現，四次演示的順序如此巧妙，以至於每一次都跟之前所有演示構成一個視差。因此，在四次演示中構成了三個視差（如圖6）：

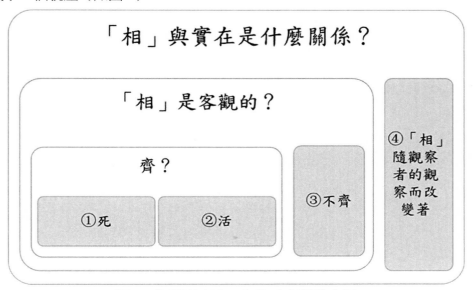

圖6 「壺子四示」中的三次視差之見

在①中，列子完全沉浸於對經驗之知毫無反思的狀態，因此當季咸說老

師快要死去的時候，這個單純可愛（但事實上又很愛老師）的學生竟然一瞬間泣涕沾襟。壺子看到他的樣子，大概哭笑不得。之所以列子會泣涕沾襟，是因為他從沒有懷疑過人顯現出來的「相」同實在的關係，他認為老師顯現出來的「溼灰」就是實在本身，或者說「真相」。

到了②，季咸在壺子身上看到了生機，他以為這是壺子的「真相」發生了變化，還說什麼「你們家先生還好是遇到了我」這樣的話。其實，他的話已經跟昨天的話自相矛盾了，因為昨天的「溼灰」明明是燒盡的灰再灑上水，不該有任何點燃的可能。但列子這一次卻沒有反過來狂喜。為什麼這位先前情緒非常外露的學生這一次變得平靜了？唯一的可能就是他已經開始懷疑和反思。如果說同一個人昨天展示出一種「相」（死），今天又展示出一種「相」（活），那究竟哪一種是真相呢？從壺子的解釋來看，季咸並不是個純粹的騙子，季咸所觀測到的確實符合壺子所展示的。所以這個故事的主旨並不是戳破巫術的騙局，季咸是一個優秀的科學家，他對人的內在與外在的關係確實有很好的研究，只是他沒有意識到這種經驗知識有其限界。因此列子在此陷入了第一個視差之見：老師的「真相」究竟是快要死了，還是從死中重獲生機？如果兩者都反映了實在，那麼實在就是可變的了。如果實在可變，那麼季咸對人生死的預言之有效性，就要建立在做出預言後，「實在」本身不發生變化的前提下。如果預言之後，「實在」又可以再變化，那預言就無意義了。由此，他也就沒有必要為老師重獲生機而狂喜，因為這只是不斷變化的實在的一個環節罷了。

在第③次相面的時候，又出現了新狀況。雖然①和②天差地別，但至少都呈現為一種可以對實在（reality）有所呈現的具有統一性的現象（相），因此都是「齊」的。為了再把列子從「相」一定「齊」的誤區中提升出來，壺子這次展示了「不齊」，即支離的現象，無法指向任何單一實在的現象。用一個不恰當的譬喻來說，如果第一次壺子臉上寫了個死字，第二次壺子臉上寫了個生字，則這次壺子臉上寫了一個由多個字的部件拼湊成的無法解讀的「字」，一個具有字的外表但不指向任何已知意義的新造字。用「淵」的符號系統來講，這次淵的表層沒有流動，深處卻在正常流動。於是把③的視角（不齊）同①②的視角（齊）對立起來看，形成了第二個視差之見：「相」不僅可變，而且不一定指向任何確定的實在。可惜對這一點，季咸沒有引起警覺，他以為壺子處在一種不穩定的狀態中，似乎穩定下來了就又可以重新恢復對實在的觀測。

到了第④天，季咸陷入了恐慌。在①②③中，雖然「相」有齊和不齊，但

每一次觀察至少得到了一個確定的、不以觀察者為轉移的「相」。但這一次，壺子「虛而委蛇」，「因」以為波流。筆者以為，「因」即根據季咸所猜測的方向，相應地表現出不同的現象，以至於季咸立即意識到壺子之相的變化不是一種客觀的變化，而是主動的變化，是因應自己的觀察而改變的。所以壺子說這是「委蛇」，因為委蛇的本質就是一面鏡子，在鏡子中呈現的是你內心所期待或恐懼的東西。〔註75〕季咸發現自己不僅沒看透對方，還被徹底看透了，正是這一點造成了他的恐懼。〔註76〕如果把「存在客觀的可被觀察的相」叫做「實」，那麼這一次自然是「虛」。把這兩種視角對比起來看，則構成了第三次視差之見，這意味著「相」與實在的關係，並不是單純的「反映」關係，並非有什麼樣的實在就顯現為什麼樣的相。那麼「相」到底是怎麼形成的？同觀察者與觀察對象是怎樣的關係呢？

由於在「相面」的實踐中，被相者是資訊的發出方（雄），而相面者是資訊的接受方（雌），因此「眾雌而無雄」這個隱喻說的是若被相者不顯出「相」，僅僅有優秀的相面者，也不可能實現正確的「相面」。壺子已經以隱喻的方式認識到，現象的形成同時有主體和對象的參與，兩者缺一不可。包括列子在內的大部分人之所以可以被相面，是因為他們急於把自己的內心（其中的道德或知識）當作炫耀的資本，因此外表誠實地反映了內心（而以道與世亢必信，夫故使人得而相女）。

不過，上述還只是這個故事中壺子用於教育列子的三個視差。若對壺子教育列子的過程本身做一考察，則這其中又有一層視差可見。一開始(A)處列

〔註75〕在〈達生〉的齊桓公見鬼故事中，告敖把桓公所看到的鬼叫做「委蛇」，並準確地猜中了委蛇的樣子（紫衣朱冠）。其實，齊桓公很可能只是在畋獵的時候看到了一條直立起來的蛇，但他內心始終對自己殺害親兄弟子糾感到歉疚，而冤死者化為鬼來復仇的故事在當時又非常流行，桓公因內心的隱憂而將普通的動物看成了鬼。紫衣朱冠很可能是子糾死時的衣著。告敖之所以能猜中，不過是由於他聽懂了桓公內心的隱情。因此，將這種鬼叫做委蛇也就恰如其分，因為委蛇沒有自己「本來的樣子」，觀看者擔心牠長什麼樣，牠就長什麼樣。詳見筆者於 2019 年 10 月 19 日在中央大學中國文學系舉辦的第廿六屆金聲中文研究生論文研討會上發表的論文〈從《莊子・達生》齊桓公見鬼故事看「氣」的精神分析面向〉。又，〈天運〉中黃帝演奏的第二段音樂使人「委蛇」，在這段音樂的描述中有「目知窮乎所欲見，力屈乎所欲逐」，也是說認知的意圖（欲見）之流動，造成了現象的不斷流動，結果認知主體和對象之間處在不斷追逐卻永遠不能一致的狀態。

〔註76〕壺子要追他，大概也是因為怕季咸把這件事說出去，導致自己的禍患吧？

子的視角中，我們以為列子已經學到了壺子之道，所以他可以很自信地把壺子和季咸的道拿來對比。如果列子自己認為自己沒學完，大概不敢做出這樣的發言。但是(B)壺子馬上嘲笑了他，認為列子還沒得道。如果老師說的是對的，那麼真正有趣的是列子竟然「會覺得自己已學完」。小學一年級的孩子不會認為自己已經學完了小學的內容，即將畢業的孩子才有可能這樣想。換句話說，列子應該已經在表面（文）上學完了所有的課程，只差一個未知的 X，加上這個 X，就構成了「實」。那麼，這個 X 是什麼？

我們跟隨列子看完了四天的演示課程，在這四天中壺子在所有的方面都打敗了季咸，讀者暗中幫壺子叫好，徹底相信了壺子的道超過季咸，而列子原先並未得道。不過，讀者又很容易認為這四天的課程將會構成那個 X，使列子悟得至道，得以畢業。結果這時候列子本人的視角竟然擺向了(B)，他「自以為未始學而歸」，直接退學了。可是「自以為」這個說法裡就隱含了自我認識錯誤的意味，令讀者又不禁對原先十分相信的(B)視角再產生懷疑。最後我們看到一個(A')敘述，列子表現出不少得道者的特點，尤其是「雕琢復朴」和「塊然獨立」，他為老婆做飯，以給人吃飯的方式餵豬，顯然他也成了一個有獨特風格的怪人。這讓我們懷疑，是否(A')=(A)+(B)，列子本來離畢業只有一步之遙，只要他不再「自以為學」，不再高調地拿自己學到的道去顯露於世，他也就完成了學業？然而文本自始至終都沒有在兩個視角之間做出最終裁判，到底列子有沒有學到壺子之道。兩個視角之間的張力留在了讀者面前——在這四天的課程中，壺子到底教給了列子什麼？〔註77〕

# 第三節　《莊子》中的觀察教育法

## 一、《莊子》中「觀察」的重要性

觀察教育法，即透過學生的觀察及圍繞著觀察所展開的討論而獲得教育。

在《莊子》中，有很多人們之間互相請教、或寫某人從他人那裡得到教育的對話。筆者將其中那些帶有一定情節（而非純粹藉問答形式來書寫哲學論述）的稱為「教學故事」。對 54 個「教學故事」進行逐一分析後，發現其中至少有四成以上（22 個故事）以學習者對某人之外貌、動作或行事風格的

---

〔註77〕在本章第三節還會對此問題再加剖析。

「觀察」開頭，且這一觀察往往是對話發生的原因（見表10）。觀察的結果有時候由作者直接描述，有時候由提問者間接描述出來。

**表 10　《莊子》教學對話中的觀察教育**

| 篇　章 | 分類 | 觀察內容 |
|---|---|---|
| 人間世 | 態度 | 匠伯不顧，遂行不輟。弟子厭觀之，走及匠石，曰 |
| 天運 | 態度 | 孔子見老聃歸，三日不談。 |
| 至樂 | 態度 | 顏淵東之齊，孔子有憂色。子貢下席而問曰 |
| 田子方 | 態度 | 田子方侍坐於魏文侯，數稱谿工。 |
| 田子方 | 態度 | 出而見客，入而歎。明日見客，又入而歎。其僕曰…… |
| 齊物論 | 身體 | 南郭子綦隱几而坐，仰天而噓，嗒焉似喪其耦。顏成子游立侍乎前，曰：「何居乎？形固可使如槁木，而心固可使如死灰乎？……」 |
| 大宗師 | 身體 | 子之年長矣，而色若孺子，何也 |
| 田子方 | 身體 | 孔子見老聃，老聃新沐，方將被髮而乾，熱然似非人。孔子便而待之，少焉見曰：：「丘也眩與？其信然與？向者先生形體掘若槁木，似遺物離人而立於獨也。」 |
| 知北遊 | 身體 | 光曜問乎無有曰：「夫子有乎，其無有乎？」光曜不得問，而孰視其狀貌，窅然空然，終日視之而不見，聽之而不聞，搏之而不得也。光曜曰 |
| 養生主 | 技藝 | 庖丁為文惠君解牛，手之所觸，肩之所倚，足之所履，膝之所踦，砉然嚮然，奏刀騞然，莫不中音。合於《桑林》之舞，乃中《經首》之會。 |
| 達生 | 技藝 | 仲尼適楚，出於林中，見痀僂者承蜩，猶掇之也。 |
| 達生 | 技藝 | 孔子觀於呂梁，縣水三十仞，流沫四十里，黿鼉魚鼈之所不能游也。見一丈夫游之，以為有苦而欲死也，使弟子並流而拯之。數百步而出，被髮行歌而游於塘下。孔子從而問焉，曰 |
| 德充符 | 風格 | 魯有兀者王駘，從之遊者，與仲尼相若。……王駘，兀者也，從之遊者，與夫子中分魯。立不教，坐不議，虛而往，實而歸。固有不言之教，無形而心成者邪？ |
| 德充符 | 風格 | 其明日，又與合堂同席而坐。 |
| 德充符 | 風格 | 丈夫與之處者，思而不能去也。婦人見之，請於父母曰『與為人妻，寧為夫子妾』者，十數而未止也。未嘗有聞其唱者也，常和而已矣。無君人之位以濟乎人之死，無聚祿以望人之腹。又以惡駭天下，和而不唱，知不出乎四域，且而雌雄合乎前。是必有異乎人者也。寡人召而觀之，果以惡駭天下。與寡人處，不至以月數，而寡人有意乎其為人也；不至乎期年，而寡人信之。國無宰，寡人傳國焉。悶然而後應，氾而若辭。寡人醜乎，卒授之國。無幾何也，去寡人而行，寡人卹焉若有亡也，若無與樂是國也。 |

| 大宗師 | 風格 | 三人相視而笑，莫逆於心，遂相與友。莫然有間，而子桑戶死，未葬。孔子聞之，使子貢往侍事焉。或編曲，或鼓琴，相和而歌曰 |
|---|---|---|
| 大宗師 | 風格 | 孟孫才，其母死，哭泣無涕，中心不戚，居喪不哀 |
| 應帝王 | 風格 | 齧缺問於王倪，四問而四不知。齧缺因躍而大喜，行以告蒲衣子 |
| 在宥 | 風格 | 雲將東遊，過扶搖之枝，而適遭鴻蒙。鴻蒙方將拊髀雀躍而遊。雲將見之，倘然止，贄然立，曰…… |
| 天地 | 風格 | 子貢南遊於楚，反於晉，過漢陰，見一丈人方將為圃畦，鑿隧而入井，抱甕而出灌，搰搰然用力甚多而見功寡。子貢曰 |
| 知北遊 | 風格 | 三問而無為謂不答也，非不答，不知答也。知不得問，反於白水之南，登狐闋之丘，而睹狂屈焉。知以之言也問乎狂屈。狂屈曰：「唉！予知之，將語若，中欲言而忘其所欲言。」 |
| 至樂 | 風格 | 莊子妻死，惠子弔之，莊子則方箕踞鼓盆而歌。 |
| 田子方 | 風格 | 仲尼見之而不言。 |

有的時候，觀察的內容是教師透過行為表現出的對於某個人或事的獨特態度，例如匠伯面對可以砍來當木材的大樹「遂行不輟」，是一種反常的態度；有時候，觀察的則是教師的某些身體特點，如「似喪其耦」「色若孺子」「熱然似非人」；有時候，觀察的是某種技藝實踐，例如孔子「見痀僂者承蜩，猶掇之也」，這種出神入化的能力引起了討論；更多的時候，引起討論的是一種獨特的生活風格，如申徒嘉在子產的警告下依然跟他合堂同席而坐，孟孫才在葬禮上假哭，莊子鼓盆而歌等。

既然這些觀察構成了教學故事的主題，就意味著其具有重要性。但是，這些觀察內容又很難用傳統莊子詮釋中的一些抽象概念，如「道」「無為」「虛」之類來解釋。更重要的是，即使可以將這些態度、姿勢、技藝和風格理解為「踐行」或「體現」某些哲學思考的結果，我們依然可以詢問：究竟何者為根本性的呢？態度、姿勢、技藝和風格只是用來說明哲學思考的嗎？是否可能實際情況是倒過來的，對於《莊子》作者而言，哲學思考只是一種輔助，根本的目的是透過觀察他人的態度、姿勢、技藝和風格，將他人的生命作為一件藝術品來欣賞和討論，進而在自己的生命中，發展出自己的態度、姿勢、技藝和風格？若採取這一種思路，即多少觸及了傅柯在其生命的最後幾年研究的主題，即「生存美學」。

## 二、生存美學與「為己」

傅柯從古典學的研究成果中延伸出「生存美學」（l'esthétique de l'existence）

的概念，強調自古希臘以來存在著一種「使生活藝術化」的實踐智慧，而貫穿其中的關鍵思想就是「人們可以使自己的生活變成一部藝術作品的觀念」（l'idée que l'on peut faire de sa vie une oeuvre d'art）。對希臘人來說，人對他人和世界若能有任何意義，一定是透過著眼於「自身」的各種實踐，包括自我教育（formation）、自我糾正（correction）、自我解放（Libération）而塑造出理想自我的過程。〔註 78〕如果一個人以適度的飲食和健身調養身體，以豐富的精神活動來度過閒暇，在城邦的政治舞臺上展現美德，待人接物、一言一行力求中道，面對生死淡而處之，他的一「生」（βίος）就成了一件值得被觀賞和傳頌的作品。在古典哲學、文學著作中，經常看到對偉大人物生活習慣和名言軼事的介紹，還有大量關於如何修煉自我的討論。當然，隨著時代和社會的變化，以及不同人秉性的差異，每個人展現出來的生活又各有風格，正如藝術作品有不同風格流派一樣。古希臘羅馬的生存美學實踐，激發傅柯完成了晚期重要的哲學轉向，即從研究權力與真理轉向關注生存美學和自我技術。

　　生存美學，就是以「為己」〔註 79〕為核心，將自己的一生當成一部藝術品，透過思想、情感、生活風格、語言表達和運用的藝術化，使生存變成一種不斷逾越、創造和充滿快感的審美享受過程。〔註 80〕在此，「為己」的「為」是「創作、形成、修煉」的意思，「為己」絕不是指自我中心或自私自利，而是把一切倫理實踐、政治生活及人際交往看成是譜寫自我生命之動人樂曲的一部分。傅柯從古希臘羅馬文獻中發現的這一思考方向，很適合運用在中國哲學的研究中，我們可以把《論語・鄉黨》篇裡的孔子、《孟子・萬章下》總結的四種聖人與《莊子・大宗師》裡的真人看作各具特色的生存美學類型。對中國思想家而言，說哲學思考的最終目的是「為己」，對他們來說可能是非常親切的觀念。〔註 81〕

---

〔註 78〕高宣揚：《福柯的生存美學》，北京：中國人民大學出版社，2005，頁 400。
〔註 79〕傅柯使用的是古希臘文獻中的 ἐπιμελεία ἑαυτόν 一語，高宣揚譯為「關懷自身」，汪民安譯為「關注自我」。筆者取《莊子・德充符》的「彼為己，以其知得其心，以其心得其常心」的「為己」翻譯之。
〔註 80〕高宣揚：《福柯的生存美學》，北京：中國人民大學出版社，2005，頁 344。
〔註 81〕即使《莊子》提倡「不得已」，但這種不得已的心境本身就可以是生存美學的一部分，與生存美學的創造性並不矛盾。當我們被權力所迫去做一件事情的時候，與其發明一套理性的說法來合理化這件事，還不如直接告訴自己「我就是被迫去做的」。任何用於合理化權力的理由，都屬於「意識形態」。「意識

### 三、「為己」與觀察他人

由此我們可以思考：《莊子》中大量運用觀察教育法，與生存美學的自我關切有什麼關聯呢？傅柯認為，「為己」是人生過程中對自身、世界、他人和歷史進行關注和觀看的某種形式（une certaine forme d'attention, de regarde）。透過這樣一種觀看形式，人們將對外界和他人的觀看轉化為對自身的觀看。〔註82〕對於追求生存美學的個人來說，具有典範意義的「他人」顯然是極好的教材，但觀察他人的旨趣不是獲得對某種一般規律的認識，而是最終要回到自己的修養上來，正如列子對壺子四示的觀察不是為了總結出一個哲理，而是為了列子自身的修行一樣。另一方面，既然自己的生命是一件藝術品，那麼這樣的藝術品沒有人欣賞顯然是可惜的。實際上，一旦有這樣的藝術品，有人來欣賞是必然的事情。在〈德充符〉篇，常季問孔子：王駘不過是「為己」，為什麼大家都追隨他？對於這個問題福永光司解釋說：〔註83〕

> 常季的這個問題，其實是在問如何才能使莊子思想中的個人主義觀念擁有社會性。莊子思想的立足點本是徹底的個人主義，這一點有時會表現為極端的獨善主義、利己主義。但是莊子認為這種個人主義也具有社會性。……絕對者的解脫是所有追求解脫之人的典範。人們聚在絕對者周圍，使絕對者擁有社會性。……只有解脫者能讓渴望解脫之人成為解脫者。

生存美學的實踐者倒不是故意要展現自己，但一旦要對他人有真正的教育影響，就不能僅靠言說，而需要他人品鑒自己的生命。所以傅柯說：

> 這是希臘人所理解的倫理：氣質（ethos）是一種存在和行為方式。對主體來說，它是一種存在模式，伴隨著一種特定的行動方式，一種他人可見的方式。一個人的氣質在他的衣著、外表、步態以及他對每件事情的冷靜應對上顯露無疑。……氣質卓越不凡者——受到

---

形態」為權力壓迫下的個人提供了強烈的快感，因為個體可以讓自己逐漸相信：我不是被壓迫，而是為了自己的需要真心誠意地去做那些害人／害己的事情的。久而久之，這套說法會被內化，壓抑人的真實情感，使內心發生扭曲。相比之下，在不得不去做的時候保持「不得已」的心態，令自我和外在的矛盾始終如創傷一般暴露在空氣中而不加以化約，正是「不得已」的深刻性所在。

〔註82〕高宣揚：《福柯的生存美學》，北京：中國人民大學出版社，2005，頁403。
〔註83〕福永光司著，王夢蕾譯：《莊子內篇讀本》，北京：北京聯合出版公司，2019。

景仰並且被當作楷模——是以特定方式踐行自由的人。……為了讓這種自由實踐呈現為一種氣質——它是出色的、美好的、可敬的、值得稱道的、令人難忘的和典範性的氣質，大量的自我訓練是必要的。〔註84〕

因此，「為己」者一生都在仔細觀察他人，藉助他人來觀看自己（包括透過朋友的評論和反饋來糾正自己的問題），將他人視為楷模來訓練自己，但也把自己作為教材來教育他人。這種互相觀察的目光，在〈田子方〉篇的這個故事裡以最密集的形式交織出現：

### 故事22 溫伯雪子適齊

溫伯雪子適齊，舍於魯。魯人有請見之者，溫伯雪子曰：「不可。吾聞中國之君子，明乎禮義而陋於知人心，吾不欲見也。」至於齊，反舍於魯，①是人也又請見。溫伯雪子曰：「往也蘄見我，今也又蘄見我，是必有以振我也。」②出而見客，入而歎。明日見客，又入而歎。其僕曰：「每見之客也，必入而歎，何邪？」曰：「吾固告子矣：『中國之民，明乎禮義而陋乎知人心。』③昔之見我者，進退一成規，一成矩；從容一若龍，一若虎；其諫我也似子，其道我也似父。是以歎也。」④仲尼見之而不言。子路曰：「吾子欲見溫伯雪子久矣，見之而不言，何邪？」仲尼曰：「⑤若夫人者，目擊而道存矣，亦不可以容聲矣。」

在這個故事中，若理清其中互相觀察的關係（參見圖7），則故事的層次感就會浮現出來。首先，溫伯雪子透過這個魯人兩次請見的行為，對這個人進行了第一次觀察（①），想到此人這麼有誠意，他放下了心中對魯國人的偏見，決定還是花時間跟這個人見見，因為「見」有可能帶來「振我」的效果。顯然溫伯雪子希望透過觀察這個人來獲得教育。同這個人見了幾次面，溫伯雪子卻頻頻歎氣（②），他的僕人（可能也是弟子）觀察到了這一現象，並且敏銳地就此提問。僕人透過觀察溫伯雪子對不同人和事的態度，似乎也在學習著什麼。溫伯雪子的回答則揭示了見面過程中他對魯人的進一步觀察（③），其中包括了對魯人動作、神情、語氣的深入描寫。最後，作為對比，又寫作了仲尼見溫伯雪子的情況。而仲尼觀察溫伯雪子的方法（見之而不言），本身又

〔註84〕米歇爾·福柯著，汪民安譯：《自我技術》，北京：北京大學出版社，2015，頁257～258。

變成了子路觀察的對象（④）。回來以後，子路根據自己的觀察發問，這時孔子本應該描述自己對溫伯雪子的觀察（⑤）。然而孔子雖然觀察了，卻不打算把觀察的「結論」（如果有的話）講出來，而是就觀察這個方法本身給出了一句畫龍點睛式的評論——他告訴子路：當觀察充分發揮作用時，語言的解釋將是多餘的。

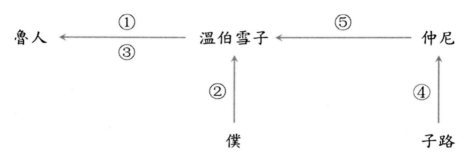

圖 7　溫伯雪子故事中的觀察目光

　　那麼，故事中唯一一句看起來像「哲理」的話，即「明乎禮義而陋乎知人心」，究竟應該怎樣理解呢？若仔細讀圖，會發現故事涉及的五個人物中，唯一不對他人進行觀察的是魯人。魯人的動作、神情有一套僵化的標準，他非常嚴格地按照「規矩」去完成，而沒有個人的風格。他好不容易得到機會見一次溫伯雪子，卻並沒有從生存美學的目光去觀察和學習，反而是根據自己從理性上知道的道德規範（禮義）去教導溫伯雪子。這樣看來，對溫伯雪子來說，大概觀察正是「知人心」的重要過程，魯人因為不善觀察，尤其是不能從生存美學的角度去觀察，所以對人心一無所知。在此，心不是指心靈的內容物（知），而是指心靈可能具有的廣度和創造性，即生存美學中一種重要的修行——對心的修煉所創造出的作品。

## 四、觀察的效果

　　那麼，觀察他人的教育效果是什麼？當代的學校教育重講授，在講授之外也輔以老師的示範。但老師示範時，學生的觀看並不能算是本節所說的「觀察教育法」，因為觀看老師的示範，其意義在於模仿。而《莊子》中觀察教育法的作用則是激發學習者形成自己獨特的風格。〔註85〕為此，我們可以回到前一節

〔註85〕當然，這一點未必是《莊子》獨有的教育方法。我們也完全可以把《論語·鄉黨》和《禮記·檀弓》看作某種關於生存美學的小型文獻。孔子在貴族社

講述過的「壺子四示」故事，帶著生存美學的觀點再思考故事留給我們的疑問。

在讓季咸相面的四天中，壺子給列子安排的也是一套「觀察」課程，在觀察中配合講解。這四天的課程到底是關於什麼的呢？透過這四天的觀察，列子要學到的不僅是一些道理，更是壺子的生活風格。

但是，觀察的目的不是抄襲他人的生活風格，而是創造自己的生活風格。列子是一個純真可愛的人，以他的天性，永遠都不會修煉成壺子那種靈通玄妙的風格，因此我們不能根據列子最後沒有成為「與壺子一樣的人」，就說列子沒有學到東西。

在觀察中，列子經歷了三次視差之見，最重要的收穫恐怕是觀察到一種顛覆和叛逆的風格，即當一個人敢於突破一切習慣、規範、常理，並且總是在突破常理和遵循常理之間自由轉換時，[註86]他的行為和內在之間就具有一種變幻莫測的關係（毋寧說，他就不會有什麼僵死的、固化的內在）。如果說壺子刻意地把這種變幻莫測作為技術來修煉的話，列子則走了另一種風格。

如果說壺子有「聖人之道」，則列子有「聖人之才」，他距離成為聖人並不是缺少一個 X，而是需要減去 X，即從自己身上去掉「自以為得道」且「以道與世亢」的心態，需要「雕琢復樸」。一旦他「自以為未始學」，回到了樸實的狀態，也就得到了他要學的道，因為他本來就是個喜歡不按常理出牌的人（否則就不會對季咸「心醉」——一般人看到這個季咸就跑）。他對妻子，本來就沒有（按男權社會的固定觀念）看作是「女人」；對於豬，本來就沒有（按人類中心主義的固定觀念）看作是「動物」。幫妻子做飯這種行為，被旁人當做一種驚人的行為藝術記錄下來，但在列子而言只是遊戲般地發揮天性而已。

因此，直到故事的結束，作者都沒有辦法再用「至人」「得道」之類的概念去定義現在的列子，因為他不符合任何一個詞彙的定義，只能就某些現象去加以素描。從這一點來說，他真正從壺子那四天的課程中學到了精髓，並且形成了屬於自己的獨特風格。

---

會中各種活動的表現，很可能是一種基於傳統的創造，其中也有體現其個人風格的部分。《禮記‧檀弓》所載的之所以不是對禮的法條式的精確界定，而是某些具體的（有其身份和背景的）個人對禮的靈活處理（或有意的違反），其實也說明對儒家而言禮不完全是角色的固定劇本，也是個人的生活風格，因此存在對禮的理解、討論甚至創造。但是，對許多普通的儒者而言，禮往往被理解為對大師的生活風格的一種模仿甚至抄襲，結果「舉魯國而儒服」。

〔註86〕這一點至關重要，如果一個人在每一件事情上都一定要逆常理而行事，則此人又變得很容易測度了。

# 第六章 《莊子》教育哲學的當代意義

    《莊子》教育哲學雖然是針對其時代的教育現象和教育問題而發，但《莊子》討論許多問題的方式對於當代的教育者而言仍是陌生而值得學習的。本章從教育目的、教育本質、心靈論和教育方法四個方面，嘗試指出《莊子》教育哲學與當代重要的教育議題之間的關聯。由於筆者的教育實踐和教育觀察主要來自於中國社會，為避免以偏概全，這裡主要討論本文所揭示的《莊子》教育哲學，對於當代中國教育實踐的啟迪。不過，其中不少內容或許也可以適用於世界各地的教育情境。

## 第一節　破除應試教育與素質教育的虛假對立

    近幾十年中國教育界不斷批判「應試教育」，即以考出高分為唯一目的的教育，而以倡導「素質教育」來試圖替代。但是，在批判應試教育的聲音中，不少人認為此種教育造就的人「高分低能」，不能適應企業對人才的需求，以此為反對應試教育的主要理由。而這類觀點下所提倡的「素質教育」，呈現出兩種趨勢：一是某些家長和學校以「素質」作為與同儕競爭的指標，例如家長之間為了比拼孩子的音樂水平、外文水平、美術水平等，強迫孩子上「興趣班」，把這些原本可以是樂趣的學習內容變為了苦差事；學校則鼓勵學生參加各種藝術、體育、創新發明等領域的競賽，以便為學校「爭得榮譽」。二則是把企業對精英管理階層的人才要求叫作「素質」或「素養」，努力按此標準培養孩子。為此，家長讓孩子學鋼琴、高爾夫、騎馬等「貴族」活動，熱衷於為孩子提供全球遊學、演講辯論、高端企業實習等經歷，要求孩子具有時間

管理、建立人脈、領袖氣質等管理層所需的素質，以便一步步從名校、頂尖大學的道路走向精英階層。

　　站在《莊子》教育目的論的觀點來看，無論是為考高分而培養人，還是在上述意義上為了「素質」而培養人，本質上都是對孩子的利用。學校利用學生的「高分」或「素質」來增加名氣，提振學校周圍地產的價格；家長利用孩子的「高分」或「素質」來滿足自己的虛榮和成就感；企業則透過教育來塑造生產關係再生產所需要的勞動者和管理者。〔註1〕心靈修養、哲學思考、實踐智慧、生存美學（而非鋼琴、畫畫等外在的藝術）等「無用」的教育內容，在「素質教育」下依然被忽視。這樣的教育不考慮孩子自身的需求、體驗和感受。孩子在此標準下成為「有用」的人，也只能是更好地「被利用」。反而是那些「無用」的人，被叫做「教育的漏網之魚」，他們或許還享受到一些人生在世的樂趣與意義。

　　因此，在《莊子》教育哲學看來，應試教育和所謂「素質教育」仍是一丘之貉。真正尊重孩子的教育，首先應該以培養「能遊者」為目的，即以培養出能始終處在「遊」之體驗中的主體，而不是以任何外在的成績或「素質」為目的。其次，在對受教育者的使用上，應基於《莊子》「大用」論的思考，為勞動者找到符合其個性特點的工作，並在勞動過程中始終尊重與照顧勞動者的精神需求和倫理需求。

## 第二節　走出「教研」活動重教不重學的誤區

　　中國中小學的「教研」制度頗有特色，甚至得到西方學者的肯定，因為

---

〔註1〕阿爾都塞（Louis Althusser, 1918～1990）對此進行了細緻的分析。他指出：「孩子們在學校裡到底學習什麼？儘管學習速率和專長不同，他們都學會讀、寫、算等技巧和其它能力，包括對科學或人文知識的或基礎或專精的掌握，這些都是直接用於不同的生產崗位（工人、技術員、工程師或高管）的：學生學到的是從事生產的『指南』（know-how）。但是，孩子們在學校還學到了『好行為』的準則，這種準則的學習有時是鑲嵌在學習上述知識技能的過程中，有時則是在上述知識技能的學習之外獨立發生的。這些準則就是一個工作者在其『天生適合』的勞動分工上應該表現出的特質：例如道德準則、社會常識和專業常識，其實質則是對當前的社會—技術分工方式的敬畏，以及進一步地對整個階級宰制秩序的敬畏。」Louis Althusser. "Ideology and Ideological State Apparatuses (Notes towards an Investigation)". In: *Mapping Ideology*. London & New York: Verso, 2012.

教師在一起切磋教學、互相觀摩，確實有利於教師的成長。不過，在中國一談到「教研」，人們往往想到「公開課」，因為聽公開課是中國教研活動中最常見的模式，加上與之相關的說課、評課、賽課、磨課、送課、同課異構等，幾乎構成了中國「教研」活動的全部。對「課」的關注本身不是壞事，但許多教師甚至教育管理者認為一堂「精緻」「完美」的課才能反映老師的教學水平：一堂「課」必須有明確的開頭結尾，有貫穿全場的主題或主線，有精確到分秒的時間控制，有不同教學方法及視聽媒介的穿插運用，老師自身的語言要精準、流利、充滿感染力。若課上有學生討論，則討論一定要得出正確答案；若有請學生回答問題，則學生應該能答得出問題，若答不出或答錯便不是好課。不少教師為了上公開課，提前「借」幾個班級來反覆上同一堂課以「磨」課，將課上每一分鐘要說的話都預先寫好背下來；又會在即將上公開課的班級預先將此課上一次作為「彩排」，以確保同學都能答出問題，甚至預先指定好哪些提問應由誰回答。「聽課」的異化使「教研」從「教育藝術的切磋」變成了「表演藝術的切磋」，加之「課」又被當作觀察教育水平好壞的窗口，缺乏其它觀察項目，就導致不少教師不去思考如何促進學生學習，卻將一生耗費在如何「打磨」一節「結構完整、邏輯清晰、豐富多彩、語言生動」的「課」，然後像戲劇一樣在聽課者面前盛大開演。這一現象背後反映了十分偏狹的教育本質論——將教育僅僅視為教師的教，忽略了學生的學。

在分析教育哲學對於「教學」之定義的討論中，謝弗勒（Israel Scheffler）提出了人們所熟知的標準命題（standard thesis），即教學以三個標準為特徵。其中的「合理性標準」（reasonableness criterion）意指教師所採取的策略一定要是「經過合理地思考過，很可能會達成已經標定的學習任務」，才稱得上「教學」。例如，面對聽障的學生卻採取口頭講解的方式來教，這不算是「教學」。對此諾丁斯（Nel Noddings）提出了這樣的反省：假如教師一開始採取了這樣「經過合理地思考」的教學策略，結果教學過程中發現不適合學生、教學效果不好，而他卻毫不打算調整。這樣的教學符合合理性標準嗎？如果不能，那麼老師實際上必須在教學中不斷觀察學習者的學習狀況，靈活調整其方法，確保「學習」始終在發生〔註2〕。她的論證實質上是在說：若教學確實有必要朝著「合理性標準」不斷精進，那麼最終「教學」必定要意味著「學習」。對「教學」的研究絕不能忽略「學習如何發生」的維度。

〔註 2〕諾丁斯著，許立新譯：《教育哲學》，北京：北京師範大學出版社，2017。

　　《莊子》使用「化」作為討論教育的關鍵詞，而這個詞本身就兼具「自身發生變化」和「使人發生變化」兩種意義。無論在兩者中的哪一種意義上，都只有學習者真正發生了變化，才能叫「化」。這就使這個概念從一開始就清晰地指向學習者的變化，而不像「教學」概念一樣，存在上述「合理性標準」的兩難〔註3〕。因此，老師給學習者充足的安全空間讓其自行探索與表達（民之自化）、製造豐富的交往和體驗來促成各種奇妙的因緣（與化為人）、以身作則不斷對過去的我進行否定（行年六十而六十化）等，都屬於教育活動。

　　若以此觀點來重新設計「教研」制度，首先應該將切磋教學的範圍從「課」擴展到教育的全部領域，例如不同學校、不同教師之間可以互相觀察對方的師生關係，觀察課後的師生互動，觀察學生的氣質和生生關係，觀察學生找老師問什麼樣的問題、對老師說什麼話和不說什麼話，觀察學校的教室、圖書館、運動場館的設計、觀察學生私下處理各種小事時的習慣和細節，等等。

　　其次，在對「課」的研究中，必須摒棄那種把「課」打磨為精緻的藝術品的「課堂完美主義」。精緻的課堂一定是「沒有學生」的，因為學生在接受教育之前一定有自己的「前理解」，也有各自不同的慾望、愛好、情緒、習慣和性情，只有在教學設計中無視學生個性的多樣性，才能製造出銖銖必較、分秒不差的「課」；倘若承認並尊重學生的個性，則「課」一定充滿了意外，同一節課在這個班級與那個班級教學，由於學生的不同，都可能產生許多不同。筆者上公開課從不刻意進行準備，大部分時間將講臺讓給學生，讓學生發揮，因為筆者認為從學生的表現自然可以看出老師平時怎樣教、培養了怎樣的學習習慣、創造了怎樣的學習機會。

　　由此，《莊子》關於「遊」的隱喻就呈現出其重要性。「遊」沒有預設的目的地或路線，究竟如何「遊」、「遊」往何處，決定於路途中發生的各種意外。教師是學習之「遊」的陪伴者，因此教師雖然允許學生自由發揮，但也不是永遠「徒處無為」，而是隨著遊的過程中呈現出來的新狀況，不斷靈活改變著指導學生的方式，而非恪守某種固定的模式。這不正是諾丁斯所主張的「教學過程中不斷觀察學生並調整方法」的做法嗎？

---

〔註3〕分析教育哲學家為解決這一困難，採取了諸多辦法。例如 Gilbert Ryle 區分了任務動詞和成就動詞，因此「教學」是任務動詞，而「學習」是成就動詞。不過，諾丁斯指出這一區分仍有缺陷。見前引書。

## 第三節　重視情緒調節、哲學思考與心流體驗的培養

　　此外，迄今為止教育研究和教育實踐高度重視認知領域的學習。人的認知發展，經由現代認知科學的長期探索，已經得到了一定的揭示。但是關於人的情緒與意識的研究水平遠遠比不上認知科學，對研究成果的普及應用不足，而教育實踐中更把認知領域之外的發展放在最不重要的位置上。然而，教育不僅要培養有知識技能的人，更要培養整體上具有健康心靈的人。就《莊子》的心靈論而言，健康心靈至少意味著調節情緒、哲學思考和創造心流體驗（即凝神模式）的能力。

　　首先，情緒的教育是學校中長期忽略的領域。有些學習優異的孩子性格膽小、暴躁、敏感，家長與老師卻不以為意，只要學生成績好就行。而家長和教師本身在情緒的教育上就經常進行不良示範。筆者目睹過不少小學家長在校門口接孩子，第一句話就是問今天老師有沒有批評你？考試考得怎樣？若聽到好消息，便毫無節制地獎勵孩子，若不合自己的心意就劈頭蓋臉地大罵。有的教師在課堂上容不得一點點越軌，筆者在學校推廣閱讀課之初，曾見到有教師因為學生看書時雙手捧書放在大腿上看（其他學生一般是雙手捧書放桌面上看）而大罵學生的。在這樣的環境下成長起來的孩子，按〈達生〉齊桓公見鬼故事中的理論來說，其心中的「氣」或者「散而不反」（麻木不仁，對一切都失去興趣），或者「上而不下」（情緒跨度大，易激動），或者「下而不上」（陰沉壓抑、膽小怯懦），或者「不上不下」（始終處於矛盾衝突中），這種病態的內心又容易導致孩子產生行為問題。可是，教師在進行班級經營或德育工作的時候，首先想的是怎樣讓學生遵守規矩，以獎懲措施來塑造正確的行為，卻忽略了道德錯誤一般是由於未能疏導情緒造成的，未能從情緒這一根源性的方面入手去進行教育。教育者若能善於「聽」學生之情緒，就能使許多難以教育的情況迎刃而解。

　　其次，哲學思考在教育中缺乏適當的地位。這與兩個原因有關，一是在現代分科化的學術體制下，哲學被視為一個專業，而不是人類存在的基本問題，因此人們認為只有以哲學為專業的人才需要了解哲學。二是哲學思考主要改變人理解世界、感受世界的方式，只跟人內心體驗有關，與其外在「有用性」關係不大，結果在以「有用」為教育目的的大環境下顯得是「無用」之學。《莊子》揭示了哲學思考（超越論的反思）對於情緒調節具有重大的意義，而情緒的調節又能進一步使人處在凝神模式，增強生命的流暢性與幸福感，

這正是哲學思考的「大用」。目前，中國學校中兒童哲學正在興起，青年人中也形成了哲學普及的社團，專業哲學學者應該更加關注這些趨勢並努力參與其中，以促成教育的改變。

最後，心流體驗在學習過程中極度欠缺。如本章第一節所述，應試教育和素質教育實際上都把外在的、可測量、可比較的學習成果當做成功的標誌。因此，學生在學習時首先問「這要不要考」「這有沒有用」，老師則高度吝惜課堂時間，哪怕學生很感興趣，也不敢稍稍涉及考試範圍之外的知識，生怕影響了「正課」的學習。而政府在強化某一學習內容（如音樂、美術、體育）的重要性時，最常見的做法也是「列入考試範圍」。結果都是毀掉學生以「凝神模式」學習的機會，使人全天候處在「勞神模式」的學習中。筆者在主持一次教師培訓課程時，詢問一位讀完了《心流》一書的英文教師：在你自己的英文學習過程中，什麼樣的時刻有過心流體驗。筆者本意是藉這個問題，啟發他思考怎樣將這樣的心流體驗搬到他的課堂上。但他的回答出乎我意料：一位學了十幾年英文、取得了英文專業碩士學位的教師，在學習過程中幾乎沒取得過心流體驗。那麼，在十幾年的學習歷程中，支持他的是什麼呢？是任務、作業、分數、學位嗎？如果英文老師都沒有從流利的聽說讀寫、從與外國朋友的交心暢談、從開眼看世界的驚奇與興奮中得到過心流體驗，雖然他可以將文法詞彙知識教給孩子，但怎麼可能把學語言的激情與快樂傳達給孩子呢？

## 第四節　研習傾聽、敘事與觀察的教育藝術

正如杜威（John Dewey, 1859～1952）、懷特海（A. N. Whitehead, 1861～1947）等思想家所指出的〔註4〕，教育既是科學、又是藝術。就教育之為科學一面而言，教師需要藉由科學研究成果，對人如何學習有一清晰的認識，藉此設計學習環境與學習過程。就教育之為藝術的一面，則需要教師有一定的天分（才），受到思想啟蒙（道），再加上長期的修養（守）。《莊子》教育方法論基本上屬於教育藝術的一面。無論是傾聽他人、講述故事（聽故事）還是

---

〔註4〕杜威著，彭正梅譯：《我的教育信條：杜威論教育》，上海：上海人民出版社，2017；懷特海著，趙曉晴、張鑫毅譯：《教育的目的》，上海：上海人民出版社，2018。

觀察他人（指導他人觀察），都是一種藝術。筆者在論文中所能揭示的不過是這些教育藝術的「道」之一隅，還需要教師的「才」與「守」才能真正落實在教育領域中。以筆者的切身體驗為例，即使透過閱讀莊子，知曉了傾聽的三重境界與「就不欲入、和不欲出」的難點，反覆以「聽之以氣」為理想要求自己，並且努力遵循聽之以氣的三個步驟，但一旦真正去傾聽一個與自己有利害關係或情感紐帶的人，依然難以遏止地想要表達自己的感受和意見，試圖給對方以一定的指導。可見筆者在練習傾聽藝術的過程中，恐怕還處在庖丁解牛故事中「月更刀」的境界，或者如「孔子觀於呂梁」故事中的蹈水者所說，未能將聽之以氣變為自己的「命」。又如故事教育法，即使了解了故事的重要性及寫作方法，教師仍要勤學苦練，在自己的每一堂課、每一次講話中練習編寫故事和講述故事的技巧，並且透過大量文學、科學、哲學的閱讀來提升自身的眼界與境界，從而能夠如《莊子》那樣將豐富而深刻的哲理蘊藏在簡潔易懂的故事中。

# 第七章　結語：混沌的重生

　　《莊子》內篇的編者用渾沌故事來總結內篇，而筆者寫完整部學位論文之後，也感覺這個極其簡短的故事中有無數問題可問，而對這些問題的回答可以視為對整個《莊子》教育哲學的總結。因此筆者也不憚淺陋，學習莊子的「故事教育法」，將筆者對渾沌故事的解讀作為全文的總結，望能藉這一故事引起每一位教育者的思考。

### 故事 23　渾沌之死

> 南海之帝為儵，北海之帝為忽，中央之帝為渾沌。儵與忽時相與遇
> 於渾沌之地，渾沌待之甚善。儵與忽謀報渾沌之德，曰：「人皆有七
> 竅，以視聽食息，此獨無有，嘗試鑿之。」日鑿一竅，七日而渾沌
> 死。〔註1〕

　　為什麼三位故事主角叫做「帝」？「帝」的身份，似乎要把時代點定位在傳說的帝王世紀的最開端，在文字記載的一切歷史之前，也就是「帝」字的本義——尚未開放的花蒂。渾沌之死是一個社會歷史的寓言，渾沌是一個「前人類」存在，正如亞當、夏娃一樣，似乎有人之形，但又無人之情。亞當、夏娃吃下「知善惡樹」的果子之前不知善惡，也不需勞作，也沒有繁衍生育的行為；而渾沌則沒有七竅。勞動和生育是作為懲罰被賦予亞當和夏娃的，懲罰的理由是他們違背了神的禁令；七竅則是作為禮物餽贈給渾沌的，這禮物是對他的德行的報償。可是，為什麼兩個故事都引向悲劇式的結局呢？

　　首先，我們應當對該文本中的話語霸權有一反思。儵、忽有嘴，能夠言

---

〔註1〕見〈應帝王〉。

說，而渾沌死前是沒有嘴的，自然更不會有語言。所以渾沌「待之甚善」和有「德」，甚至整個故事的每個細節，都是從倏、忽的方面做出的單方面的記敘。渾沌這樣的人在歷史中無法發出其聲音。

其實從渾沌的視角來看，本沒有善不善，也沒有德或不德，更不求有什麼「報」，因為他根本對自己的行為沒有任何反思性的思考。在《莊子》中，我們很容易發現「五官」的功能，尤其是「耳目」的「聰明」，被視為和心知、智能同一個系列的概念，〔註2〕並且經常被當作「道德判斷」的隱喻。〔註3〕渾沌沒有耳目，他不會感知到自己的為人如何，因此他「過而弗悔，當而不自得」，不會用善／惡這樣的概念去評價行為。渾沌會招待倏、忽，不過是人的社會性本能和原始共同體的團結導致的結果，就像英國清教徒最早登上北美的土地，美洲原住民大方地教他們如何種植玉米，幫他們度過了一開始最困難的冬天。

反觀倏、忽，這兩個人則不是「前人類」，而是最早的人類。他們來自北方和南方，寓意著外來的征服者為原住民帶來了「高級」的、「先進」的文明。「人類」是一場傳染病，只要有一部分「前人類」成為人類，其他「前人類」就只能選擇跟從或死亡，如同尼安德特人（Neanderthals）被克羅馬儂人（Cro-Magnons）消滅那樣。〔註4〕

〔註2〕如〈天下〉：「天下大亂，賢聖不明，道德不一，天下多得一察焉以自好。譬如耳目鼻口，皆有所明，不能相通。」〈大宗師〉：「墮肢體，黜聰明，離形去知，同於大通，此謂坐忘。」

〔註3〕如〈駢拇〉：「多方駢枝於五藏之情者，淫僻於仁義之行，而多方於聰明之用也。」〈馬蹄〉：「道德不廢，安取仁義！性情不離，安用禮樂！五色不亂，孰為文采！五聲不亂，孰應六律！」〈天地〉：「且夫失性有五：一曰五色亂目，使目不明；二曰五聲亂耳，使耳不聰；三曰五臭薰鼻，困惾中顙；四曰五味濁口，使口厲爽；五曰趣捨滑心，使性飛揚。此五者，皆生之害也。而楊、墨乃始離跂自以為得，非吾所謂得也。」

〔註4〕「克羅馬儂人遇見原住民尼安德特人之後，發生了什麼事？我們能肯定的，只有結果：在很短的時間之內，尼安德特人就消失了。克羅馬儂人使尼安德特人走上絕種之路──這似乎是難以避免的結論。……依我看來，大躍進時期歐洲發生的事，在現代世界中反覆發生過：人數眾多、技術又高超的族群，侵入人數少、技術又落伍的族群的領地，就會發生同樣的事。舉例來說，歐洲殖民者侵入北美洲之後，土著族群因為歐洲人帶來的傳染病，大量死亡；大多數倖存者不是被殺了就是被趕出了家園；有些倖存者採用歐洲人的技術（馬與槍），抵抗了一陣子；許多倖存者被趕到歐洲人不屑一顧的地區，還有一些則與歐洲人「融合」了。」見賈雷德・戴蒙德（Jared Diamond）：《第三種黑猩猩》，上海：上海譯文出版社，2012，頁559。

　　那麼，倏、忽決定為渾沌鑿出七竅，背後體現出的是什麼樣的意識呢？

　　首先，倏、忽有明確的道德意識，渾沌一做出招待的行為，他們立即將之放到「善」的框架下去理解。

　　其次，倏、忽完全是從「交換邏輯」來思考的，認為受人之「德」就必須「報」。

　　第三，對他們來說，道德意識（視聽）和感官慾望（食息）都是為人在世要追求的好東西。人都把自己覺得好的東西當作禮物，而不管對方怎麼想，就像貓會叼死耗子給人來報恩一樣。所以，倏、忽才會把「賦予對方道德意識和感官慾望」看作是一種「報答」。

　　第四，他們也具有一種人類中心主義的思維，他們對於自己為人感到極度自豪，所以對於渾沌還不是完全「符合標準」的「人」感到極度遺憾。用後殖民的眼光來分析，這種覺得「別人都很想成為自己」的思路，正如《蝴蝶夫人》構想了一個瘋狂愛上美國軍官的亞洲女性一樣自戀。

　　最後，他們也具有了控制和改造世界的工具理性精神。從他們的語氣可以看出，對於鑿七竅能不能成功這件事，他們也沒有把握。不過就算沒有把握也「嘗試」鑿吧！如果不小心把你鑿死了，你就算是為人類科學事業做出犧牲了。對於渾沌的感受和意見，他們從未考慮過。

　　所以，倏、忽的做法，實際是逼渾沌吞下知善惡樹的果子，在未經渾沌同意的情況下令他成為一個人，在未經同意的情況下賦予他感知、思想和慾望。但是──倏和忽會反駁說：渾沌本沒有長嘴，所以他既無法同意，也無法不同意。這就是渾沌問題的難點。要知道渾沌會不會同意，唯一的辦法是讓他長嘴，因此這就造成一個弔詭：「幫渾沌鑿個嘴巴」這個行動之所以未經渾沌同意，是因為這個行動尚未展開。只有未經同意幫他鑿個嘴，渾沌才能張開嘴說：「別給我鑿嘴！」可是，誰知道渾沌會不會張開嘴感謝自己獲得了七竅呢？在這個故事裡，倏、忽是侵入性的，是可怖的，但不能說一定是錯誤的。正如人類歷史上的征服和殖民雖然帶來了許多悲劇，但也開啟了許多可能。

　　最後，渾沌的死只是他作為「渾沌」之生命的結束，但也是他作為人類的誕生，就像伊甸園的結局是真正的「人」的誕生一樣。重生的渾沌長著清秀的五官、敏銳的耳目，但一旦聽過渾沌的故事，我們再向人的七竅看去，我們看到的是七個傷口。這大概正是《莊子》喜歡談論仁義聖知對人本性的「傷」「殘」之原因吧！

　　「渾沌之死」寫的是人類歷史最起源處一個實際的事件，只不過採取了征服者的語言來書寫。今天每一位教師在年復一年的工作中，目標也是讓天真可愛的「準人類」們成為人。從這個意義上說，每一位教師都是倏、忽，我們的工作就是殺死渾沌。〔註5〕「鑿」這個工法，與本文第三章所說的雕琢隱喻，不是極其相似嗎？教師作為成年人，早已在名利社會中浸染，我們腦中充滿道德意識、交換邏輯、理智崇拜、自我中心和工具理性，我們自以為是地編寫課綱、教材，把自己自鳴得意的東西又塞給孩子，真是「其好之也，欲以明之彼。非所明而明之，故以堅白之昧終。」〔註6〕教師自身若不能對名利社會及其教育目的有所反思，不從「雕琢」這樣的教育本質論中走出，實際上就在一代一代地傳遞已死先人的糟粕，逼迫孩子承繼當今社會的各種陋習，而不允許他們自己創造更美好的生活型態。

　　當然，即使我們自己自詡不是倏、忽，孩子在成長過程中也勢必遇到其他的倏、忽幫他們把七竅鑿開。莊子所追求的不是永遠把人民保護在最原初的渾沌狀態下，他所面對的恰恰是戰國時代早已深陷名利社會的世界，因此他的思想才以療愈而非建構為主軸。與重正向建構的儒家教育哲學比起來，《莊子》教育哲學毋寧說是一種教育醫學，是對反映在教育領域中的各種社會病態的診斷和治療。它並不否定儒家教育哲學的意義，但又以醫療的方式對其造成的副作用進行補救。

　　教育者要治療那帶著七竅之傷的正在滴血的渾沌，首先需要「正己」「存諸己」，亦即傅柯所說的「為己」。以正己為前提，傾聽則是療愈的第一步。我們可以在故事中發現一個有趣的細節：倏、忽幫渾沌鑿七竅的時候，想的是給渾沌視、聽、食、息的能力，唯獨沒有想到「說」，沒有想到渾沌有了嘴之後，除了吃飯喝水，還可以發表意見。可見倏、忽二人從來也不是善於傾聽的人，對他者的聲音早就習慣於充耳不聞。被鑿出七竅的渾沌，在接下來很長一段時間內，恐怕都會對他者產生強烈的恐懼，透過封閉自己的內心來應對恐怖的人類世界吧？為了重新打開渾沌的內心，傾聽是唯一的道路。

　　教育不能把孩子養在無菌箱中，教師需要讓孩子知道人類歷史上的各種

---

〔註5〕如劉良華所言：「誰是『混沌鑿竅』者？即便不是啟蒙亦或教育，至少也是過度啟蒙或過度教育。」劉良華：《教育哲學（第2版）》，上海：華東師範大學出版社，2019，頁164。
〔註6〕見〈齊物論〉。

黑暗、自私、殘暴、狡詐。這一切都會令原本純樸的心靈受到創傷，但又是必要的。要令曾經受傷的渾沌重新相信人類世界，相信人與人之間建立互相尊重又互助互信的共同體之可能，正是下一步要做的事情。在這一過程中，渾沌們需要學會用新的方式使用他剛獲得的耳目口鼻——既然獲得七竅這件事無可逆轉，不如將它們活用起來。不是用來機敏地求名求利，而是在廣闊的世界上遨遊，在各種視角「之間」觀看超越論的真理，透過觀察典範性的人物之態度、姿勢、技藝與風格，創造出自己的生存美學。

在為白血病患者進行幹細胞移植手術前，需要先為患者注射近乎致死劑量的藥物，再以新植入的幹細胞為其開啟新生。在注射藥物的那一刻，幹細胞捐贈者就對患者具有了一種承諾和倫理責任，如果在此之後又放棄捐贈，則相當於殺害了患者。教師的工作又何嘗不是如此？我們為每一個孩子鑿出了七竅，若不能帶他們獲得新生，則是對他們的殺害。這正是渾沌之「死」的意味所在。

教育者當這樣警醒自己：每一個孩子都是被我們殺死的渾沌。

教育者也當這樣勉勵自己：教育正是渾沌的重生。

> 我愛那人，那證明未來並解放過去的人：因為他意願在當下死去。
> ——尼采《查拉圖斯特拉如是說》〔註7〕

〔註7〕Nietzsche, Friedrich. "Götzen-Dämmerung" In *Nietzsche Online*. Berlin, Boston: De Gruyter, 2011.
https://www.degruyter.com/document/database/NIETZSCHE/entry/W002554V002/html.由輔仁大學哲學系劉洋同學自德文譯出。

# 參考文獻

## 一、古典文獻

### （一）古希臘文

1. Aristotle, *Aristotelis Categoriae Et Liber De Interpretatione*, Oxford Classical Texts. Oxford: Oxford University Press, 1949.

2. Aristotle. *Aristotle's Ethica Nicomachea*. Oxford: Clarendon Press, 1894.

3. Plato. *Platonis Opera*. Oxford University Press, 1903.

### （二）中文

1. 王文錦：《禮記譯解》，北京：中華書局，2001。

2. 王先謙撰，沈嘯寰、王星賢整理：《荀子集解》，北京：中華書局，2012。

3. 王叔岷：《莊子校詮》，北京：中華書局，2007。

4. 方以智著，張永義、邢益海校點：《藥地炮莊》，北京：華夏出版社，2011。

5. 方勇：《莊子纂要》，北京：學苑出版社，2012。

6. 司馬遷著，裴駰集解：《宋刻十四行本史記》，南京：鳳凰出版社，2011。

7. 孫怡讓：《墨子閒詁》，北京：中華書局，2001。

8. 崔大華：《莊子岐解》，北京：中華書局，2012。

9. 許慎著，段玉裁注：《說文解字注》，北京：中華書局，2013。

10. 張覺：《荀子譯注》，上海：上海古籍出版社，2012。

11. 張覺：《韓非子譯注》，上海：上海古籍出版社，2012。

12. 郭慶藩撰，王孝魚點校：《莊子集釋》，北京：中華書局，2012。

13. 程樹德撰，程俊英、蔣見元點校：《論語集釋》，北京：中華書局，2017。

14. 楊伯峻：《孟子譯注》，北京：中華書局，2005。

15. 楊伯峻：《論語譯注》，北京：中華書局，2009。

16. 劉鳳苞撰，方勇點校：《南華雪心編》，北京：中華書局，2013。

17. 韓非著，陳奇猷校注：《韓非子新校注》，上海古籍出版社，2000。

## 二、專書

### （一）英文

1. Allan, Sarah. *The way of water and sprouts of virtue*. Albany: State University of New York Press, 1997.

2. Aristotle. *Aristotle in 23 Volumes*. Cambridge, MA; London: Harvard University Press; William Heinemann Ltd, 1934.

3. Foucault, Michel. *The birth of biopolitics: lectures at the Collège de France, 1978~79*. Graham Burchell. Basingstoke; New York: Palgrave Macmillan, 2008.

4. Graham, A.C. *Chuang-Tzu: The inner chapters*. Indianapolis, IN: Hackett Publishing, 1989.

5. Levin, D.M. *The Listening Self*. London: Routledge, 1989.

6. Littlejohn, Ronnie. "On What it Means to 'Let a Text Speak for Itself?': Philosophizing with Classical Chinese Texts." In *The Bloomsbury Research Handbook of Chinese Philosophy Methodologies*, edited by Sor-hoon Tan. New York: Bloomsbury, 2016. 76~90.

7. Marx, Karl. Marx: *Early Political Writings*. Joseph O'Malley & Richard A. Davis. Cambridge: Cambridge University Press, 1994.

8. Shun, Kwong-loi. "Methodological Reflections on the Study of Chinese Thought." In *The Bloomsbury Research Handbook of Chinese Philosophy Methodologies*, edited by Sor-hoon Tan. New York: Bloomsbury, 2016. 57~74.

9. Žižek, Slavoj. *The parallax view*. Cambridge, MA: MIT Press, 2006.

10. Žižek, Slavoj. *Mapping Ideology*. London & New York: Verso, 2012.

（二）日文

1. 小熊英二：《社会を変えるには》，東京都：講談社，2012。

2. 柄谷行人：《トランスクリティーク——カントとマルクス》，東京都：岩波書店，2016。

3. 船戸英夫、山室静、等：《日本大百科全書》，東京都：小学館，1994。

（三）中文

1. Nolen-Hoeksema S.、Fredrickson B.、Loftus G.R.、Wagenaar W 著、危芷芬、田意民、何明洲、高之梅編譯：《心理學導論》，臺北：聖智學習，2010。

2. Simmons Annette：《故事思維》，南昌：後浪｜江西人民出版社，2017。

3. 小野澤精一、福永光司、山井湧編，李慶譯：《氣的思想》，上海：上海人民出版社，2014。

4. 小熊英二著，陳威志譯：《如何改變社會：反抗運動的實踐與創造》，時報文化：臺北市，2015。

5. 王邦雄：《莊子內七篇·外秋水·雜天下的現代解讀》，臺北：遠流，2013。

6. 王叔岷：《莊學管窺》，北京：中華書局，2007。

7. 王威威：《莊子學派的思想演變與百家爭鳴》，北京：人民出版社，2009。

8. 尹勞方：《社與中國上古神話》，上海：上海古籍出版社，2012。

9. 艾蘭（Sarah Allan）著，余佳譯：《世襲與禪讓：古代中國的王朝更替傳說（新譯本）》，北京：商務印書館，2015。

10. 艾蘭（Sarah Allan）著，張海晏譯：《水之道與德之端：中國早期哲學思想的本喻（增訂版）》，北京：商務印書館，2010。

11. 平勢隆郎著，周潔譯：《從城市國家到中華：殷周春秋戰國》，桂林：廣西師範大學出版社，2014。

12. 白本松：《先秦寓言史》，開封：河南大學出版社，2001。

13. 伍振鷟、林逢祺、黃坤錦、蘇永明：《教育哲學》，臺北：五南圖書出版公司，1999。

14. 米歇爾·福柯（Michel Foucault）著、汪民安譯：《自我技術》，北京：北京大學出版社，2015。

15. 江曉原：《天學真原》，南京：鳳凰出版傳媒集團，譯林出版社，2011。

16. 杜正勝：《編戶齊民》，臺北：聯經出版社，1990。

17. 杜威（John Dewey）著，彭正梅譯：《我的教育信條：杜威論教育》，上海：上海人民出版社，2017。

18. 李隆獻：《先秦兩漢歷史敘事隅論》，臺北市：臺大出版中心，2017。

19. 何乏筆（Fabian Heubel）編：《若莊子說法語》，臺北市：臺大人社高研院東亞儒學研究中心，2017。

20. 佐藤將之：《參於天地之治：荀子禮治政治思想的起源於構造》，臺北：臺大出版中心，2016。

21. 林秀珍：《莊子哲學的教育詮釋》，臺北：師大書苑，2020。

22. 林逢祺、洪仁進編，《教育哲學：隱喻篇》，臺北：學富文化，2013。

23. 周浩波：《教育哲學》，北京：人民教育出版社，2019。

24. 金谷治訳：《莊子》，東京都：岩波書店，2007。

25. 馬周周：《莊子教育學》，蘭州：甘肅文化出版社，2008。

26. 契克森米哈賴（Mihaly Csikszentmihalyi）著，張定綺譯：《心流：最優體驗心理學》，北京：中信出版集團，2017。

27. 畢來德（Jean F. Billeter）著，宋剛譯：《莊子四講》，臺北：聯經，2011。

28. 高宣揚：《福柯的生存美學》，北京：中國人民大學出版社，2005。

29. 陳迺臣：《教育哲學》，臺北：心理出版社，2001。

30. 陳蘊清：《中國古代寓言史》，長沙：湖南教育出版社，1996。

31. 孫中原：《墨子及其後學》，北京：中國國際廣播出版社，2011。

32. 孫培青、杜成憲編：《中國教育史》，上海：華東師範大學出版社，2019。

33. 崔瑞德（Denis Twitchett）、魯惟一（Michael Loewe）編，楊品泉等譯：《劍 34.橋中國秦漢史：西元前 221—西元 220 年》，北京：中國社會科學出版社，1992。

35. 康德（Immanuel Kant）著，楊雲飛譯，鄧曉芒校訂：《道德形而上學奠基》，北京：人民出版社，2013。

36. 梁福鎮：《教育哲學：辯證取向》，臺北：五南圖書出版公司，2006。

37. 張有智、李亞峰：〈論法文化在先秦時期的孕育〉，柳立言，《中國史新論：法律史分冊》，臺北：中央研究院・聯經，2008。

38. 斯勒扎克（Thomas A. Szlezák）著，程煒譯：《讀柏拉圖》，南京：譯林出版社，2009。

39. 馮時：《天文學史話》，北京：社會科學文獻出版社，2011。

40. 葛兆光：《中國思想史（第二版）》，上海：復旦大學出版社，2013。

41. 雅克・馬里坦（Jacques Maritain）著，魯燕萍譯：《面臨抉擇的教育》，臺北：桂冠，1994。

42. 鈕則誠：《教育哲學：華人應用哲學取向》，臺北：揚智文化事業股份有限公司，2004。

43. 葉國良，鄭吉雄，徐富昌編：《出土文獻研究方法論文集.初集》，臺北：臺大出版中心，2005。

44. 楊寬：《戰國史》，上海：上海人民出版社，2003。

45. 楊儒賓：《儒門內的莊子》，上海：上海古籍出版社，2020。

46. 陸有銓：《現代西方教育哲學》，北京：北京大學出版社，2012。

47. 賈雷德・戴蒙德（Jared Diamond）：《第三種黑猩猩》，上海：上海譯文出版社，2012。

48. 雷可夫（George Lakoff），詹森（Mark Johnson）著，周世箴譯著：《我們賴以生存的譬喻》，臺北市：聯經，2006。

49. 福永光司著，王夢蕾譯：《莊子內篇讀本》，北京：北京聯合出版公司，2019。

50. 漢斯—格奧爾格・梅勒（Hans-Georg Moeller）、德安博（Paul J. D'Ambrosio）著，郭鼎瑋譯：《遊心之路：《莊子》與現代西方哲學》，北京：北京聯合出版公司，2019。

51. 維特根斯坦（Ludwig Wittgenstein）著，陳嘉映譯：《哲學研究》，陳嘉映，北京：商務印書館，2016。

52. 劉良華：《教育哲學（第2版）》，上海：華東師範大學出版社，2019。

53. 劉笑敢：《莊子哲學及其演變》，北京：中國人民大學出版社，2020。

54. 諾丁斯著（Nel Noddings），許立新譯：《教育哲學》，北京：北京師範大學出版社，2017。

55. 翦伯贊：《先秦史》，北京：北京大學出版社，1999。

56. 錢穆：《國史大綱》，新北：臺灣商務印書館，2017。

57. 簡成熙：《教育哲學：理念、專題與實務》，臺北：高等教育文化事業有限公司，2004。

58. 懷特海（Alfred North Whitehead）著，趙曉晴、張鑫毅譯：《教育的目的》，上海：上海人民出版社，2018。

## 三、期刊論文

### （一）英文

1. Davis, Brent. "Mathematics Teaching: Moving from Telling to Listening." *Journal of Curriculum and Supervision* 9(1994): 267～283.

2. Davis, Brent. "Listening for Differences: An Evolving Conception of Mathematics Teaching." *Journal for Research in Mathematics Education* 28(1997): 355～376.

3. D'Ambrosio, Paul. "Students feed monkeys for education: Using the Zhuangzi to communicate in a contemporary system of education." *KRITIKE Journal of Philosophy* 1(2007): 36～48.

4. Defoort, Carine. "Instruction Dialogues in the Zhuangzi: An "Anthropological" Reading." *Dao* 11(2012): 459～478.

5. Dufresne, Michael. "The illusion of teaching and learning: Zhuangzi, Wittgenstein, and the groundlessness of language." *Educational Philosophy and Theory* 49(2017): 1207～1215.

6. Fraser, Chris. "Zhuangzi, Xunzi, and the paradoxical nature of education." *Journal of Chinese Philosophy* 33(2006): 529～542.

7. Guzowska, Joanna. "The Spatiality of Cognition in the Zhuangzi." *Frontiers of Philosophy in China* 10(2015): 415～429.

8. Kwek, Dorothy HB. "Critique of imperial reason: Lessons from the Zhuangzi." *Dao* 18(2019): 411～433.

9. Lai, Karyn L. "The Cicada Catcher: Learning for Life." In *Skill and Mastery: Philosophical Stories from the Zhuangzi*, edited by Karyn L. Lai & Wai-wai Chiu. UK: Rowman and Littlefield International, 2019. 143～162.

10. Moeller, Hans-Georg. "Liezi's Retirement: A Parody of a Didactic Tale in the Zhuangzi." *Dao* 15(2016): 379～392.

11. Vávra, Dušan. "Skilful practice in the Zhuangzi: Putting the narratives in context." *Asian Studies* 5(2017): 195～219.

12. Zhang, Ellen Y. "The Face/Facelessness of the Other—A Levinasian Reading of the Ethical of the Zhuangzi." *Frontiers of Philosophy in China* 4(2017): 533～553.

（二）日文

1. 池田知久：〈《論語》公冶長・陽貨・雍也篇等に現れる性説を読む：漢唐間の性三品説との関わりにおいて〉,《斯文＝The shibun》133（2018）：37～57.

2.. 浜村良久：〈『莊子』德充符篇の「和而不唱」について——莊周は「傾聴」について語ったのではないか？〉,《中国古典研究》51（2006）：32～48。

3. 浜村良久：〈『莊子』德充符篇の心理学的分析〉，日本心理学会第70回大会《日本心理学会大会発表論文集》，公益社団法人日本心理学会：2006。

4. 浜村良久：〈『莊子』人間世篇「螳螂の斧」の心理学的研究〉,《防衛大学校紀要人文科学分册》94（2007）：1～20。

5. 浜村良久：〈『莊子』内篇における「聖人」について〉,《中国古典研究》52（2007）：25～39。

6. 浜村良久：〈『莊子』德充符篇の「立不教坐不議」について〉,《比較文化研究》77（2007）：23～31。

7. 浜村良久：〈『莊子』人間世篇「螳螂の斧」の心理学的分析〉，日本心理学会第71回大会《日本心理学会大会発表論文集》，公益社団法人日本心理学会：2007。

8. 浜村良久：〈『莊子』内篇の「聖人」の心理学的分析〉，日本心理学会第72回大会《日本心理学会大会発表論文集》，公益社団法人日本心理学会：2008。

9. 浜村良久：〈『莊子』の「心斎」は傾聴の方法ではないか？〉,《比較文化研究》86（2009）：17～28。

10. 浜村良久：〈『莊子』人間世篇「心斎」の心理学的分析〉，日本心理学会第73回大会《日本心理学会大会発表論文集》，公益社団法人日本心理学会：2009。

11. 浜村良久：〈傾聴の思想の系譜〉，日本心理学会第 75 回大会《日本心理学会大会発表論文集》，公益社団法人日本心理学会：2011。

（三）中文

1. 王振宏、郭德俊：〈Gross 情緒調節過程與策略研究述評〉，《心理科學進展》6（2003）：629～634。

2. 王富仁：〈通往莊子哲學之路〉，《山東社會科學》1（2009）：5～18。

3. 朱紹侯：〈從《二年律令》看漢初二十級軍功爵的價值——《二年律令》與軍功爵制研究之四〉，《河南大學學報（社會科學版）》2（2003）：51～56。

4. 伽達默爾著，潘德榮譯：〈論傾聽〉，《安徽師範大學學報（人文社會科學版）》1（2001）：1～4。

5. 宋剛：〈莊子之怒——試論古代中國一種權力批判〉，《中國文哲研究通訊》4（2012）：23～39。

6. 林志鵬：〈戰國楚竹書《容成氏》校讀〉，《嶺南學報》10（2018）：161～185。

7. 林明照：〈《莊子》他者倫理中的情感性〉，《哲學論集》49（2018）：61～79。

8. 林明照：〈《莊子》「兩行」的思維模式及倫理意涵〉，《文與哲》28（2016）：269～292。

9. 林明照：〈觀看、反思與專凝——《莊子》哲學中的觀視性〉，《漢學研究》3（2012）：1～33。

10. 卓玉芳：〈論《莊子》的師道觀〉，《鵝湖月刊》4（2017）：20～30。

11. 周大興：〈《列子·楊朱篇》析論〉，《中國文哲研究通訊》4（2011）：19～44。

12. 信廣來、馬棟予：〈中國思想的哲學研究〉，《杭州師範大學學報（社會科學版）》06（2015）：1～8。

13. 施依吾：〈莊子「心齋」工夫為教師提供的心理建設與對策〉，《通識教育學刊》3（2015）：124～146。

14. 畢來德（Jean F. Billeter）、郭宏安：〈駁于連〉，《中國圖書評論》01（2008）：8～27。

15. 畢來德（Jean F. Billeter）著、宋剛譯：〈莊子九札〉，《中國文哲研究通訊》3（2012）：5～39。

16. 張文海、盧家楣：〈情緒調節的理論觀點、相關模型及其展望〉，《心理科學》6（2012）：1474～1477。

17. 楊儒賓：〈遊之主體〉，《中國文哲研究集刊》45（2014）：1～39。

18. 劉燁、王思睿、傅小蘭：〈5種基本情緒的心肺系統生理反應模式〉，《電腦研究與發展》3（2016）：716～725。

19. 劉榮賢：〈畢來德先生《莊子四講》研討會引言稿：現今學界研究道家思想值得注意的幾個問題〉，《中國文哲研究通訊》3（2012）：153～158。

20. 潘小慧：〈荀子言性惡，善如何可能？〉，《哲學與文化》10（2012）：3～21。

21. 潘小慧：〈倫理自我主義述評—自我、自我主義及倫理自我主義〉，《哲學論集》31（1998）：271～287。

22. 蕭美齡：〈品德是可以教的嗎？——從《莊子》的觀點看當今品德教育的走向和出路〉，《通識論叢》10（2010）：113～127。

23. 戴卡琳（Carine Defoort）著、葉樹勳譯：〈《莊子》的教學對話：「人類學」視域的解讀〉，《商丘師範學院學報》30（2014）：1～9。

24. 鐘振宇：〈莊子的氣化現象學〉，《中國文哲研究集刊》42（2013）：109～148。

# 後 記

在完成博士論文之際，有許許多多重要的人值得感謝。

首先要感謝父親黃學中和母親湯新蘭，他們不僅給了我生命，更給了我最好的養育和教育。他們都是有知識、愛學習的人，以身作則教會我以善良、正面、寬容的心去面對一切人和事，從小給我最寬鬆自由的成長環境，在陪伴我成長的過程中始終給我尊重、鼓勵、支持，允許我有自己的主見，獨立地做出各種選擇。受家中的文化氛圍陶冶，我從小就愛看大人的書籍，也打下了學習外文的良好基礎。在我成為教育工作者之後，每當和學生家長打交道，我都不遺餘力地將我父母教育我的方式推廣給其他人，可以說父母親最早塑造了我對教育的理解。

在學校教育的過程中，我是一個獨特的學習者。我個性突出、偏好自學、不跟著老師的步調，反而經常跟老師唱反調。我在老師們的眼裡是不好對付的孩子，因此我也由衷感激所有寬容我的個性，給我鼓勵與支持的師長。中學老師林峰、高中老師毛華明、華東師範大學的崔允漷、柯政、呂良環教授等，他們不僅以精彩的教學影響了我自己的教學風格，也因他們對我的信任和肯定而給我以莫大鼓勵。福建師範大學黃遠振教授因指導論文的一面之緣記住了我，此後一直找我一起進行研究、撰寫論文，給我很多參與學術活動的機會，也為我申請輔大哲學系撰寫了推薦信，是我由衷要感謝的恩師。

在華東師範大學獲得教育學碩士學位後，我來到深圳中學任高中教師。那時的深中是一所充滿魔力的學校，給了我最難忘的經歷。無論是平時上完課後獲得的掌聲，還是開設選修課時，即使搶不到座位也堅持整節課站著旁聽的學生，都是對我的教學所給出的毫無保留的肯定。但我從他們那裡學到

的則比我所教的更多。深中學生們以他們對公共事務的關注，為我打開了新世界的大門。每年我觀看「十大歌手」比賽，逛遊園會，參與通識社、天文社、先鋒中學生、雨滴等社團的活動，為《涅槃》雜誌撰稿，參加或組織各種講座、讀書會——在深中的五年，仿佛自己重新過了一次高中生活，只不過這一次深刻而豐富得多。藉著深中學生的關係，又認識了曾經從這所學校走出的畢業生，他們成了我現在最重要的朋友們。為了滿足學生們在智識上的渴求，我才努力開設了科學史、《理想國》、《政治學》、性別研究、政治哲學等課程，在這些課程中一點一點發現了自己對哲學的興趣，使我最終走到哲學研究的道路上來。

在臺灣求學的日子裡，輔大哲學系的潘小慧、郭梨華、曾慶豹、周明泉、黃麗綺、張存華諸位教授，以及客座授課的馮時、雷敦龢（Edmund Ryden）老師，都以他們深厚的學識與精彩的課程，引導我一點一滴在研究的道路上進步。尤其感謝郭梨華教授的中國哲學課，第一次讓我感受到中哲的魅力，又對我的習作給了充分的鼓勵，使我的研究從西哲轉向中哲方向。此外，在我學習古希臘文、拉丁文的過程中，輔大西洋古典與中世紀學程的師長給了我所能得到的最好的古典語言訓練，尤其感謝張嘉仁、衛欣齊（Anthony Wesolowski）、施朝凱、康士林（Nicholas Koss）、Michael Allen、Douglas Cairns 等教授，他們嚴謹、生動的課程使我逐漸能自己從閱讀古典中獲得樂趣。在臺大旁聽林明照、王榮麟、佐藤將之教授的課程，使我了解了許多最新的學術議題，掌握了不少思想方法，對我的研究有極大的啟發。

在論文撰寫的過程中，指導教授潘小慧老師一直給我鼓勵和指引，又為我找到最有可能給我啟發幫助的提要口試與論文口試委員。在初審與論文口試過程中，黃蕙教授、林明照教授、鈕則誠教授、伍至學教授對我的論文既給出了總體上的鼓勵，又巨細無遺地指出了存在的各種問題，甚至一字一句地幫我檢查英文摘要。可惜由於時間所限，委員們為我指點出的許多值得討論的議題無法完全體現在這本論文中，只能在今後的研究和寫作中努力達到師長們的期待。

感謝劉洋一直陪伴我走過所有艱難的時刻，給我無條件的支持、接納與關懷，傾聽我的各種煩惱苦悶，也幫我校對文獻、搜尋資料、翻譯德文，幫助不擅交際的我在臺灣認識了許多新朋友，令我更深地涉足這塊迷人的土地，感受著她的複雜與美麗。感謝羅晶幫助我從日本國會圖書館影印日文論文，

使我能向中文學界介紹浜村良久的《莊子》研究。

這篇論文的完成，是一段新的研究歷程與生命歷程的開始。過去的一切都成為了「故吾」，希望站在未來回眸時，我能對自己，也對生命中曾有幸相遇的每一個人說：「吾有不忘者存。」